物流实验实训教程

王成林　付青叶　编著

中国财富出版社

图书在版编目（CIP）数据

物流实验实训教程／王成林，付青叶编著．—北京：中国财富出版社，2013.11
ISBN 978-7-5047-4803-4

Ⅰ.①物… Ⅱ.①王…②付… Ⅲ.①物流—技术培训—教材 Ⅳ.①F252

中国版本图书馆CIP数据核字（2013）第206846号

策划编辑 王宏琴　　**责任印制** 方朋远
责任编辑 韦　京　禹　冰　　**责任校对** 梁　凡

出版发行 中国财富出版社（原中国物资出版社）
社　　址 北京市丰台区南四环西路188号5区20楼　　**邮政编码** 100070
电　　话 010-52227568（发行部）　　010-52227588转307（总编室）
010-68589540（读者服务部）　　010-52227588转305（质检部）
网　　址 http://www.cfpress.com.cn
经　　销 新华书店
印　　刷 北京京都六环印刷厂
书　　号 ISBN 978-7-5047-4803-4/F·2038
开　　本 787mm×1092mm　1/16　　**版　　次** 2013年11月第1版
印　　张 16.75　　**印　　次** 2013年11月第1次印刷
字　　数 418千字　　**定　　价** 30.00元

前　言

作者自2005年开始在北京物资学院开展物流实训类课程的教学，从最初的实验讲义到前期出版的《物流实训》，再到后来出版的《物流实训教程》，至今已经历了7个年头，在教学过程中发现，近两年来物流产业获得了新一轮飞快的发展，大数据、云计算、物联网等新的技术不断发展，传统的物流产业面临战略发展转型的挑战，在这种条件下国家对物流人才的需要进一步迫切，作为高层次物流人才培养重要基地的高等院校将担负起更加重要的社会责任，因此对物流实训类课程的教学内容也提出了更新、更高的要求。

本书从上一个版本的18个实验扩展到现在的23个实验，主要是强化了新的技术应用，包括云计算等，同时关注一些新型的业态，比如快递物流等，对一些常规的单证操作也增加了相应的教学内容，希望能够更好地构建实验教学内容体系。同时为了更好地体现与企业的同步，本书的撰写过程中与瑞士柏中以及易云信息科技有限公司等机构合作，希望能够体现物流行业领域的实际特点。

在本书的撰写过程中，作者对物流实训课程的理解也进一步加深，考虑到很多的学校并未开设相关的课程，也考虑到专业教学的需要，将本书的名称改为《物流实验实训教程》，希望能够更好地与本科教学相匹配。

本书适合目前的物流管理和物流工程类专业使用，在编写过程中力图精练，针对设备应用以及物流运作的关键点进行重点深入展开；本书教学内容丰富，单个实验基本上满足了操作型、设计型以及综合型实验的教学要求，可以使学生由浅入深地掌握相应的教学内容，做到理论联系实际，进而培养学生的动手能力、思维能力和创造能力。

本书在编写过程中获得了北京物资学院领导及教师的大力帮助，同时获得了教育部具有国际化视野的实战型物流人才培养实验区、北京市物流系统与技术重点实验室、北京市物流管理与工程科研基地以及北京市物流示范教学中心的资助，在此表示感谢。同时本书的部分内容还采用了北京市教委面上项目、中国物流学会科研项目以及北京市优秀人才培养资助项目的研究成果。

在本书的撰写过程中瑞士柏中的刘长奇工程师、易云信息科技有限公司的CEO占海博士提供了大量的协助，在此表示感谢。新疆石河子大学商学院的教师胡海晨等也参加了本教材的编写，付出了辛勤的劳动，在此一并表示感谢。

由于编者水平有限，书中如有不妥之处，敬请广大读者批评指正，愿我们共同努力促进我国物流教学事业的发展。

王成林

2013年9月

目　录

实验一　叉车应用与管理实验

【实验准备知识】

一、叉车的概念、类型和特点

（一）叉车的概念

叉车又称铲车、叉式取货机，是物流领域最常用的具有装卸、搬运集成功能的机械。它以货叉作为主要的取货装置，依靠液压起升机构升降货物，由轮胎式行驶系统实现货物的水平搬运。叉车除了使用货叉以外，还可以更换其他类型的取物装置以适应多种货物的装卸、搬运和堆垛作业要求。

（二）叉车的类型

叉车种类多样，主要的分类形式如下：

1. 按照采用的动力方式分类

（1）内燃叉车。采用内燃机作为动力装置，其特点是机动性好，功率大，用途较广泛，一般情况下，重、大吨位的叉车采用内燃机作为动力，但是内燃叉车不适合在室内使用。如图 1－1 所示。

图 1－1　内燃叉车

（2）电动叉车是以蓄电池（电瓶）或交流电为动力的车辆。与内燃叉车相比，电动叉车具有结构简单、操作方便、起步平稳、污染小、噪声小的特点，其不足之处是受蓄电池容量的限制，因此动力受到限制，其驱动功率和起重量都较小，作业速度比较低，对路面要求高。

（3）手动液压叉车。手动液压叉车主要靠操作人员提供动力，起重量比较低，但操作灵活，维护方便。如图 1－2 所示。

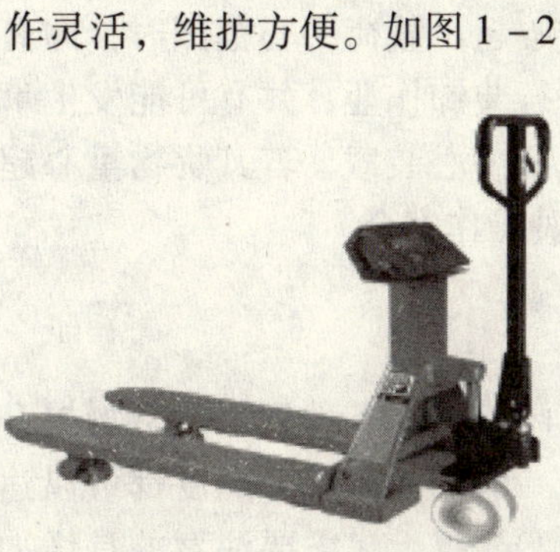

图 1－2　手动液压叉车

2. 按照性能和功用进行分类

按照性能和功用进行分类，叉车可分为平衡重式叉车、前移式叉车和侧面式叉车等多种类型。

3. 按照使用用途进行分类

（1）通用叉车。适合多种类型的货物搬运或者装卸作业，主要是和托盘配合使用，使用范围广，灵活性好。

（2）专用叉车。根据具体操作对象的性质设计的专用叉车，如堆垛式叉车、集装箱叉车、箱内作业叉车。采用专用叉车可以大幅度地提高效率。

（三）叉车的特点

叉车是目前使用比较广泛的一种物流设备，在物流作业现场使用叉车能大幅度地提高效率，减轻工人劳动强度。

1. 功能多样

叉车是典型的功能集成性物流设备，同时具有装卸和搬运的双重功能，可以实现作业对象多个方向的搬运操作。

2. 灵活性强

叉车具有外形尺寸小、重量轻、转弯半径小、运行机动灵活的特点，可以在较小的作业区域内灵活调度，具有非常广阔的应用范围。

3. 通用性强

叉车可以实现"一车多用"，通过配合使用货叉、夹持器等各种属具，可以实现不同种类、不同形状、不同几何尺寸货物的搬运装卸作业。

4. 易于维护

叉车简单实用，相对于大型自动立体化仓库等设备，叉车维护简单。

二、叉车的主要技术参数

叉车的技术参数可以反映叉车的结构特征和工作性能，是选用叉车的主要参考依据，叉车主要的技术参数如下：

（一）额定起重量

额定起重量是指门架处于垂直位置，货物重心位于载荷中心距范围以内时，允许叉车举起的最大货物质量，单位为吨（t）。一般的叉车起重量都可以达到1吨以上，在实际作业过程中，叉车的实际起重量受到起升高度等因素的影响。

（二）载荷中心距

载荷中心距是指叉车在确保纵向稳定时，设计规定的额定起重量的标准货物重心到货叉垂直段前臂之间的距离，单位是毫米（mm）。

一般情况下，叉车的载荷中心为距为400～600mm。当货物重心在载荷中心范围内时，叉车能按额定起重量进行正常的装卸作业。当货物重心超出载荷中心范围时，即有可能破坏叉车的纵向稳定性，叉车就不能按额定起重量进行装卸作业，并有可能发生事故。为此驾驶员必须按所驾驶的叉车使用说明书要求的载荷中心装载。若其货物重心超出载荷中心范围时，将相应减少一定的装载量，以确保驾驶操作安全。

（三）最大起升高度

最大起升高度是指叉车在平坦坚实的路面上，满载、门架直立条件下，将货物提升到最高位置时，货叉水平段的上表面距地面的垂直距离。一般的叉车起升高度都可以达到3m以上，对于一般港口叉车的最大起升甚至可以达到20m以上，需要注意的是增加起升高度会增加叉车的外形尺寸和自重，并降低允许起重量和稳定性。

（四）起升速度

起升速度是指叉车在坚实的地面上满载时，门架处于垂直位置，货叉上升的平均速度。起升速度对叉车作业效率有直接的影响。提高起升速度是叉车发展的趋势，这主要决定于叉车的液压系统。过大的起升速度容易发生货损和机损事故，给叉车作业带来困难。蓄电池叉车由于受蓄电池容量和电动机功率的限制，其起升速度低于起重量相同的内燃叉车。大起重量的叉车，由于作业安全的要求和液压系统的限制，起升速度比中小吨位的叉车低。当叉车的最大起升速度较小时，过大的起升速度难以充分利用。

（五）门架倾角

门架倾角是指无载叉车在平坦、坚实的地面上，门架自垂直位置向前或向后倾斜的最大角度。门架前倾是为了便于叉取和卸放货物；后倾的作用是当叉车带货行驶时，防止货物从货叉上滑落，增加叉车行驶时的纵向稳定性，同时在上下坡路段，门架倾角更可以辅助保证货物的正常姿态，一般叉车门架的前倾角和后倾角分别为6°和12°。

（六）满载最高行驶速度

叉车的最大爬坡度是指叉车在正常路面情况下，以低速挡等速度行驶时所能爬坡的最大坡度，以度或百分数表示，分为空载和满载两种情况。叉车满载的最大爬坡度一般由原动机的最大转矩和低速挡的总传动比决定。空载的最大爬坡度通常取决于驱动轮与地面的黏着力。由于港口路面场地较平坦，港口叉车最大爬坡度可在10°以内。

（七）叉车的制动性能

叉车的制动性能反映叉车的工作安全性。我国的内燃平衡重式叉车标准对于制动性能作了如下规定：如果采用脚制动，叉车车速为20km/h，空载运行时，紧急制动的制动距离不大于6m；叉车在车速为10km/h，满载运行时，紧急制动的制动距离应不大于3m。叉车的制动距离与叉车的运行状态以及叉车重量等自身特性有关。

（八）最小外侧转弯半径

最小转弯半径是指在平坦的硬路面上，叉车空载低速前进并以最大转向角转弯时车体最外侧所划出轨迹的半径。叉车的最小外侧转弯半径值越小代表叉车运行越灵活，可以适应货场多变的作业环境。

（九）通道最小宽度

通道最小宽度包括直角通道最小宽度和堆垛通道最小宽度两个参数值。直角通道最小宽度是指可供叉车往返行驶的、成直角相交的通道的最小理论宽度。直角通道最小宽度越小，叉车的机动性越好，同时可以提高库场的利用率。堆垛通道最小宽度是指叉车在正常作业时，通道的最小理论宽度。叉车的正常作业是指叉车在通道内直线运行，并且要作90°转向进行取货。堆垛通道最小宽度值反映了叉车的作业灵活性，最小宽度值小可提高货场的利用率。

（十）叉车的外形几何尺寸

叉车的外形几何尺寸包括叉车的长度、高度和宽度，在很大程度上决定了叉车的灵活性，比如能否进入仓库、集装箱、船、车厢内部进行作业。

（十一）最小离地间隙

最小离地间隙是指在叉车轮压正常时，叉车最低点距地面的距离。叉车车体最低点可能是门架底部等部位，离地间隙越大，则通过性能越好，但离地间隙太大会使叉车的重心提高，转弯半径增大，影响叉车的稳定性和机动性。

三、叉车的总体构成

从总体上分析叉车主要是由动力系统、传动系统、转向系统、制动系统、行驶系统、起重系统、电气辅助控制设备和液压系统八个部分组成。

（一）动力系统

动力系统是叉车工作的动力提供部分，常见的叉车动力系统主要是内燃机以及蓄电池等。

（二）传动系统

叉车车轮的行驶动力需由传动系统由动力系统传入，可采用机械传动、液压传动等多种形式。

（三）转向系统

叉车的转向系统直接影响叉车使用的灵活性和安全性。叉车转向系统按其发展阶段可分为蜗杆滚轮机械传动式，机械反馈、液压助力式以及全液压动力式。

（四）制动系统

制动是指行驶过程中对叉车施加阻力，用以消耗叉车动能，强制其减速以至完全停车，在停车后同时应防止其发生自由位移，以避免产生滑溜。目前在电动叉车上均使用干型摩擦式制动器，包括鼓式、盘式和带式等几种。

（五）行驶系统

行驶系统以车轮支撑于路面并与转向系统配合完成车辆的行走，并能够完成运行方向的转变，同时能够吸收振动，确保车辆正常行驶，行驶系统由车架、悬挂装置以及车轮等几部分组成。

（六）起重系统

起重系统是通过起重装置完成装卸作业的执行机构，实现货物的垂直方向位置改变，主要由门架、叉架、货叉等组成。

四、各种典型的叉车

（一）平衡重式叉车

平衡重式叉车是使用最广泛、用量最大的一种叉车。平衡重式叉车的货叉位于驾驶室正前方，货叉直接从前进方向叉取货物，因此对容器没有任何要求；使用橡胶轮胎或充气轮胎，使其具有很强的爬坡能力与地面适应能力。货物重心位于叉车行走轮支承面以外，由于没有支撑臂，需要较长的轴距与较大的配重来平衡载荷，所以无论是电动叉车还是内燃驱动叉车，其车身尺寸均较大，需要较大的作业空间。因此，平衡重式叉车普遍用于室外装卸、搬运作业。平衡重式叉车具有自重大、轮距大、行走平稳、转弯半径大的特点，如图 1－3 所示。

图 1－3　平衡重式叉车

（二）前移式叉车

前移式叉车有两条前伸的支腿，前轮较大，支腿较高，作业时支腿不能插入货物的底部，而门架可以带着整个起升机构沿支腿内侧的轨道移动，这样货叉叉取货物后稍微提升一个高度即可缩回，保证叉车运行时的稳定性。前移式叉车与叉腿式一样，都是货物的重心落到车辆的支撑平面内，因此稳定性很好。前移式叉车如图 1－4 所示。

前移式叉车的门架可以带着起升机构沿着支腿内侧轨道前移，便于叉取货物。在完成叉取货物操作后，门架又沿着支腿内侧轨道回到原来的位置。

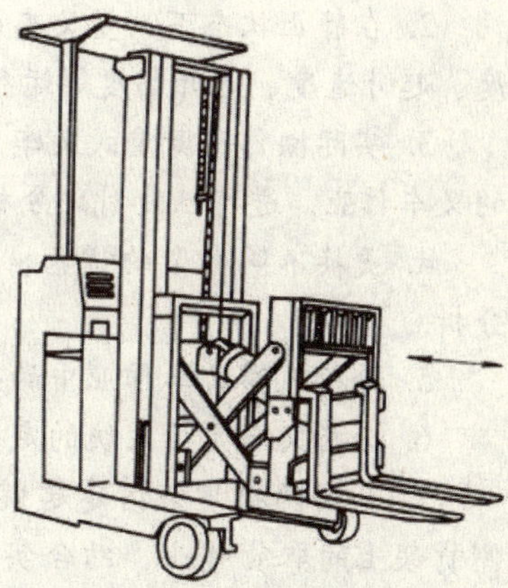

图 1－4　前移式叉车

【实验报告】

叉车应用与管理实验

一、实验目的

1. 熟悉不同种类叉车的基本组成结构、性能参数；
2. 了解不同类型属性的叉车主要附属部件的功能；
3. 熟悉叉车在物流运作过程中的基本适用范围；
4. 掌握以叉车作为主要装卸搬运工具的仓库设计基本方法；
5. 掌握叉车安全的主要注意事项。

二、实验内容

学生实地观察、操作不同类型的叉车，测量、记录叉车的主要技术参数；选择不同类型的货物进行对比，分析不同类型属具的适用性，了解叉车和托盘等货物的配合关系。通过观察叉车的基本操作确定叉车作业效率的影响因素，并对叉车的选型影响因素进行分析。对于叉车仓库的设计应考虑仓库的使用需要。

三、实验器材

平衡重式叉车一辆，前移式叉车一辆、手动液压叉车一辆、高层货架若干、托盘若干、模拟货物若干、长度测量工具（5m 长卷尺一把）、秒表一个、不同类型的叉车属具若干、移动信息终端一个、叉车定位装置一套。

四、实验步骤

1. 观察、了解不同类型叉车的组成机构，熟悉各组成部分的主要功能。

2. 在静止状态下测量叉车的几何尺寸，在运行状态下测量叉车的转弯半径、运行速度、起升速度、起升高度等运行参数，并建立叉车的性能参数评价表。

3. 实际操作平衡重式叉车、前移式叉车和手动液压叉车，完成叉取货物等不同类型的叉车作业，进行性能对比分析。

4. 更换不同类型的货物，并结合实验提供的各种属具，进行叉车辅助部件的功能分析。

5. 分析观察叉车作业中的安全作业影响因素，并分析不同措施的效果。

6. 分析叉车定位系统的定位精度和适应性，提出叉车调度的基本原则。

7. 利用两排货架搭建起模拟存储环境，至少形成一个巷道。利用叉车完成巷道两侧货架上的取货作业，结合实际操作需要，分析叉车操作时需要的最小巷道宽度；结合高层货架实际测量叉车所能达到的最大作业高度，并实际测量各种作业参数，包括货架自身几何尺寸、托盘尺寸以及叉车需要提升的作业高度等，为后续的设计、分析提供依据。

五、实验报告题目

1. 绘制平衡重式叉车的结构简图，并简要说明各组成部分的主要功能。

2. 绘制前移式叉车的结构简图，并简要说明各组成部分的主要功能。

3. 总结说明叉车的主要技术性能参数内容，并根据实验获得的参数值建立平衡重式叉车、前移式叉车的性能参数表。

4. 结合实验测得的数据，总结说明托盘货架在使用叉车完成存取作业的条件下在货架高度、水平等方向的规划设计时应考虑的主要因素。

5. 结合实际作业说明叉车采用货叉作为属具的作业局限性，并举例说明实验用属具的基本功能。

6. 对比平衡重式叉车和手动液压叉车的作业特点，对比说明两种设备的适用范围。

7. 结合实验说明叉车效率的评价方法，并总结影响叉车作业效率的主要因素。

8. 叉车目前作为主要的物流装卸搬运设备其信息化水平的提升是适应现代物流需要的发展趋势，请举例说明如何提高叉车的信息化水平。

9. 总结说明叉车作为装卸搬运工具的优势和劣势，说明其未来的发展方向。

10. 结合实验说明影响叉车作业安全的因素，以及应采取的防护措施。

11. 结合实验说明叉车选型应考虑的主要因素。

12. 结合实验建立叉车定位系统的基本性能评价体系，并提出建立叉车作业可视化监控所应具备的基本条件。

13. 结合实验说明多台叉车作业调度系统建立的基本原则，并说明控制终端应具备的基本功能。

14. 结合实验总结说明叉车技术发展的基本趋势。

15. 以本实验用的平衡重式叉车作为设计参考，在仓储作业区域给定的长度和宽度均是100m 的库房区域内进行平面布局设计，该区域以托盘（尺寸为 1000mm × 800mm × 15mm）作为存储介质，要求设定动线的基本功能，并分析计算基本的动线尺寸，并最终绘制平面布局简图。

16. 案例分析。

德国改造 RFID 叉车　工作效率提高到 30%

德国永恒力叉车股份有限公司在销往向北美的叉车集入 RFID 技术，以提高叉车的工作效率。EKX 513 - 515 转叉式堆高机是一款狭长型叉车，主要是应用在仓库或配送中心狭窄过道上；永恒力对其现有的设计进行一些修改，以便与 RFID 读写器和天线相配合。当叉车在仓库中移动时，读写器收集嵌入地板里无源的、64 kHz 或 128 kHz RFID 标签，并传送给一台随车电脑，电脑对标签数据进行处理，从而控制叉车操作。这套 RFID 系统可以通知叉车操作系统任何时刻叉车所处的位置和前进的方向。

永恒力在仓库每条通道的入口处，在地板上嵌入第一枚电子标签对通道进行识别，再在同一条通道内的不远处嵌入第二枚标签。如果读写器连续读到通道的第一、第二枚标签，操作系统默认叉车进入该条通道。当叉车退出通道，读写器则依次读到第二、第一枚标签。标签还储存着其他的指令性编码，如某些仓库通道地板比较粗糙、不平坦，这就要求叉车不能以最快的速度前进，以保证操作的安全性。嵌入该通道入口处的标签编入代表着安全操作速度的编码。当叉车经过标签时，读写器将该编码发送给操作系统，命令叉车减缓速度。如果叉车的前进速度已经低于该速限，那么系统会防止叉车在这条通道的前进速度高于速限。在自动化控制叉车速度之前，Mason 解释说，永恒力顾客不得不将叉车的速度设置为在粗糙地板上运行的安全速度，叉车在整个仓库的前进速度都得保持在这个速度。现在通过使用 RFID 标签，叉车在变换速度时只需在粗糙地方减缓速度，大大提高了叉车的运作效率。标签里还可以包含其他的一些指令，如对高度的限制，这主要是考虑到通道里可能有永久性的障碍物，如低空空调通风。如果仓库中有进行改造等，那么用户可以对标签进行重新编写。

问题分析：

(1) 结合实验分析说明该案例解决了叉车作业中的哪些问题。

(2) 结合实际分析说明采用这种设备的可行性，分析主要需要考虑哪些问题。

实验二　自动化立体仓库运作实验

【实验准备知识】

自动化立体仓库简称立体仓库。一般是指采用几层、十几层乃至几十层高的货架储存单元货物，用相应的物料搬运设备进行货物入库和出库作业的仓库。由于这类仓库能充分利用空间储存货物，故形象地将其称为“立体仓库”。

自动化立体仓库是现代物流系统中迅速发展的一个重要组成部分，它具有节约用地、减轻劳动强度、减少差错、提高仓储自动化水平及管理水平、提高管理和操作人员素质、降低储运损耗、有效减少流动资金的积压、提高物流效率等诸多优点。与厂级计算机管理信息系统联网以及与生产线紧密相连的自动化立体仓库更是当今 CIMS（计算机集成制造系统）及 FMS（柔性制造系统）必不可少的关键组成部分。目前围绕自动化仓储系统已经开发了多种类型的自动化系统硬件设备及软件产品，如不同类型的库存管理软件、系统仿真软件、图形监控及调度软件、堆垛机输送机控制软件、条码识别跟踪系统、搬运机器人、码垛机械手、自动运行小车、货物分选系统、堆垛机认址检测系统、堆垛机控制系统、货位探测器、高度检测器、输送系统、码垛系统、自动输送小车等产品。

一、堆垛起重机的作用和特点

（一）堆跺起重机作用

堆垛起重机是立体仓库中最重要的起重运输设备，是随自动化立体仓库的出现而发展起来的专用起重机。它是自动化立体仓库特征的典型标志，主要负责完成仓库的出库、进库和盘库等作业任务。传统的堆垛起重机只能在巷道内作业，因此要配备相应的出入库装置。堆垛起重机在自动化立体仓库中的组成结构关系如图 2－1 所示。

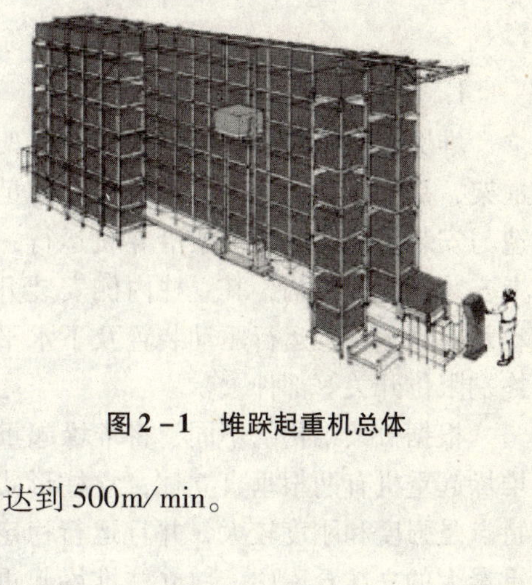

图 2－1　堆跺起重机总体

（二）堆跺起重机特点分析

堆垛起重机具有如下特点：

1. 作业效率高

堆垛起重机是立体库的专用设备，具有较高的搬运速度和货物存取速度，可在短时间内完成出入库作业，目前堆跺起重机的最高运行速度可以达到 500m/min。

2. 提高仓库利用率

堆跺起重机自身尺寸小，可在宽度较小的巷道内运行，同时适合高层货架作业，可提高仓库的利用率。

3. 自动化程度高

堆垛起重机可实现远程控制，作业过程无须人工干预，自动化程度高，便于管理。

4. 稳定性好

堆垛起重机具有很高的可靠性，工作时具有良好的稳定性。

（三）堆垛起重机的结构与主要部件

堆垛起重机主要由金属结构、起升机构、运行机构、货叉伸缩机构、载货台、电气控制装置和各种安全保护装置构成。如图 2－2 和图 2－3 所示。

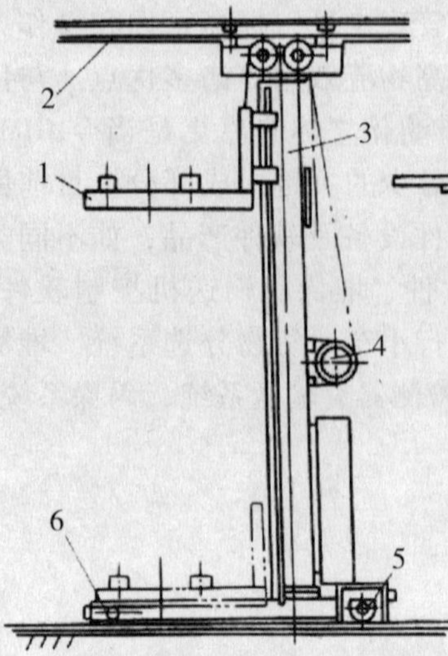

图 2－2　单立柱堆垛起重机

1—载货台；2—上横梁；3—立柱；4—起升机构；5—运行机构；6—下横梁

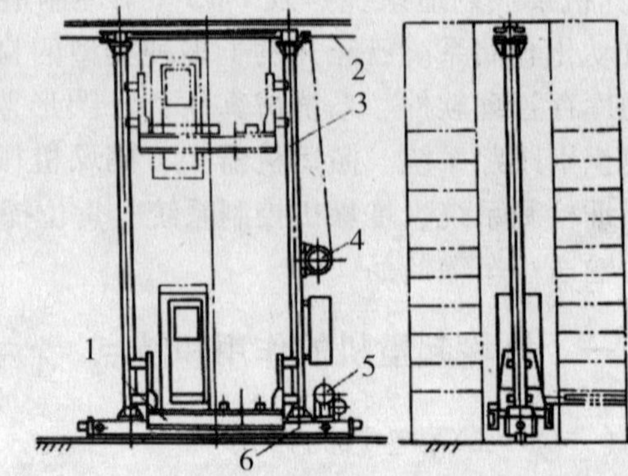

图 2－3　双立柱堆垛起重机

1—载货台；2—上横梁；3—立柱；4—起升机构；5—运行机构；6—下横梁

1. 金属结构

堆垛起重机的金属结构也称为机架，是由立柱、上横梁、下横梁组成的长方形结构框架，是主要承载构件。机架除应满足一般起重机的强度和刚度要求外，还有较高的制造与安装精度要求。机架沿导轨运行，为防止框架倾倒，在上横梁上装有导向轮。机架上安装有起升机构，其立柱内侧安装升降导轨，使载货台平稳地升降。机架下部安装主动及被动车轮、运行驱动装置及下水平导向轮、缓冲器等部件。后部和两侧安装有运行终端限位开关等部件。

根据机架结构的不同，将堆垛起重机分为双立柱和单立柱堆垛起重机两种。双立柱堆垛起重机有两根垂直立柱，立柱形式有方管和圆管两种结构形式。采用双立柱结构的特点是强度和刚度较大，并且运行稳定，运行速度也较高，主要应用于起升高度高、起重量大的立体仓库中。单立柱堆垛起重机是由一根立柱和下横梁组成的，立柱上附加导轨。采用单立柱的特点是机身的重量轻，制造成本较低，但是刚性较差，主要应用于起重量小的自动化立体仓库中。

2. 起升机构

起升机构用以驱动载货台垂直升降。起升机构主要由驱动装置、传动装置以及配重块等附属部件组成。驱动装置普遍使用电动机，而传动装置则可以选用链条式传动、钢丝绳传动等多种方式。链条式传动装置由电机减速器、驱动链轮、升降链条、配重块等组成。电机减速机通过驱动链轮带动升降链轮旋转，升降链轮再通过升降链条带动载货台上下运动，链轮传动装置具有传动功率大的特点，而采用钢丝绳等柔性传动装置，则具有质量轻、结构紧凑、工作安全、噪声小的特点。为减少起升机构电动机功率，可以设置配重，此时采用链条更便于机构布置。

3. 运行机构

运行机构驱动堆垛起重机沿运行轨道水平运动，是由电机减速器、行走轮、导向轮等组成。常用的运行机构主要有地面行走式的地面支承型和上部行走式的悬挂型或货架支撑型两种形式。地面行走式运行机构一般用 2 ~4 个车轮在地面单轨或双轨上运行，立柱顶部设有导向轮。上部行走式运行机构采用 4 个或 8 个车轮悬挂于屋架下弦的工字钢下翼缘行走，在下部有水平导轮。货架支撑型上部有四个车轮，沿着巷道两侧货架顶部的两根导轨行走，在下部也有水平导轮。

4. 货叉伸缩机构

货叉是堆垛起重机存取货物的执行机构，而货叉伸缩机构控制货叉存取货物。由于货叉在存取货物时，向货架两侧伸入的长度几乎等于货架本身的长度，所以一般货叉采用三节式机构，下叉固定在载货台上，中叉和上叉可以向左右伸出。为了使货叉伸缩到位，保证准确地存、取货物，在货叉上应装有机械定位装置和电气定位感应开关组成的双重定位保护装置，还有检测货叉是否回到原位的中位感应条和接近开关。

5. 载货台

载货台是堆垛起重机承接货物并可以沿着起升导轨上升或下降的部件，其上装有货叉伸缩机构、松绳过载和断绳安全装置、升降动滑轮、升降导向轮和侧向导轮等。

6. 电气控制装置

电气装置主要是由电动驱动装置和自动控制装置组成，完成堆垛起重机的走行、升降、货叉的伸缩等全部动作的控制。堆垛起重机一般由交流电动机驱动，如果调速要求较高，采用直流电动机进行驱动。

7. 安全保护装置

安全保护装置可以为堆垛起重机提供一定的安全保证。如各个机构的行程限制装置、下降超速保护装置、断绳保护装置、起升过载保护装置等。堆垛起重机上设置了走行端点限位及升降端点限位传感器，以防止堆垛起重机运行超过设定行程；为防止空出库、重复入库等现象的发生，堆垛机上设置了对货架上货位、入出库位置上的货物检测传感器，以确认货位或入出库位置上的货物情况；为防止货物尺寸与即将入库货位的尺寸不符，堆垛机上设置了货物尺寸检测传感器，以提高堆垛起重机的运行安全性。

二、堆垛起重机的型号说明和主要技术参数

（一）堆垛起重机的型号说明

堆垛起重机的型号主要包括五个部分，分别是机架形式、货叉类型、行走速度级别、起升高度和载重量，具体内容见表2－1。

表2－1　堆垛起重机的型号参数说明

型号参数内容	字母含义
机架形式	D：双立柱 S：单立柱
货叉类型	P：板叉型 F：指叉型
行走速度级别	H：高速水平行走 M：中速水平行走 L：低速水平行走
起升高度	额定起升高度数值（m）
载重量	额定载重量数值（kg）

比如DPH－6－300堆垛起重机属于双立柱、板车货叉型、高速水平行走类型的堆垛起重机，其起升高速为6m，最大载重量为300kg。

（二）堆垛起重机技术参数

堆垛起重机作为自动化立体仓库中的重要设备，选用是否合理，直接影响着立体仓库的运行效率和经济效益。一般情况下，选择堆垛起重机的主要依据是其技术参数。

1. 载荷参数

堆垛起重机的载荷参数是指巷道起重机的额定起重量，该参数表明了堆垛起重机的承载能力。

2. 速度参数

堆垛起重机的速度参数是指其执行机构的运行速度指标，主要包括堆垛起重机的水平运行速度、起升速度和货叉伸缩速度。堆垛起重机的各项运行速度的高低，直接影响着货物出入库的速度，关系着仓库的作业效率。

3. 尺寸参数

堆垛起重机的尺寸参数包括堆垛起重机的外形尺寸（长、宽、高）、起升高度、下降深度和最低货位极限深度。其中最低货位极限深度是指货叉表面最低一层货格的低位到地轨安装水平面的垂直距离，影响货架的布局。

4. 货叉下挠度

堆垛起重机的货叉下挠度是指在额定起重量下，货叉上升到最大高度时，货叉最前端弯下的距离，这一参数反映货叉抵抗变形的能力，它与货叉的材料、结构形式以及加

工货叉的热处理工艺有关。

5. 货叉尺寸参数

堆垛起重机的货叉尺寸参数是指能够进行正常作业的货叉伸出长度，直接影响相应的托盘的几何尺寸参数。

6. 巷道宽度

堆垛起重机的巷道宽度是指其正常运行情况下的最小巷道宽度。

三、条码设备

（一）条码的概念和种类

条码由一组宽度不同、反射率不同的条和空按规定的编码规则组合起来，用以表示一组数据的符号，可以用来表示一定的信息。

条码的制作、识别都非常简单，但所包含的信息量非常大，特别是二维条码；条码信息采集速度快，自动化程度高，可靠性好，因此广泛地应用于商品标识、货位管理等诸多领域。

条码可分为一维条码和二维条码。一维条码按照应用可分为商品条码和物流条码。商品条码包括 EAN 码和 UPC 码，物流条码包括 128 码、ITF 码、39 码、库德巴（Codabar）码等。二维条码根据构成原理、结构形状的差异，可分为两大类型：一类是行排式二维条码（2D stacked bar code）；另一类是矩阵式二维条码（2D matrix bar code），有代表性的堆积式二维条码有（CODE49、PDF417、CODE 16K）等。如图 2－4 所示。

图 2－4 二维条码

（二）条码设备及其分类

条码设备是用来读取条码信息和打印条码标签的设备。根据不同标准，可分为不同类型的条码设备。

1. 按照功能分类

条码设备按照功能可分为条码生成设备和条码识别设备两种。

2. 按照适用范围分类

条码设备按照适用范围可以分为通用设备和专用设备。

3. 按照工作原理分类

条码设备按照工作原理可以分为机械式和光学式两种。

4. 按照使用范围分类

条码设备按照使用范围可以分为移动式和固定式两种。

（三）条码生成设备

根据性质的不同，条码生成设备可以分为非现场和现场设备两种。非现场条码生成设备也称为预制板设备，即采用传统印刷设备大批量印刷制作，它适用于数量大，标签格式固定、内容相同的标签的印制，如产品包装等。预印刷的设备和工艺，可以采用胶片制版的传统方式进行印刷；而现场印制设备是指由计算机控制打印机实时打印条码标签，这种方式打印灵活，实时性强，可适用于多品种、小批量、需要现场实时印制的场合。可以采用传统的针式打印机、喷墨打印机、激光打印机和热敏式打印机等进行条码制作，但是打印的效率不如专用的条码生成设备高。

图 2－5　热敏式条码打印机

专用条码打印机主要是热敏式条码打印机。热敏式打印机是利用专用的热敏纸加热变色的原理工作的，热敏纸是在普通纸上覆盖一层透明薄膜，此薄膜在常温下不会发生任何变化，而随着温度升高，薄膜层会发生化学反应，颜色由透明变成黑色；热敏打印机中加热效应是由热敏打印头中的电子加热器（热敏片）提供。如图 2－5 所示。

热敏打印机具有结构简单、成本低等优点，但由于热敏纸受热或暴露在阳光下易变色的特点使其不易保存。热敏打印机的一般用于室内环境、打印临时标签的场合，如零售业的临时商品标签等。

（四）条码识读设备

1. 条码识读设备的概念和技术参数

条码识读设备是指具有条码符号识读功能的设备。条码识读设备一般都配有专用的光源，光线经发射返回到光电转换器上，转变为电信号，并经过编码器最终转变为人可以识读的数字信息。

条码识读设备的技术参数包括：

（1）分辨率。分辨率是指条码识读设备能够分辨出的最窄条码符号单元宽度，分辨率直接影响条码的尺寸，分辨率越高条码尺寸越小，对小型商品的条码生成越有利。按照行业标准能够分辨 0. 15 ~ 0. 30mm 的为高分辨率条码识读设备，能够分辨 0. 30 ~ 0. 45mm 的为中分辨率条码识读设备，能够分辨 0. 45mm 以上的为低分辨率条码识读设备。

条码扫描器的分辨率并不是越高越好，在能够保证识读的情况下，并不需要把分辨率做得太高，若过分强调分辨率，一是提高设备的成本，二是必然造成扫描器对印刷缺陷的敏感程度提高，条码符号上微小的污点、脱墨等对扫描信号都会产生严重的影响。

（2）正确率。正确率是指条码识读设备正确识别次数与识别总次数的比值，是衡量条码识读设备正常工作的主要参数，有时也用误码率作为该项参数的对比衡量指标。

（3）读取景深。读取景深是指条码识读设备能够读取条码的距离范围，读取的景深越大，对条码的位置要求越低。

（4）首读率。首读率是指首次读出条码符号的数量与识读条码符号总数量的比值。首读率过低，必然会使操作者感到厌倦，还会影响流水线的条码自动识别作业。

（5）接口类型。条码识读器工作时不断把采集到的信息输送给信息系统，需要相应的数据通路，一般是采用 USB 接口或者工业总线接口等作为条码识读器的数据接口。

（6）扫描频率。扫描频率是指条码识别设备进行多重扫描时每秒的扫描次数，扫描图案的复杂程度以及被识别的条码符号的运动速度都会影响条码识别设备的扫描速度，工业流水线上使用的激光扫描器可达1000线/秒。

(7) 抗污染、抗皱折能力。条码识别设备工作时不能保证条码处于绝对的平整状态，因为条码符号容易被水迹、手印、油污、血渍等弄脏，也可能被某种原因弄皱，导致在扫描过程中发生信号变形，条码的原有信息不能正常的识别。

(8) 光源。光源是条码识读设备的重要组成部分，光源的性能主要取决于光源的发出光的波长范围以及光斑尺寸，光源的主要类型包括发光二极管、激光发射器等。

2. 条码识读设备的分类

条码识别设备种类多样，可以按照以下标准进行分类。

(1) 按照识别方式分类。按照识别方式条码识读设备从扫描方式上可分为接触和非接触两种条码扫描器。接触式识读设备是指工作时识别对象必须与条码识读设备保持接触，主要包括光笔与卡槽式条码扫描器等；而非接触式条码识读设备工作时和识别对象可以保持一定的距离，主要包括CCD扫描器、激光扫描器。

(2) 按照识别操作方式来分类。按照识别操作方式条码识读设备可分为手持式和固定式两种条码扫描器两种。

手持式条码识别设备结构简单、灵活方便，适用于条码尺寸多样、作业环境复杂、条码形状不规整的应用场合。手持式条码识别设备主要包括光笔、激光枪、手持式全向扫描器、手持式CCD扫描器和手持式图像扫描器等。

固定式条码识读设备不能移动，操作人员劳动强度小，无须人工干预，自动化程度高，适用于超市的结算台、自动分拣等作业频繁的场合，主要包括固定式全向扫描器和固定式CCD扫描器。

(3) 按照识别能力分类。条码识别设备从原理上可分为光笔、CCD、激光和拍摄四种类型，其中光笔与卡槽式条码扫描器只能识读一维条码，而激光条码扫描器还可以识读行排式二维条码。图像式条码识读器可以识读常用的一维条码，还能识读行排式和矩阵式的二维条码。目前在采用图像方式中绝大多数采用技术较为成熟的CCD器件。CCD技术是利用光学镜头成像，转化为数字信号，采用该技术具有像质好，感光速度快的特点，但成本较高。

(4) 按照扫描方向分类。对于单向扫描式条码识别设备在工作状态下必须选择适当的扫描方向，而全向扫描式条码识别设备则没有此种限制，使用更为方便，包括平台式和悬挂式两种类型。

3. 常用条码识读设备

常用条码识读设备包括激光枪、CCD扫描器、光笔与卡槽式扫描器和全向扫描平台等，如图2-6所示。

(1) 激光枪。激光枪是利用激光发生器产生的激光扫描线扫描条码的手持式自动扫描识别设备，由于激光的方向性好，因此激光枪是一种适合远距离条码识别的设备，其景深较大，操作方便，扫描首读率和精度较高，性能优越，因而被广泛应用，超市结算业务就采用此类设备。

(2) CCD扫描器。CCD元件是一种电子自动扫描的光电转换器，也叫CCD图像感应器，属于非接触式条码识别设备，扫描景深和操作距离取决于照射光源的强度和成像

影像式　固定 CCD 式　激光枪式

图 2－6　条码识别设备

镜头的焦距，CCD 扫描器分辨率较高，能分辨最窄单位元素为 0.1mm 的条码。

（3）光笔。光笔的笔尖安装有作为光源的发光二极管，光笔的光源有红光和红外光两种，红外光笔擅长识读被油污弄脏的条码符号，但结构较为复杂，光笔的耗电量非常低，适用于和电池驱动的手持数据采集，现在的光笔已经开始将译码器集成在光笔的内部，使用更为方便，而且分辨率也可以达到 0.1mm。

（4）卡槽式扫描器。卡槽式扫描器属于固定光束扫描器，其工作原理与光笔类似，但在识别位置有一个槽，带有条码符号的卡可以从槽中滑过实现扫描，这种设备便于使用者识别操作，因此广泛用于时间管理以及考勤系统。

（5）全向扫描平台。全向扫描平台是利用全向激光扫描器进行条码识别，标准尺寸的商品条码以任何方向通过扫描器的区域都会被扫描器的某个或某两个扫描线扫过整个条码符号，以保证条码信息的快速、准确识别，因此效率非常高，适用于识读不同距离、不同方向的条码符号，比如传送带上货物分拣。

4. 条码识别设备的选用原则

条码识别设备的选用必须综合考虑识别对象、工作环境等多方面的影响因素。

（1）译码范围。条码识别设备必须首先考虑与条码符号的匹配，比如条码的存储密度、尺寸、分辨率等，否则可能出现无法识读的现象，因此译码范围是选择条码识别设备的重要指标，一般来说，作为商品出售的条码识读器都有一个阅读几种码制的指标，选择时应注意是否能满足要求。当条码符号的高度与长度尺寸比值小时，最好不选用光笔，以避免人工扫描的困难。如果条码符号是彩色的，一定得考虑扫描器的光源，否则可能出现对比度不足造成识读困难。

（2）工作空间。不同的使用环境对条码识别设备的工作距离及扫描景深有不同的要求。一些日常对工作距离及扫描景深要求不高的场合，可以选用光笔、CCD 扫描器即可满足要求。对于一些仓库、储运系统，大都要求离开一段距离扫描条码符号，要求扫描器的工作距离较大，所以要选择有一定工作距离的扫描器如激光枪等。

（3）首读率。首读率是衡量条码识别系统总体性能的一个综合性指标，它与条码符号印刷质量、译码器的设计和光电扫描器的性能均有一定关系。对于可重复扫描的作业场合，对首读率的要求不太严格，但会造成工作效率的降低。而在工业生产、自动化仓库等应用中，由于识别对象在自动生产线或传送带上移动，正常状态下只有一次采集数据的机会，如果首读率不能达到百分之百，将会发生丢失数据的现象，造成严重后果。因此，在这些应用领域中，要选择高首读率的条码识读器，如 CCD 扫描器等。

（4）作业环境。工作环境光线太强，感光器工作就会受到影响；如果条码表面覆盖有透明材料，反光度太高，虽然眼睛可以看到条码，但是条码识读器识读条件严格，同样不能正确识别，因此在选择条码识别设备时应注意作业环境，选择适合的设备类型。

（5）接口要求。位于计算机连接，要求条码识别设备的接口要符合该系统的整体要求，需要考虑传输速度、稳定性等技术参数。

【实验报告】

自动化立体仓库运作实验

一、实验目的

1. 了解自动化立体仓库的基本构成；
2. 了解自动化立体仓库存储产品的编码原则、方法；
3. 掌握自动化立体仓库货位编码方法以及储位管理的基本方式；
4. 掌握条码设备的基本功能和使用方法；
5. 掌握堆垛起重机的基本结构、性能和使用方法；
6. 掌握自动立体仓库的作业能力评价方法；
7. 熟悉以自动化立体仓库为核心的物流系统设计方法。

二、实验内容

以自动化立体仓库的综合管理为背景，利用学校常见的试卷作为自动化立体仓库的管理对象，并建立相应的货物编码规则，实现货物的数字化管理。实验中引入条码技术对货物进行标识，分析条码的选用原则，并测试不同类型条码设备的性能。

三、实验器材

自动化立体仓库系统一套，模拟试卷若干，条码打印机一台，条码识读设备一套，模拟货物若干，托盘若干，计时仪器若干。

四、实验步骤

1. 开展无领导讨论，分析试卷的基本特点，明确不同管理人员的管理需求，确定试卷编码的基本原则和方案。

2. 熟悉条码打印机的基本操作流程，打印不同形式的条码，并尝试不同的介质进行条码制作，通过条码识读设备进行不同格式的条码信息读取，总结分析条码设备的性能参数。

3. 对不同类型的货物进行标识，分析标示的选用原则，并对制作的条码进行测试，分析影响条码使用的各个因素。

4. 根据设定的原则进行货架的标示，确定货架的编码方法，根据给定的条件进行自动化立体仓库的存储位置管理，制定可行的存储方案，并可以自动化立体仓库进行操作。

5. 了解自动化立体仓库的基本组成，熟悉自动化立体仓库的基本操作流程。根据设定的要求进行堆垛机的出库作业，进行自动化立体仓库的业务能力评价和作业路径优化原则分析。

6. 根据设定的数据进行自动化立体仓库的出入库系统操作和优化设计。

五、实验报告题目

1. 列举不同角色对试卷管理的需求，以试卷为对象进行编码原则的确定和具体编制，通过分析确定试卷在使用过程中使用的信息种类。

2. 结合分析结果说明试卷采用的编码方法及相应的编码依据。

3. 对于一份装订版的试卷中含有多个班级信息或者院系的试卷应如何进行编码。

4. 总结说明编码过程中造成一物多码或者多物一码形成的原因以及应采取的措施。

5. 依靠数字化的管理技术手段可以实现立体库存放货物的标准化管理，使用条码进行标识货物时所带来的优势。

6. 通过实际的条码制作说明条码制备设备的主要性能参数。

7. 结合实际应用操作说明条码的基本类型及特点，并总结选择条码种类的依据。

8. 利用条码识读设备进行条码扫描，说明条码扫描设备的基本性能。

9. 利用条码扫描设备在不同的条码打印或者显示介质进行扫描，分析条码在不同介质上的特征，并分析可能带来的作业方式改变。

10. 选择土豆、塑料瓶等不同的货物进行条码贴标操作，说明条码使用与被标识物料在外形、大小等方面的对应关系。

11. 选择污染、褪色等处理方法进行干扰实验说明使用条码作为存储信息介质所面临的主要影响因素分析，并说明应该采用的防护措施。

12. 通过实验综合对比分析采用条码与 RFID 之间主要的性能区别。

13. 在分析货物对象的基础上确定合理的储位管理方法，确定自动化立体仓库存储货架位置的编码方法。

14. 结合实际操作总结说明自动化立体仓库存储货物的查询方法。

15. 托盘式自动化立体仓库中单个托盘存储多种类型的货物时应考虑的主要问题包括哪些。

16. 总结说明自动化立体仓库储位管理方法的确定需要考虑哪些影响因素，并分析各种方法的适用性。

17. 结合实际操作总结堆垛起重机的主要性能参数。

18. 根据实际操作总结自动化立体仓库出入库能力的计算公式。

19. 结合实验内容分析堆垛起重机、平衡重叉车、手动液力叉车的适用范围。

20. 选择十个以上的货位进行自动化立体仓库的存取作业，分析自动化立体仓库路径优化原则，并最终列出任务的执行顺序。

本实验中设定的自动化立体仓库采用的是一侧输入、一侧输出的布局形式，并建议采用排、列、层三位定码方式进行货位标识。

所采取的任务建议为：

表2-2

序号	作业类型	作业位置	补充说明
1	入库	01-01-01	
2	出库	01-04-07	
3	入库	01-06-04	
4	出库	02-03-05	
5	入库	01-03-01	
6	出库	02-02-05	
7	入库	02-06-01	
8	入库	01-09-04	
9	出库	02-03-05	
10	出库	01-02-06	

作业位置所列的编号分别为自动化立体仓库的排编号、列编号和层编号，排设定为两排，分别为第一排和第二排；排编号、列编号和层编号均采用两位进行标识，例如货位编号为01－01－01代表第一排、第一列、第一层的货位。

在完成上述实验后将本系统中自动化立体仓库采用的是同侧完成输入和输出的布局形式，说明上述的原则会如何变化，并最终列出任务的执行顺序。

21. 结合自动化立体仓库的操作实际需要以及预定功能说明自动化立体仓库的管理信息系统的基本功能，并列举说明主要功能模块的具体内容。

22. 从设备配置角度说明自动化立体仓库的出入库系统的主要形式以及相应设备的主要布局形式，并对上述形式进行对比分析，说明不同形式的适用范围。

23. 结合实验说明自动化立体仓库在高度设计上应考虑哪些主要因素。

24. 结合实验说明件箱式自动化立体仓库与托盘式自动化立体仓库的适用性。

25. 结合实验总结说明自动化立体仓库功能的局限性。

26. 结合实验总结说明自动化立体仓库在安全管理中应注意哪些问题。

27. 案例分析。

海尔自动化立体仓库的成功应用

海尔集团公司分析发现在整个生产过程中，最受制约的就是仓储，就是原材料和零部件的仓储和配送，所以海尔选择这个作为突破口。

在青岛海尔信息园里面建了一座机械化的立体库，在黄岛开发区建了一座全自动的立体库。在国内人们因为人工成本便宜，地皮又大而质疑立体库的效果。但海尔的事实是，黄岛立体库长 120m、宽 60m，仓储面积 $5400m^2$，立体库有 9168 个标准托盘位，托盘是 1.2m×1m 的；立体库的建筑高度是 16m，放货的高度可到 12.8m，每天进出的托盘达到 1200 个，实际能力是 1600 个。

用 $5400m^2$ 的外租库取代了原来 $65000m^2$ 的外租库，而且由于使用了计算机系统，管理人员从原来的 300 多人降为 48 人。第一个作用是通过减少外租库的租金，外租库到车间的来回费用，节省工人工资加起来一年是 1200 万元。

第二个作用是降低了物料的库存。因为海尔在计算机系统里都设定了库存量上下限，比如说只允许放 7 天的料，超过 7 天不让进，相对来说使整个库存量下降。空调事业部就是库存量下降的一个典型例子，从 9 月到 12 月大约 3 个月费用下降了 1.4 亿元。

第三个作用是深化了企业物流系统的规划。因为立体库使用后是两翼推动，一是海尔要求所有的分供方按照标准化的模式送货，所有的都是标准化的托盘，标准的周转箱。以往都是纸箱，纸箱的坏处在于产品的零部件容易压坏，上线的时候还要倒箱，多次倒箱增加了人工拣选，保证不了产品的质量。现在采用统一的产品包装，从分供方的厂里到海尔的生产线整个过程不用倒箱。对车间也是一样，以往车间的效果是脏、乱、差，使用标准箱之后，全部是叉车作业标准化。立体库对两方都产生了有利的作用，对分供方也好，对海尔内部的整个物流推进也很重要。二是立体库具有灵活性和扩展性，刚开始设计立体库想的只是放空调，但是通过计算机系统管理以后，只占很少的库容，公司马上把冰箱、洗衣机、电脑全部放进去，一下减少了这些厂的外租库，整个效果非常明显。虽然立体库有这么多好处，但并不一定非要建立体库，在车间旁边也可以搭立体货架，这样就节约了车间里宝贵的生产面积，每一寸土地都得到充分的利用。

问题分析：

(1) 结合实验分析说明采用自动化立体仓库的优势。

(2) 根据业务流程设计自动化立体仓库的信息管理系统，完成基本需求分析。

(3) 如果作为一个业务主管，在采购自动化立体仓库时应注意哪些基本问题。

实验三　包装设备应用实验

【实验准备知识】

包装设备即包装机械设备，是指完成全部或部分包装过程的一类机器。包装过程包括充填、裹包、封口等主要包装工序，以及与其相关的前后工序，例如清洗、干燥、杀菌、计量、成型、标记、紧固、多件集合、集装组装、拆卸及其他辅助工序。根据包装机械的功能，可以分为充填、灌装、封口、裹包、捆扎、贴标等多种类型的机械设备。

一、充填机械

充填机械是将精确数量的产品充填到各种包装容器中的机械，它适用于包装粉状、颗粒状的固态物品。一种半自动的充填机械如图 3-1 所示。

（一）充填机械的分类

图 3-1　半自动充填机械

实际生产中，由于产品的状态、性质及所要求的计量精确度等因素各不相同，因此对于不同的物料，所用的充填方式也各有不同。按照计量方式的不同，可以分为容积式充填机械、称重式充填机械和计数充填机械。按填充物的物理状态，填充机械可分为料粉填充机械、颗粒物料填充机械、膏状物料填充机械和块状物料填充机械。按充填功能不同，充填机械可分为制袋充填机械、成型充填机械和仅具有充填功能的充填机械等。

（二）常用的充填机械

1. 容积式充填机械

根据物料容积计量的方式不同，容积式充填机可分为固定式量杯充填机、可调容量式充填机、气流式充填机、柱塞式充填机、螺杆式充填机、计量泵式充填机、插管式充填机、料位式充填机、定时充填机等。容积式充填机适合于干料或稠状流体物料的充填。它的特点是结构简单、计量速度快、造价低，但计量精度较低。因此，它适用于价格比较便宜的物品的包装作业。

2. 称重式充填机械

称重式充填机是将产品按预定质量充填到包装容器内的机器。由于容积式充填机计量精度不高，对一些流动性差、比重变化较大或易结块物料的包装，往往效果就显得更差。因此，人们对计量精度要求较高的各类物料的包装，就采用称重式充填机。包括单秤斗称重充填机、无秤斗称重充填机、多秤斗称重充填机、电子组合称重充填机、连续式称重充填机。如图 3－2 所示。

3. 计数充填机械

计数定量的方法分为两大类，一类是被包装物品具有一定规则的整齐排列，计数机构常见的有长度、容积、堆积等几种计数形式，另一类是从混乱的被包装物品的集合体中直接取出一定个数，常用的技术充填机械有转盘、转鼓、推板等多种形式，主要用于颗粒状、块状物品的计数。一种长度技术充填机械如图 3－3 所示。

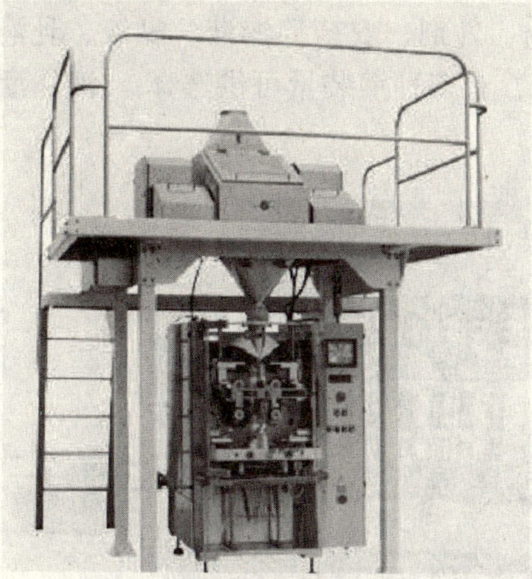

图 3－2 全自动称重式充填机外形

图 3－3 长度计数充填机械

二、灌装机械

灌装机械的主要作用是将定量的液体物料充填入包装容器内。该类型的设备不仅可以使黏度较低的物料依靠自重以一定速度流动，也可以使某些黏稠物料依靠压力以一定速度流动完成灌装作业。

（一）灌装机的基本组成

灌装机的类型繁多，从结构上分析主要由包装容器的供送装置、灌装物料的供送装置、灌装阀三部分组成。

包装容器的供送装置的作用主要是将容器间隔地送至灌装工位，待灌装后，再将容器送出灌装机。

灌装物料的供送装置的作用主要是将物料提供给灌装阀，再灌装入包装容器。常压供料装置是在常压下利用物料的重力向处于低位的灌装阀流送，物料装在处于高位的储液箱中，这种供料装置主要用于低黏度、流动性好的物料，例如牛奶、墨水、酱油、醋等；对于中等黏度，流动性不好的物料，例如果酱、牙膏、洗发膏等，在重力作用下难以自流，就必须施加机械压力使其流动，利用活塞或柱塞的往复运动来压送液料。真空供料装置需先将包装容器（如瓶子）抽真空，然后进行灌装。

灌装阀的作用是根据灌装工艺要求切断或沟通液室、气室和待灌容器之间液料流通的通道，是灌装机进行灌装的关键部件。不同的灌装方式采用不同的灌装阀，相应地有常压灌装阀、压力灌装阀、真空灌装阀和等压灌装阀。

（二）常见的灌装机

1. 膏状灌装机

膏状灌装机主要用于灌装膏状产品，主要由环形液室、拨瓶星轮、分件供送螺杆、中心进液管、进气管、灌装阀等组成。灌装机的基本结构如图 3－4 所示。

2. 液体灌装机

液体灌装机主要用于洗涤液、糖浆、果汁、食油、乳剂、农药等溶液、黏液、乳液的定量灌装，可灌装含颗粒的半流体、膏体、酱料等，有多种灌装量可供选择 。液体灌装机的基本结构如图 3－5 所示。

图 3－4　膏状灌装机

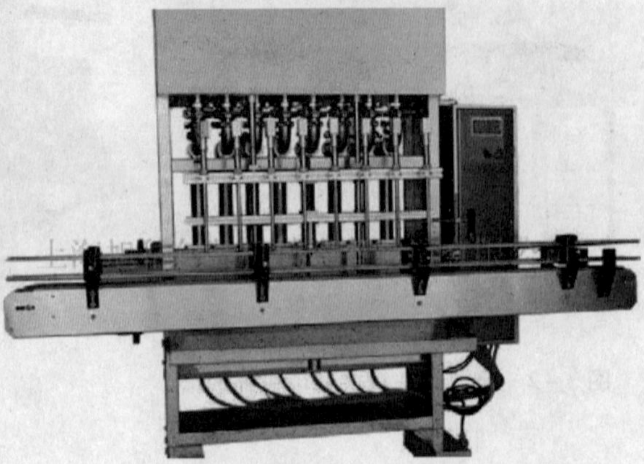

图 3－5　多头活塞式多功能自动液体灌装机

3. 颗粒灌装机

颗粒灌装机是专门进行各种颗粒物的灌装，一般所有接触灌装品的部分均用符合食用卫生标准的不锈钢制成。颗粒灌装机适用于医药、食品、化工、农药等方面的小袋包装。

三、封口机械

封口机械的作用主要是在包装容器内盛装产品后，为了使产品得以密封保存，保持产品质量，避免产品流失，对容器进行封口。由于包装容器的形态及物理性能各不相同，因此，所采用的封口形式及封口装置也不一样。

（一）封口机的分类和特点

按照封口方式的不同，封口机可分为以下几种类型。

1. 热压式封口机

该类型设备是采用加热加压的方式封闭包装容器的机器，所使用的加热元件有加热板、加热环带、加热辊等。

2. 熔焊式封口机

该类型设备是通过加热使包装容器封口处熔融而将包装容器封闭的机器，常用的加热方式有超声波、电磁感应和热辐射等。

3. 缝合式封口机

该类型设备是使用缝线缝合包装容器的机器，多用于麻袋、布袋、复合编织袋等的封口。

4. 卷边式封口机

该类型设备是使用滚轮将金属盖与包装容器开口处相互卷曲勾合以封闭包装容器的机器。卷边式封口机又称封罐机，是罐头食品生产过程中的重要机械设备之一。

5. 滚压式封口机

该类型设备是使用滚轮滚压金属盖使之变形以封闭包装容器的机器。

6. 旋合式封口机

该类型设备是指通过旋转封口器材以封闭包装容器的机器。封口器材通常是带有螺纹的瓶盖或带有向内卷曲的盖爪的罐盖，以旋拧的方式旋紧在带有螺纹的瓶口或罐口上。

7. 结扎式封口机

该类型设备是指使用线绳等结扎材料封闭包装容器的机器。

（二）常见封口机

1. 手压封口机

手压式封口机是一种常用且简单的封口机，其封合方法一般采用热板加压封合或脉冲电加热封合。这类封口机多为袖珍形，重量轻，占地小，适于放在桌上或柜台上使用。该类型设备主要是由手柄、压臂、电热带、指示灯、定时旋钮等元件组成。该机不用电源开关，使用时只要把交流电源线插头插入插座，根据封接材料的热封性能和厚度，调节定时器旋钮，确定加热时间，然后将塑料袋口放在封接面上，按下手柄，指示灯亮，电路自动控制加热时间，时间到后指示灯熄灭，电源被自动切断，1～2s 后放开手柄，即完成塑料袋的封口。手压式封口机基本结构如图 3－6 所示。

2. 脚踏式封口机

脚踏式封口机与手压式封口机的热封原理基本相同，其显著的不同之处是采用脚踏方式拉下压板。操作时双手握塑料袋等包装对象，轻踩踏板，瞬间通电完成封口，既方便，封口效果又好。该类封口机可采用双面加热，以减小热板接触面与薄膜封接面间的温差，提高封接速度和封口质量。有的还配有印字装置，在封口的同时可以打印出生产日期、重量、价格等。有些脚踏式封口机的工作台面可以任意倾斜，以适应封接包装液体或粉状物料的塑料袋。脚踏式封口机基本结构如图 3－7 所示。

图 3－6 手压式封口机

3. 立式自动封口机

立式自动封口机的工作原理与落地式封口机基本相同。主要区别是在落地式自动封口机中，环带式热压封口器的带轮轴是水平安放的，而在立式自动封口机中，其带轮轴则是垂直安放的。这样可使包装袋直立在输送带上运行并进行封口，因此这种封口机可以用于内装物不能平放的（如液体、黏稠体）包装袋的封口，立式自动封口机的基本结构如图 3－8 所示。

图 3－7　脚踏式封口机

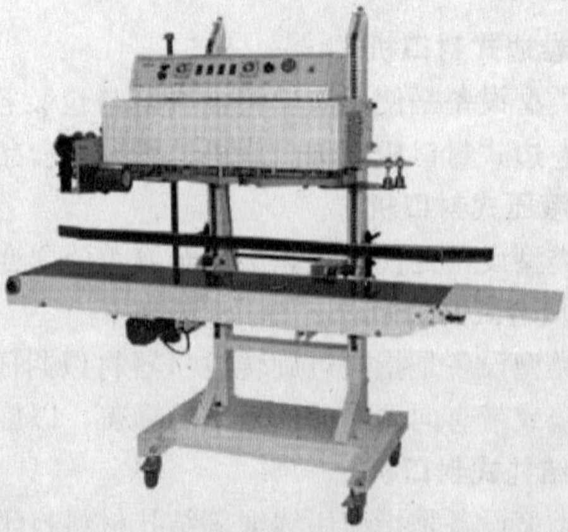

图 3－8　立式自动封口机

4. 超声波封口机

超声波封口机是一种投资费用较大，适应薄膜种类较多的热封设备。常用于封焊塑料软管、铝塑复合管等较厚的材料，对于厚度不匀的材料也能取得较好的封口效果。超声波封口机基本结构如图 3－9 所示。

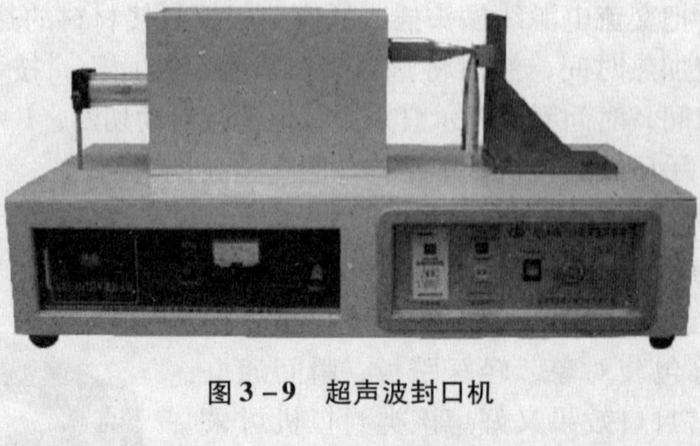

图 3－9　超声波封口机

5. 自动缝合机

自动缝合机主要由缝纫机头、线挑、机头支架、备用支架、输送带、脚踏开关等部件组成。某些自动缝合机在机头支架上相对安装两个机头，一旦发生故障，转动支架即可更换机头，以免延误生产。输送带的高度可以调整，以适应不同高度的袋子。

自动缝合机可用于缝合较重的包装袋，输送带的速度可调，能与各种包装生产线匹配，完成封口工作。

四、裹包机械

用挠性包装材料进行全部或局部裹包产品的包装设备统称为裹包机械。裹包机械是包装机械设备行业中最重要的组成部分之一。

裹包机械种类繁多，功能结构各异，按包装成品的形态可分为全裹包机和半裹包机。按裹包方式则可分为折叠式裹包机、接缝式裹包机、覆盖式裹包机、扭结式裹包机、拉伸式裹包机、缠绕式裹包机、贴体包装机、收缩包装机等。

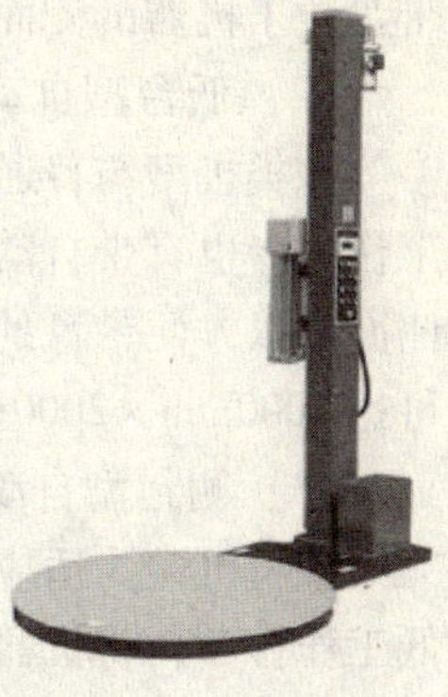

图 3－10　裹包机械

裹包机械的共同特点是用薄型挠性包装材料（如玻璃纸、塑料膜、黏膜、各类复合膜拉伸膜、收缩膜等）将一个或多个固态物品进行裹包，广泛用于食品、烟草、药品、日用化工品、音像制品等产品的包裹。其种类繁多，功能各异，因而裹包机械的结构较为复杂，其调整、维修需要一定的技术水平。裹包机械的基本结构如图 3－10 所示。

五、捆扎机械

捆扎机械是利用带状或绳状捆扎材料将一个或多个包件紧扎在一起的机器，属于外包装设备。利用机器捆扎替代传统的手工捆扎，不仅可以加固包件，减少体积，便于装卸保管，确保运输安全，更重要的是可大大降低捆扎劳动强度，提高工效。

（一）捆扎机械的分类

按捆扎材料、自动化程度、传动形式、包件性质、接头接合方式和接合位置的不同，捆扎机械可演变成种类繁多的各式各样不同形式的设备。按捆扎材料可分为塑料带、钢带、聚酯带、纸带捆扎机和塑料绳捆扎机；按自动化程度可分为全自动、自动、半自动捆扎机和手提式捆扎工具；按包件类型可分为普通式、压力式、水产式、建材用、环状物捆扎机；按接头接合形式可分为热熔搭接式、高频振荡式、超声波式、热钉式、打结式和摩擦焊接黏式捆扎机；按接合位置可分为底封式、侧封式、顶封式、轨道开闭式和水平轨道式捆扎机。

目前我国生产的捆扎机械基本上采用塑料带作为捆扎材料，利用热熔搭接的方法使紧贴包件表面的塑料带两端加压黏合，从而达到捆紧包件的目的。分为机械传动和液压传动两大类，带端黏合位置一般为底封式或侧封式，分别有全自动、自动、半自动等类型的捆扎机。

（二）常见捆扎机

1. 常用的机械式自动捆扎机

（1）普通型捆扎机

该类机型是应用最为广泛的通用型自动捆扎设备，一般适宜于包件尺寸在 800mm × 800mm 以下的各类包件捆扎，多为单机使用。如需与生产线配套使用时，则工作平台须设计成带自动输送包件的自动传输装置，就能自动完成包件输送、捆扎等一系列动作，称为全自动捆扎机。这种机型的捆扎机结构紧凑，适应性强，送退带轨道机构置于工作平台的上部，其他工作机构和带盘都置于工作平台下部，也有考虑工作时换带方便，将带盘置于机器的侧面，机器底部装有活动滚轮，以便于流动作业。

（2）低台型自动捆扎机

该类机型与普通型不同，这种捆扎机具有较低的工作平台，便于大型包件上机捆扎，工作平台也有带自动传输装置和不带自动传输装置两种，其带盘和储带箱均置于机器的侧面，以方便带盘的装卸，该类设备适宜于大型包件的捆扎，最大捆扎尺寸（高×宽）可达2000mm×2000mm。

（3）侧封型自动捆扎机

该类机型为适应带托盘包件和特大包件的捆扎，考虑到托盘结构的特点和尽可能降低工作台面，将机器的传动机构和封缄机构配置在轨道的侧面，使捆扎带的烫合接头处于包件的侧面而不是位于普通型捆扎机的包件底面，从而保证捆扎的有效性。

（4）双轨道型捆扎机

该类设备将两套相同的轨道机构（送退带机构或封缄机构等）配置在同一台机器的工作平台上，使之在同一捆扎周期内同时捆扎两道，通过同步捆扎可以达到提高工作效率、减少机器占地面积的目的。

（5）压力型捆扎机

该类机型适用于比重较小而体积较大的包件，如棉毛纤维制品，为减少包件体积，通过轨道顶部的预压装置，将置于工作平台的包件先进行压紧，然后再进行捆扎，根据包件的不同要求，压紧力可以调节，最大压紧力可达2000kg。

（6）顶封型自动捆扎机

该类机型是为了适应带托盘包件和特大型包件的捆扎，将机器的传动机构和封缄机构配置在轨道的顶部，当捆扎时，封缄机构连同轨道顶部上轨道一起下移与包件顶面接触，然后退带拉紧，切烫黏合，完成捆扎动作。

（7）水平轨道型自动捆扎机

上述几种捆扎机械都是在上下高度方向对各类包件进行捆扎，其捆扎带的接头或在底部，或在侧面，或在顶部，而对于需在不同高度处在水平方向对包件进行捆扎时就无能为力了。如由不同大小的包件堆垛在一起的大型集装包件，除需在上下方向捆扎外，在水平方向也要进行加固捆扎，这就需要水平轨道式自动捆扎机，这种机器的封缄机构和水平轨道一起可以上下移动并自动定位，工作时封缄机构的烫合部件能自动伸出贴在包件表面，以确保足够的捆紧力。

2. 常用的机械式半自动捆扎机

（1）高台型半自动捆扎机

该机的工作台面高度为700～900mm，工作时包件置于工作台面，塑料捆扎带端黏合位置在包件底部，即底封式，机器所有工作机构都置于机架上部，下部为带盘及制动机构。机架四周有封闭式和敞开式两种。封闭式机架的两侧面有门，以方便带盘的装换和维修，其外观比较庄重美观；机架敞开式比较简易、直观，从外形看就像桌子，装换带盘和维修更为方便。目前，国内外生产的多为机架封闭式，操作时以站立工作为宜，适于体积和重量都较大的包件捆扎。高台型半自动捆扎机如图3－11所示。

（2）中台型半自动捆扎机

该机的工作台面高度为400~500mm，适宜体积大而重量不大的包件捆扎，操作时可站立或坐着工作。该类设备的带盘机构置于机器一侧，装换带盘非常方便，但机器的占地面积较大。

（3）低台型半自动捆扎机

该机与中台型相同，只是工作台面更低，一般在350mm以下，适宜于体积和重量都较小的包件捆扎。因工作台面过低，作业人员操作时须坐着。

图3-11 高台型半自动捆扎机

（4）台式型半自动捆扎机

该机属微型捆扎设备，可放在桌面上或支架上工作，故也称为桌上型，采用带宽为5~6mm的捆扎带，适宜于小型包件，如邮政、印刷、收刊、商业等行业的包件捆扎。

（5）侧封型半自动捆扎机

该类设备与上述四种半自动捆扎机不同的是，侧置型的捆机带端黏合位置在包件侧面，相对于机器来讲，其封缄机构、传动机构等均配置在包件的侧面位置。当捆扎带粉尘的、易腐蚀的或瓶装液体等包件时，可防止包件渗漏而损坏机器零部件。

【实验报告】

包装设备应用实验

一、实验目的

1. 掌握不同种类包装机械的基本功能和性能参数；
2. 能够根据货物需求合理地选择包装方法；
3. 分析给定物料的物流作业特征，进行物料包装线的合理配置；
4. 熟悉包装质量检测的国家标准要求；
5. 了解散装物料的包装方式；
6. 熟悉不同种类包装材料的基本性能，掌握包装材料回收的基本方法。

二、实验内容

通过实际操作掌握自动灌装机、真空包装机、充气包装机、手动封装机、脚踏封装机、枕式包装机、热缩包装机、自动封箱机、自动捆扎机、自动裹包机等典型包装设备的基本操作方法、基本功能和性能参数；利用包装设备进行芯片等特种元器件等特殊物资的流通包装设计，扩展包装设备的使用方法。掌握包装国家标准对包装质量的基本要求及相应的检测方法。通过测量包装设备的性能参数，对组合使用的包装生产线的配置原则进行总结。通过对散装物料进行计量、传输封口等操作掌握该类物料的基本包装和传输形式。分析不同种类的包装材料的回收利用形式。

三、实验器材

自动灌装机一台、真空包装机一台、充气包装机一台、手动封装机一台、枕式包装机一台、热缩包装机一台、自动封箱机一台、自动捆扎机一台、自动裹包机一台、散装物料称重式包装设备一台、跌落实验机一台、振动实验机一台、压力机一台、模拟商品若干，其中需要包括薯片、带有管脚的电子芯片等、纸箱若干、托盘若干，不同类型的瓦楞纸箱若干、不同类型的周转箱若干、基于高加速度分离原理的回收设备一套、温度计和湿度计等测试设备一套。

四、实验步骤

1. 利用给定的实验材料分别在自动灌装机、真空包装机、充气包装机、手动封装机、枕式包装机、热缩包装机、自动封箱机、自动捆扎机、自动裹包机上进行物流作业，掌握该类机械的基本操作方法、技术性能参数。

2. 根据给定的散装物料类商品进行包装设备的实际操作和应用。

3. 给定不同种类的电子芯片类、薯片易碎类等商品，让学生分析其在不同物流运作阶段的包装要求，并根据实际情况进行该类产品包装设计。

4. 结合国家标准进行试验用包装质量的检测，并记录相应的实验结果。

5. 对不同种类的包装材料性能进行测试，分析各种包装材料的回收利用方法，并重点利用基于高加速度分离原理的回收设备进行包装回收物的分离演示，让学生从工程技术层面了解逆向物流技术。

6. 根据测试的包装设备性能参数进行包装线的基本设计。

五、实验报告题目

1. 结合实际操作说明自动灌装机的基本功能、性能评价参数。

2. 结合实际操作说明真空包装机的基本功能、性能评价参数。

3. 结合实际操作说明充气包装机的基本功能、性能评价参数。

4. 结合实际操作说明脚踏封装机的基本功能、性能评价参数。

5. 结合实际操作说明手动封装机的基本功能、性能评价参数。

6. 结合实际操作说明枕式包装机的基本功能、性能评价参数。

7. 结合实际操作说明热缩包装机的基本功能、性能评价参数。

8. 结合实际操作说明自动封箱机的基本功能、性能评价参数。

9. 结合实际操作说明自动捆扎机的基本功能、性能评价参数。

10. 结合实际操作说明自动裹包机的基本功能、性能评价参数。

11. 结合实际操作说明脚踏封装机和手动式封装机的基本区别，并说明其适用范围。

12. 为提高薯片的存储和运输质量，应采用哪种包装形式较为合理，并应选用哪些种类的包装设备。

13. 以 CD 为例，说明其包装的基本方式和选用的包装设备。

14. 分析带有管脚的电子芯片对包装的需求，并设计具体大规模流通用包装和零散单品配送用包装形式，相应的电子芯片结构如图 3－12 所示。

图 3－12 电子芯片

15. 以普通的邮政包裹运输玻璃制品为例，说明类似北京—广州等在内的长途包裹运输所应考虑的包装设计要求。

16. 将封箱机、捆扎机以及裹包机进行串联布局，进行箱式货物的连续包装作业，分析该类包装线组合对设备配置的基本要求。

17. 结合实验数据建立包装材料的性能参数表。

18. 结合实际调研说明塑料、金属等包装材料的回收应如何做好分类，遇到的制约因素主要包含哪些。

19. 查阅国家标准，总结说明不同种类的包装质量检测方法的适用性。

20. 以化学危险品、玻璃制品等为例，进行包装用瓦楞纸箱的标识设计，并收集整理国家标准规定的、可能在物流运作领域出现的标识。

21. 对采用瓦楞纸箱作为快递包装箱的箱内货物的固定形式进行设计。

22. 建立不同类型的瓦楞纸箱的性能评价表。

23. 结合实验说明仓储环境对包装质量的影响。

24. 利用周转箱作为包装容器，分析其优势以及适用的物流运作环境。

25. 结合实验总结说明设计货物包装应考虑的主要因素。

26. 案例分析。

淘宝发货用包装纸箱建议和方案

目前淘宝店主用纸箱的需求量越来越大，有必要探讨一下淘宝纸箱的基本需求，以及有哪些好的建议。根据我们的观察，淘宝用的纸箱主要是为了保护物品，用于发货的纸箱比较多。这类纸箱对印刷的需求不是最必要的，主要需要是尺寸大小合适，对货物的保护作用。当然也有些店主，为了宣传自己的品牌，需要在纸箱上印刷。

针对这些需求，首先建议淘宝店主测量出宝贝的尺寸，尺寸尽量与自己的宝贝实际尺寸贴近，越是合适的尺寸，越能最大限度的保护你的货物。

从目前的市场来看，有好多卖家为了节省包装成本，选择的纸箱硬度或者是厚度偏差，会造成货物在快递中转中破损。

我们建议卖家多注意以下细节：

如果自己需要的量不是很多，可以在淘宝或者百度上搜索纸箱批发商，不一定是信誉和销量好的店，就是价格和质量最合适，可以多找几家咨询一下，也可以让寄样品先看看质量，然后再考虑购买。

如果需求量大，还是直接找纸箱厂定做，因为量大，一般纸箱厂给的价格也会很低，不过要会谈判，要不然价格也不会便宜。

如果纯粹是快递运输使用，可以选择不带印刷，这样纸箱的价格也会相对便宜一些。我们360包装网，针对淘宝用纸箱，有专门的解决方案。

我们有专门的一个团队，只加工生产不带印刷的纸箱，而且没有数量限制。少量的纸箱，也给定做。

我们库存了经常使用型号的纸箱，现货供应给客户。比如邮政1～12#纸箱，以及特殊规格纸箱。

我们对不同淘宝店主，有一系列专门的纸箱规格尺寸，比如针对手电筒、lock塑料盒、相册等，都有固定的尺寸，我们都提前制定好模板，客户要用的时候，可以以最快的时间提供。

（案例来源：北京360包装网）

问题分析：

结合实验分析说明电子商务包装设计应考虑的主要因素。

实验四　托盘应用实验

【实验准备知识】

国家标准中将托盘定义为由于集装、堆放、搬运和运输的放置作为单元负荷的货物和制品的水平平台装置。托盘是典型的集装单元设备，通过使用托盘物资以集装单元的形式进行装卸、搬运、存储、运输等物流活动的作业方式，极大地提高了作业效率。使用托盘还可以和叉车等企业物流设备配合形成功能强大的物流单元化作业系统。

托盘是为了便于货物装卸、运输、保管和配送等而使用的，由可以承载若干数量物品的负荷面和叉车插口构成的装卸用垫板，被物流界誉为“活动的地面”、“移动的货台”。

托盘是物流产业中最基本的集装单元。随着产品在生产企业、物流企业、零售企业和用户之间流通，托盘的使用贯穿着从原材料生产到产品销售的全过程。在一些西方国家，它甚至出现在大型超市的货架上，起到了商品陈列的功能。

托盘需与叉车以及堆垛起重机等装卸搬运设备配合使用，托盘的下部有供货叉叉入、托起的叉入口，形成集装装卸系统，有效地促进了全物流过程水平的提高。同时采用托盘可以减少产品的物流操作损耗率，包括对产品的污染和在搬运过程中的损耗都将降低。

一、托盘堆垛方法

在托盘上装放各种形状的货物时，为保证作业的安全性、稳定性，必须采用各种不同的组合码垛方式，主要包括重叠式、纵横交错式、正反交错式以及旋转交错式四种，如图 4－1 所示。

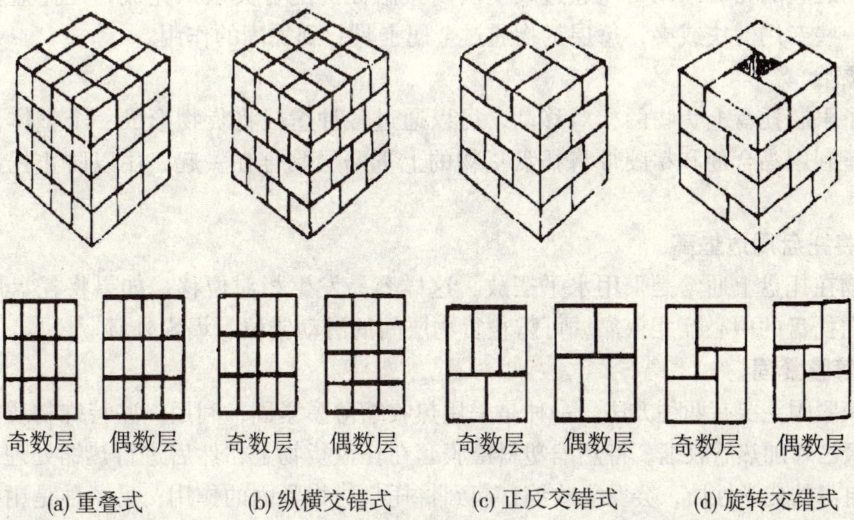

图 4－1　各种托盘堆码方式

可以根据货物的物理以及几何属性，结合托盘的使用要求，选取合理的托盘堆码形式，以最大限度地提高托盘的利用率和存储的稳定性。

二、托盘货物紧固措施

一般条件下，托盘对货物的保管功能并不理想，因此应采用合理的措施提高托盘的使用性能，首先应做到托盘货物的紧固，可以采用捆扎、绳网包裹、加抗滑夹层、框架紧固、楔入加固法黏合、将托盘周边垫高以及薄膜紧固的方法提高托盘的使用性能，防止在运输、仓储等物流作业环节下发生货物偏离正确位置的问题发生。

为防止货物在装卸、搬运和运输过程中的损坏、散垛，常采用的托盘货物紧固方法有下列几种：

1. 捆扎

可以用绳索或者包装带对货物进行紧固捆扎，主要的有水平、垂直和对角等捆扎方式。捆扎可用于多种货物的托盘集合包装使用。

2. 绳网包裹

为了保持货物的稳定性，可以使用网罩套在托盘货物上，再对网罩进行加固锁定，防止货物在运输过程中发生倒塌，用绳网包裹的预防措施主要用于航空运输领域。

3. 加抗滑夹层

托盘上的货物如果能防止各层之间的相对滑动就不会影响托盘堆垛的稳定性，因此可以在货物的上下层之间衬垫抗滑的纸片，以减少水平滑移的可能性。

4. 框架紧固

托盘货物的相对移动可以利用端面的固定来加以限制，框架紧固就是采用这种思想来防止托盘上货物的滑移。框架紧固是将框架加在托盘货物相对的两面或四面以至顶部，再用打包带或绳索捆紧。

5. 楔入加固法

货物之间的相对滑动可以通过改变货物接触面的配合关系来完成，在托盘货物的边角楔入一些专用的块或夹，每层货物通过金属卡具起到加固的作用。

6. 黏合

为了限制托盘上货物的相对移动，可以通过各种途径将货物形成一个整体，黏合的方法就是利用黏合剂和粘胶带将托盘货物的上下两层黏合在一起，用以防止托盘上货物的滑落。

7. 将托盘周边垫高

货物在托盘上通常是采用水平摆放，这样容易发生相对位移，如果将托盘周边垫高使货物向托盘的中心互相依靠，可防止货物层间的滑动错位、塌垛外倾。

8. 薄膜紧固

薄膜紧固主要有两种方法。一种是采用热收缩薄膜紧固，利用一些特殊物质的化学性质，如聚乙烯加热后收缩，将热缩塑料薄膜套在托盘货物上，然后进行热缩处理，塑料薄膜由于自身的化学性质，会发生收缩，起到将托盘货物紧固的作用；另一种是用拉伸塑料薄膜将货物与托盘进行整体裹包，当拉伸薄膜的外力撤除后收缩紧固托盘货体形成集合包装体。这种包装加固方式的缺点是捆扎力差，不能防潮，只能用于轻量的集装包装。

【实验报告】

托盘应用实验

一、实验目的

1. 掌握托盘的基本类型和基本结构特点；
2. 熟悉托盘堆垛、紧固等操作的基本方法；
3. 学会托盘应用效果的评价方法；
4. 掌握托盘模数等的设计原则。

二、实验内容

通过观察使用不同结构、不同材质的托盘，对比它们的性能参数，总结其适用性。通过采用不同种类的箱式货物在不同种类的托盘上采用不同堆垛方法分析各种堆垛方式的适用性，建立堆垛方法的评价体系，特别是利用率以及稳定性方面的影响，提出相应的优化策略。在操作过程中分析物流模数等设立需要考虑的主要影响因素，对物流标准化的制定原则有进一步的了解。

三、实验器材

两种不同规格的金属托盘各一个；两种不同规格的塑料托盘各一个；两种不同规格的木质托盘各一个；两种不同种类的纸质箱子若干；两种不同种类的塑料箱子若干；手动液力叉车一个，木条若干；笼式托盘、柱式托盘、移动式托盘等特殊类型托盘若干；塑料薄膜一捆；重物若干；称重设备若干，托盘货架一套。

需提前调研货车承载部分几何参数。

四、实验步骤

1. 观察不同结构类型的托盘，重点了解支撑结构等对托盘性能的影响。

2. 实际操作、分析不同材质的托盘，包括金属材质、木材质、塑料材质等对托盘性能的影响。

3. 首先选择小规格的塑料托盘和一种纸质箱子，利用不同的方式进行堆垛，观察不同种类的堆垛对托盘利用率的影响；然后更换不同种类的箱子重复进行堆垛实验，分析箱子的尺寸对堆垛效果的影响。

4. 将完成堆垛的托盘置于手动液力叉车之上，然后拉动手动液力叉车通过安装横木条的道路，观察搬运的效果，然后对堆垛方案进行调整。

5. 通过将塑料薄膜裹包以及在箱子接触面添加防滑垫等方法提高托盘堆垛的稳定性，并重新进行稳定性测试实验，并进行效果的对比分析。

6. 在空箱状态下尽可能将箱子堆高，将堆垛好的托盘放置在货架一层，考虑堆垛高度和货架高度之间的对应关系。

7. 在堆垛过程中将箱子放置重物，再做稳定性实验，观察实验的效果，说明箱子自身质量的影响。

8. 在保持箱体稳定的情况下，增加重物的重量，观察对下层箱子的影响，并总结对堆垛的影响。

9. 将不同种类的箱子在一个托盘上完成堆垛操作，对采用不同形式堆垛形式进行分析。

10. 通过实验测试数据分析物流设计模数的设计原则。

五、实验报告题目

1. 对比说明不同结构类型托盘的性能特点，并在此基础上分析其适用性。

2. 对比不同规格不同材质的托盘性能特点，并在此基础上分析其不同材质托盘的适用性。

3. 根据实际测量数据绘制各种不同箱体不同形式的堆垛方案图，并说明不同类型堆垛方案的特点。

4. 结合实验总结说明影响托盘堆垛稳定性的各种影响因素。

5. 结合实验操作总结说明可以提高托盘堆垛稳定性的具体措施。

6. 简述不同种类型托盘堆垛方式的评价指标。

7. 实验过程中使用液力叉车进行托盘移动操作，说明此类仓库巷道宽度等主要参数的设计依据。

8. 根据实验测试的托盘、货物的几何尺寸，说明应采用标准物流模数的作用和应采用的参考值。

9. 结合实际操作说明箱式运输车辆与托盘配合使用其基本的尺寸设置应考虑哪些因素，并应采用哪些方式固定托盘。

10. 通过实验说明仓库中使用托盘后需要哪些设备作为辅助工具完成物流作业。

11. 通过实验说明使用托盘可以为物流系统运作带来哪些优势。

12. 结合实际操作说明托盘的采用条码标识应注意哪些基本问题。

13. 结合实验说明造成托盘损坏的主要因素，并列举可采取的主要防护措施。

14. 结合实验说明采用笼式托盘、柱式托盘的优势。

15. 案例分析。

新加坡托盘标准化案例

标准托盘是行业标准化重点工作之一，是提高行业供应链效率的重要方法，新加坡等发达的地区和国家都有其标准的托盘。GLS 是一家物流配送公司，负责配送某连锁平价商场。GLS 希望通过建立良好的库存结构，理顺订单管理流程，增加商品的配送速度来提高公司的运作效率。该公司希望通过生产率提高的结果来说服更多的供应商采用 ECR 标准托盘送货到 GLS。当所有或大部分的供应商采用 ECR 标准托盘时，GLS 可以提高内部的生产率和运作效率。

通过这个项目，GLS 不需把产品堆放在标准的托盘上，因此人力成本和时间可以节省下来。GLS 节省了 20% 的人力成本（绝对数为每年 $24000）。项目前后，托盘数的减少（从 20800 个减到 16240 个）直接带来了租赁成本的下降。租赁成本的节省为 $67540（从 2000 年 1 月到 12 月），占到总节省的 23%。标准化简化了生意流程，增加生意机会和提高了效率。生产率的提高带来了更好的消费者服务。在从非标准托盘到标准托盘转换上节省更多的时间和人力，缩短供应商的卸货时间，提高垛口的使用率，更好地利用资金和人力。

Yeo Hiap Seng（YHS）是这家商场的一个供应商。通过该项目 YHS，减少运输次数，每车每次多装载 4 个托盘，提高 17% 的生产率，减少 29% 的资产拥有成本。GLS YHS 的货物接收不必重新堆放到标准托盘上。节省 20% 人力成本托盘的费用节省 23%。

（案例来源：中国物品编码中心网站）

问题分析：

（1）结合实验及案例说明托盘标准化带来的优势有哪些。

（2）结合实验及案例说明托盘标准化应包括哪些基本方面。

实验五　自动导引搬运车应用实验

【实验准备知识】

一、自动导引搬运车的分类和基本功能

（一）自动导引搬运车的定义

自动导引搬运车简称 AGV，是英文 Automated Guided Vehicle 的缩写，是物流系统中一种重要的搬运设备。根据美国物流协会的定义，自动导引搬运车是指具有电磁或光学导引装置，能够按照预定的导引路线行走，具有运行和停车装置、安全保护装置以及各种移载功能的运输小车。

AGV 是一种以电力为动力，装有非接触导向装置的无人驾驶自动化车辆。它的主要功能表现为能在计算机监控下，按路径规划和作业要求，使小车较为精确地行走并停靠到指定地点，完成一系列作业功能。人们形象地把以巷道堆垛机装备的自动化仓库称作是现代物流系统的枢纽，把 AGV 称为其动脉。

AGV 以轮式移动为特征，较之步行、爬行或其他非轮式的移动机器人具有行动快捷、工作效率高、结构简单、可控性强、安全性好等优势。与物料常用的堆垛机、单轨小车、传动链、传送辊道和固定式机器人相比，AGV 的活动区域无须铺设轨道、支座架等固定装置，不受场地、道路和空间的限制。因此，在自动化物流系统中，最能充分地体现其自动化和柔性，实现高效、经济、灵活的无人化生产。

随着工厂自动化、计算机集成系统技术的发展、柔性制造系统和物流业的发展，自动导引搬运车得到了广泛的应用。

（二）自动导引搬运车的分类

1. 按照导引方式分类

（1）直接坐标导引技术。用定位块将 AGV 的行驶区域分成若干坐标小区域，通过对小区域的计数实现导引，一般有光电式和电磁式两种形式，其优点是可以实现路径的修改，导引的可靠性好，对环境无特别要求。缺点是地面测量安装复杂，工作量大，导引精度和定位精度较低，且无法满足复杂路径的要求。

（2）电磁导引技术。电磁导引是较为传统的导引方式之一，目前仍被许多系统采用，它是在 AGV 的行驶路径上埋设金属线，并在金属线加载导引频率，通过对导引频率的识别来实现 AGV 的导引。其主要优点是引线隐蔽、不易污染和破损、导引原理简单而可靠、便于控制和通信、对声光无干扰、制造成本较低。缺点是路径难以更改扩展，对复杂路径的局限性大。

（3）磁带导引技术。与电磁导引相近，用在路面上贴磁带替代在地面下埋设金属线，

通过磁感应信号实现导引，其灵活性比较好，改变或扩充路径较容易，磁带铺设简单易行，但此导引方式易受环路周围金属物质的干扰，对磁带的机械损伤极为敏感，因此导引的可靠性受外界影响较大。

（4）光学导引技术。在 AGV 的行驶路径上涂漆或粘贴色带，通过对摄像机采入的色带图像信号进行简单处理而实现导引，其灵活性比较好，地面路线设置简单易行，但对色带的污染和机械磨损十分敏感，对环境要求过高，导引可靠性较差，且很难实现精确定位。

（5）激光导引技术。激光导引是在 AGV 行驶路径的周围安装位置精确的激光反射板，AGV 通过发射激光束，同时采集由反射板反射的激光束来确定其当前的位置和方向，并通过连续的三角几何运算来实现 AGV 的导引。此项技术最大的优点是 AGV 定位精确；地面无须其他定位设施；行驶路径可灵活多变，能够适合多种现场环境，它是目前国外许多 AGV 生产厂家优先采用的先进导引方式。

（6）惯性导航技术。惯性导航是在 AGV 上安装陀螺仪，在行驶区域的地面上安装定位块，AGV 可通过对陀螺仪偏差信号的计算及地面定位块信号的采集来确定自身的位置和方向，从而实现导引。此项技术在军方较早运用，其主要优点是技术先进、定位准确性高、灵活性强、便于组合和兼容、适用领域广，已被国外的许多 AGV 生产厂家采用。其缺点是制造成本较高，导引的精度和可靠性与陀螺仪的制造精度及使用寿命密切相关。

（7）图像识别导引技术。对 AGV 行驶区域的环境进行图像识别，实现智能行驶。这是一种具有巨大潜力的导引技术，此项技术已被少数国家的军方采用，将其应用到 AGV 上还只停留在研究中，目前还未出现采用此类技术的实用型 AGV。

（8）GPS（全球定位系统）导航技术。通过卫星对非固定路面系统中的控制对象进行跟踪和指导，目前此项技术还在发展和完善，通常用于室外远距离的跟踪和指导，其精度取决于卫星在空中的固定精度和数量，以及控制对象周围环境等因素。

2. 按照移载方式分类

按照移载方式不同，AGV 可分为侧叉式移载、叉车式移载、推挽式移载、辊道输送机式移载、链式输送机移载、升降台移载和机械手移载等多种形式。

3. 按照充电方式分类

自动导引搬运车按照充电方式进行分类，可分为交换电池式和自动充电式两种。

4. 按照转向方式分类

自动导引搬运车按照转向方式进行分类可分为前轮转向、差速转向和独立多轮转向三种。

二、自动导引搬运车的结构和工作原理

（一）自动导引搬运车的结构

自动导引搬运车由机械系统、动力系统和控制系统所组成。AGV 总体结构如图 5－1 所示。

1. 车体

车体即自动导引搬运车的基本骨架，车架要求有足够的强度和刚度以满足车体运行

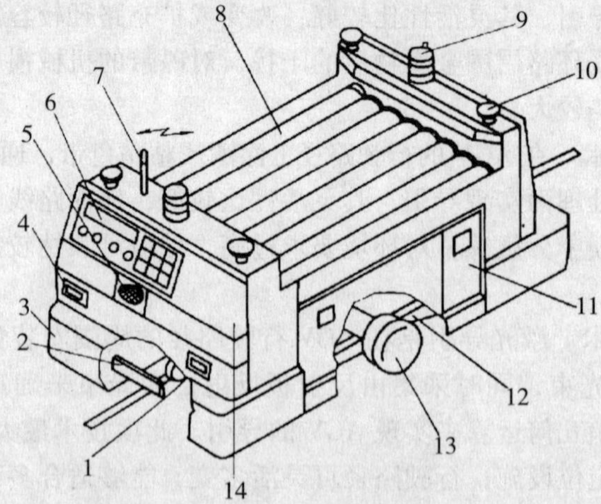

图 5-1　自动导引搬运车的总体结构

1—随动轮；2—导向传感器；3—接触缓冲器；4—接近探知器；5—警示音响；6—操作盘；7—外部通信装置；8—自动移载机构；9—警示灯；10—急停按钮；11—蓄电池组；12—车体；13—速差驱动轮；14—电控装置箱

和加速的需要。车体可安装移载装置、液压装置、电控系统、按键和显示屏，板下空间安装驱动装置、转向装置和蓄电池以降低车体的重心。

2. 车轮

根据自动导引搬运车结构的不同，车轮包括卧式结构的驱动轮和立式结构的驱动轮。

3. 移载装置

移载装置是与所搬运货物接触的装置，根据搬运货物的不同，所采用的移载装置也不同。

4. 安全装置

安全装置的主要作用是为自动导引搬运车运行或故障急停时提供一定的安全保证，主要包括缓冲器、接近检测装置和紧急停车按钮等。

5. 蓄电池和充电系统

自动导引搬运车采用直流工业蓄电池作为动力，电压为 24V 或 48V。蓄电池在额定的电流下一般应保证 8 小时以上的工作需要，对于两班制工作环境，要求蓄电池有 17 小时以上的工作能力。

蓄电池充电可以采用自动充电和交换电池式充电两种形式。自动充电是指在 AGV 的各个停泊站无时间限制的随时充电，交换电池式充电是指当蓄电池的电荷降到指定范围后，要求 AGV 退出服务，进入指定的充电区进行充电。

6. 驱动控制装置

驱动装置的功能是驱动 AGV 运行并对其进行速度控制和制动控制。它由车轮、减速器、制动器、电机和速度控制器组成。驱动装置及制动装置的控制命令由计算机或人工控制器发出。

7. 转向控制装置

AGV 的方向控制是接受导引系统的方向信息通过转向装置来实现的。一般情况下，AGV 被设计成三种运动方式：只能向前、向前与向后和万向运行。

8. 信息传输及处理装置

信息传输及处理装置的主要功能是对 AGV 进行监控，监控 AGV 所处的地面状态，包括手动控制、安全装置启动、蓄电池状态、转向和驱动电机的控制情况，然后将车上控制器的监控信息与地面控制器所发出的信息进行传递，以达到控制 AGV 运行的目的。通信系统有两种，一种是连续通信方式，另一种是分散通信方式。

（二）AGV 地面控制系统

AGV 地面控制系统（Stationary System）即 AGV 上位控制系统，是 AGV 系统的核心，其主要功能是对 AGV 系统（AGVS）中的多台 AGV 进行任务管理、车辆管理、交通管理、通信管理等，具体内容如下：

1. 任务管理

任务管理类似计算机操作系统的进程管理，它提供对 AGV 地面控制程序的解释执行环境；提供根据任务优先级和启动时间的调度运行；提供对任务的各种操作如启动、停止、取消等。

2. 车辆管理

车辆管理是 AGV 管理的核心模块，它根据物料搬运任务的请求分配、调度 AGV 执行任务，根据 AGV 行走时间最短原则，计算 AGV 的最短行走路径，并控制指挥 AGV 的行走过程，及时下达装卸货和充电命令。

3. 交通管理

交通管理是根据 AGV 的物理尺寸大小、运行状态和路径状况，提供 AGV 互相自动避让的措施，同时避免车辆互相等待的死锁方法和出现死锁的解除方法；AGV 的交通管理主要有行走段分配和死锁报告功能。

4. 通信管理

通信管理提供 AGV 地面控制系统与 AGV 单机、地面监控系统、地面 I/O 设备、车辆仿真系统及上位计算机的通信功能。和 AGV 间的通信使用无线电通信方式，需要建立一个无线网络，AGV 只和地面系统进行双向通信，AGV 间不进行通信，地面控制系统采用轮询方式和多台 AGV 通信；与地面监控系统、车辆仿真系统、上位计算机的通信使用 TCP/IP 通信。

5. 车辆驱动

小车驱动负责 AGV 状态的采集，并向交通管理发出行走段的允许请求，同时把确认段信息下发 AGV。

（三）AGV 地面监控系统

AGV 地面监控系统对于 AGV 用户是非常重要的。它直观地向用户反映了下位 AGV 实时的状态信息、位置信息等，用户可以通过 AGV 监控系统向 AGV 单机发出一系列任务命令。AGV 地面监控系统采用分布式处理结构，可以和地面控制系统部署在一台机器上，也可以部署在不同的机器上。

AGV 地面监控系统由图形通信接口、车辆仿真管理、任务管理代理、车辆管理代理、I/O 管理代理、车辆仿真代理及图形交互界面组成。

三、自动导引搬运车的主要技术参数

自动导引搬运车的技术参数是指反映其技术性能的基本参数，是选择自动导引搬运车的主要依据。自动导引搬运车的主要技术参数如下：

（一）额定载重量

额定载重量是指自动导引搬运车所能承载的最大重量。

（二）载重对象尺寸

载重对象尺寸是指搬运对象的最大几何尺寸。

（三）自重

自重是指自动导引搬运车与电池加起来的总重量。

（四）车体尺寸

车体尺寸即车体的外形尺寸。这一尺寸应该与所承载货物的尺寸和作业场地相适应。

（五）停位精度

停位精度是指自动导引搬运车作业结束时所处的位置与程序设定的位置之间所差的距离。

（六）最小转弯半径

最小转弯半径是指自动导引搬运车在空载低速行驶、偏转程度最大时，瞬时转向中心距自动导引搬运车纵向中心线的距离。

（七）运行速度

运行速度是指自动导引搬运车在额定载重量下行驶的最大速度。

（八）电池电压

电池电压有两种规格，分别为24V和48V。

（九）蓄电池容量

蓄电池容量可以用在正常工作状态下小车连续工作的时间来表示。

（十）工作周期

工作周期是指自动导引搬运车完成一次工作循环所需的时间。

四、AGV系统流程以及路径规划

（一）AGV控制系统的总体规划

一般可将AGV控制系统分为三级控制方式，即中央控制计算机、地面控制器和车上控制器。

中央控制计算机是整个系统的控制指挥中心，它与各区域内的地面控制器进行通信，地面控制器接受中央控制计算机的管理。

地面控制器负责对区域内的业务情况进行监控管理，如监视现场设备的状况、统计 AGV 利用率、小车交通管制、跟踪装载、制定目标地址、实时存储小车的地址并将 AGV 的位置与装载物的类型、数量传输给区域主计算机。

车上控制器负责解释并执行从地面控制器（站）传送来的指令，实时记录 AGV 的位置，并监控车上的安全装置。

控制系统总体结构如图 5－2 所示。

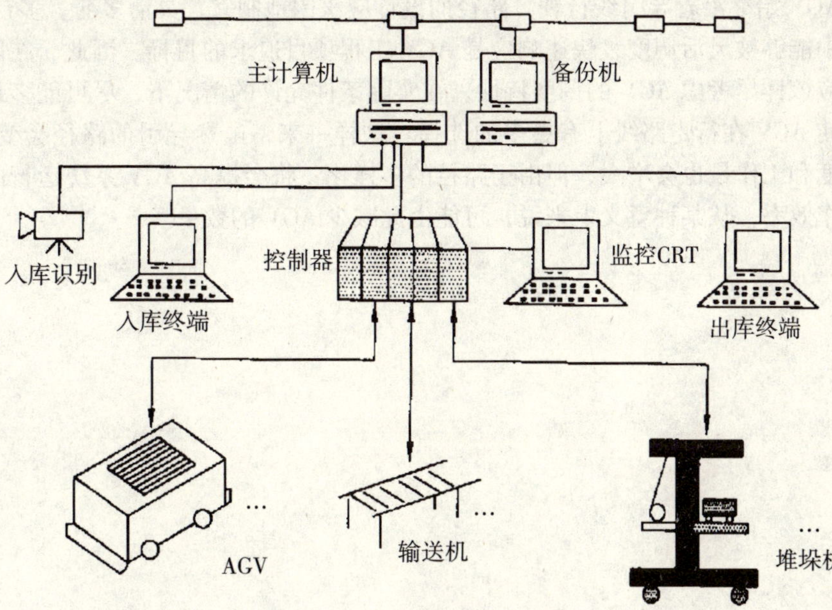

图 5－2　控制系统总体结构

（二）流程规划

流程规划是 AGV 系统设计的第一步，即根据用户的不同需求来规划整个 AGV 系统的运作流程。对于一个大型的 AGV 系统，流程的设计显得更为重要，关系到将来整个系统的运行效率，可靠性及先进性。AGV 系统流程不仅仅是 AGV 作业形式的具体表现，不能简单片面地理解“AGV 先做什么，后做什么”就是流程，其实更重要的是系统流程决定了 AGV 的调度策略，也就是决定了 AGV 系统的运行效率。

（三）路径规划

AGV 路径是指为 AGV 规划好的行驶路线，系统路径设计通常与 AGV 系统流程设计是联系在一起的，用户对 AGV 系统最直观的感觉就是 AGV 的路径，尤其是有线导引的 AGV。

路径设计不仅是为了表现出 AGV 的行驶路线，更重要的是为了得到 AGV 地面控制系统及 AGV 单机运行所必需的信息，包括工作站台（装卸货）信息、交通管理信息以及支持 AGV 单机行走的坐标信息、速度信息、距离信息等，因此，路径设计是 AGV 系统设计最为关键的环节之一。

路径并不是简单地根据系统的流程来设计的，同时还必须结合整个项目的实际应用情况，充分考虑到在 AGV 系统中单机的实际数量、导引方式、驱动方式、移载方式、车辆尺寸、行走指标，负载能力及场地条件等。

路径规划是系统的基础，路径的设计会直接影响系统的工作效率，因此，必须尽可能使 AGV 的行驶路径通畅无阻。以埋线式电磁导引 AGV 系统为例，路径的设计应该满足多样化的原则。当然，这里指的路径多样化是相对的、综合的。电磁导引 AGV 的最大特点是：AGV 始终沿着导引线行驶，路径的设计应该因地制宜、灵活多变。多台 AGV 在复杂系统中能够被灵活调度，快速响应是 AGV 工程项目追求的目标。因此，在路径的设计过程中应该详尽考虑 AGV 的调度特性，在实际条件允许的情况下，尽可能多地提供行驶环路，使 AGV 在行走路线上有更多的选择。这样一来，虽然导引的路径会变得复杂，施工的难度和工作量也会增大，但由于路径的多样化，将会提高 AGV 系统运行的有效作业率和工作效率，从某种意义上来说，可能由此减少 AGV 的数量。

【实验报告】

自动导引车应用实验

一、实验目的

1. 了解自动导引车的基本组成和各部分的主要功能；
2. 掌握自动导引车的基本性能参数；
3. 熟悉自动导引车路径规划的基本原则；
4. 理解自动导引车的集成设计原理；
5. 掌握基本的自动导引车的安全防护方法。

二、实验内容

通过操作手柄等不同形式的控制机构实际操作，了解自动导引车各主要模块的功能；实验中利用自动运行方式，熟悉自动导引车的主要运行参数，并通过计算机上位控制完成搬运作业，熟悉自动导引车的基本路径设计原则；通过设定实际运行环境参数，了解自动导引车的安全设置，熟悉自动导引车的安全作业保护措施。

三、实验器材

激光导引式自动导引车一台，电磁导引式自动导引车一台，计时器一个，不同规格、不同重量的料箱若干个，长度测量装置一套。

四、实验步骤

1. 学生观察和实际操作自动导引车，连接自动导引车的构成以及性能参数特点。

2. 进行自动导引车搬运的作业，理解自动导引车规划路径上的站台配置，并对展台参数进行测量。

3. 通过实际操作，设置必要的障碍物验证自动导引车的安全防护措施，评价其有效性，并提出合理的改进性建议。

4. 根据实际操作确定自动导引车作业的基本特点，对其作业效率进行评价。

五、实验报告题目

1. 绘制激光导引式自动导引车的构成简图，并说明各部分的主要功能。

2. 绘制电磁导引式自动导引车的构成简图，并说明各部分的主要功能。

3. 通过观察自动导引车的实际运行情况，总结建立 AGV 的性能参数表。

4. 根据实际运行环境基本情况，绘制激光导引式自动导引车和电磁导引式自动导引车的运行路径图。

5. 总结说明自动导引车与其他设备的集成形成物料装卸搬运系统需满足哪些基本条件。

6. 根据实验说明影响自动导引车运行安全的主要因素包括哪些，应如何防止安全事故发生。

7. 通过实验对比自动导引车与叉车的性能特点，并说明两种设备的适用范围。

8. 对比两种类型的自动导引车自动运行导引方式，说明其主要特点和适用范围。

9. 结合实验过程分析自动导引车装卸搬运能力的影响因素，并建立其装卸搬运能力的计算公式。

10. 结合实验说明控制多辆自动导引车运行时应考虑的调度控制策略。

11. 结合实验总结自动引导车的货物已在方式有哪些，并分析其适用性。

12. 案例分析。

雅芳公司应用案例

雅芳公司于1886年创立于美国加州，目前已成为国际知名的日用化妆品生产销售商，并作为在全球十余个国家拥有生产厂的跨国企业，仅2007年世界市场占有额就已近百亿美元。而广州雅芳制造有限公司（以下简称广州雅芳）作为雅芳公司的全资子公司，是雅芳公司在中国设立的唯一生产企业。

在没有使用AGV前，广州雅芳从顾客的利益出发，为了确保生产的准确性和过程的可追溯性，从2004年开始就已经自行投资开发，并已在生产过程中使用PCS系统（Processing Control System）进行实时控制。其中，在原料称料模块中，使用安装有PCS称料模块的称料手推车，具体由150kg电子秤、5kg电子台秤、条码打印机、无线扫描枪和平板电脑、供电电池（逆变器）等，以及一些辅助用品组成。通过实时和上位ERP系统的连接来检测和控制称料人员所称量物料的类型和重量符合当前工单的配方要求。操作人员根据来自ERP系统的称料指令（由无线网络发送到小车的电脑上），推着小车在系统指定的物料工位进行物料称取。然而，由于广州雅芳每个产品的配方组成比较复杂，再加上广州雅芳丰富的产品系列，使得称料人员要在一个2000多平方米、存储几千种物料的称料区内进行称料操作。这样，称料人员就必须推着称料车在一个巨大的空间中来回走动。因此，为了方便人工操作称料车，必须尽可能减小体积和重量。然而，由于空间的限制，称料车不能搭载大量的物料和任何容器，加上出于保护称料工具的需要，也就不可能在移动时在秤面上放置任何东西。于是，所有称取出来的物料都必须经过汇总后才可以送到生产中心。

根据生产批量，大部分的物料汇总后都是上百千克，甚至上千千克，只有使用叉车才能把物料送到生产中心。所以，需要汇料人员根据生产安排和进度，一车车地把物料按时、准确地送到生产工单指定的生产中心。当生产进度和计划发生改变的时候，还必须通过有效的手段通知汇料人员及时作出相应的正确反应。如果反应不及时就会造成生产延误，浪费工时。为了克服这个生产供应过程中的缺陷，广州雅芳制造有限公司决定利用AGV的特性把现有的PCS系统升级，整合成为PCS-AGV系统来提高自身的生产能力。

AGV车体结构包括AGV自身设备和外部设备，自身设备包括车载控制器、磁导引系统、无线局域网通信系统、驱动系统、在线自动充电系统、安全系统、人机界面、辊道输送机、顶升装置等，外部设备包括原人工称料车上的所有设备，即150kg电子秤、5kg电子台秤、条码打印机、无线扫描枪和平板电脑、供电电池（逆变器）和一些辅助用品等，都安装在AGV上。新松公司在进行AGV车体设计时，根据广州雅芳的要求进行了多次更改和完善，最终满足了广州雅芳严格的要求，如图5-3所示。

利用AGV带有举升移载机构和承重的特性，称料容器可以直接放置在AGV车体上，加上AGV和PCS整合后生产能力得到提高，从而使AGV同时具备了称量和运输的功能。

PCS获取ERP的称料工单并进行相关预先处理，根据当前PCS生产模块的实际生产进度确定生产需求后，及时把相关的称料需求发给AGV调度中心。而AGV调度中心只需负责AGV的安排和停车位置，停车具体位置来自PCS系统，其称料过程的控制和之前的PCS称料模块控制基本相同。

当指定AGV获取称料任务并自动行走到指定位置后，AGV上的容器支架降下使容器落到秤面上开始称料过程。称料完成后，PCS向AGV系统发出称料完成信号，AGV确认状态并升起容器离开秤面，然后行走到下一个称料点重复称料动作。一直等到当前工单

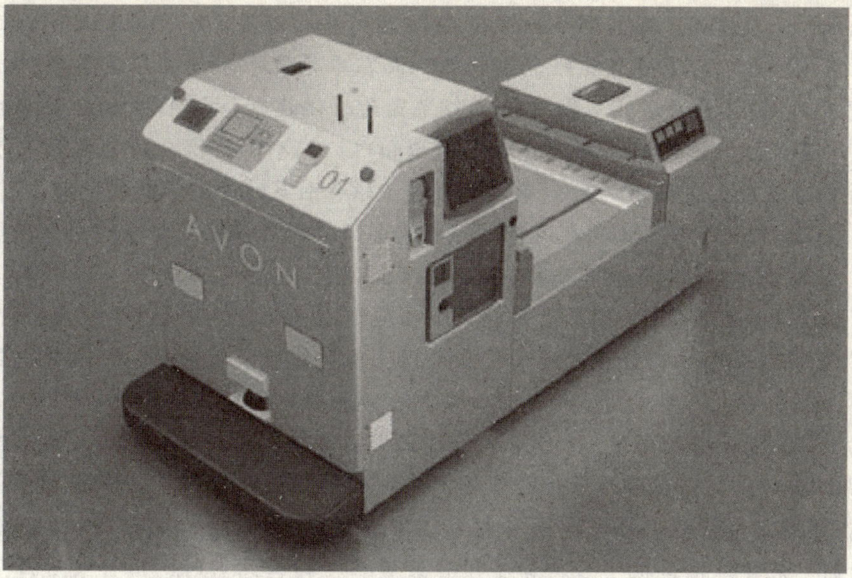

图5-3 AGV设备

任务完成后，AGV保持容器升起离开秤面的状态直接把物料送到对应生产中心的移载机构上进行自动投料。

基于PCS-AGV系统的应用，广州雅芳顺利地减化了称料过车，实现了配制生产过程中JIT（Just in Time）物料的称取、输送和投料的一体化系统，为进一步提高生产力和未来的发展打下坚实的基础。

使用AGV从近期看能够减少人为干扰。从使用人工小车的生产流程来看，虽然指令均由PCS发出，但无论是将小车推到指定接料站点，还是接料后将接料桶送到生产区的反应锅旁，或是最后将接料桶内的物料倒入反应锅内，相关工作均由人工完成，一方面工人的劳动强度较大，另一方面也无法完全避免人工操作引起的失误，尤其是将物料倒入反应锅时，工人的精神必须高度紧张，否则很容易将物料洒在地上。使用AGV后上述问题均得到妥善解决，一方面，所有需要操作的工位均是AGV自动到达，无须人工确认位置。另一方面，接完料后AGV即自动运行到生产区，并自动将接料桶移载到反应锅旁，既避免了工人需要从接料区走到生产区，也减去了人工倒料的危险性。

从长远看能够实现全自动。广州雅芳计划日后在原料桶上安装自动阀门，并计划在生产区的反应锅旁安装自动导流系统。当AGV运行到指定的接料位时，指定的原料桶的阀门自动打开，原料自动流到AGV上的接料桶内，AGV上的150kg电子秤实时将称重数据反馈给PCS，当达到指定重量时，PCS命令原料桶的阀门自动关闭。当AGV送料时，反应锅旁的物料自动导流系统自动连接到AGV上的接料桶上，自动将接料桶内的原料抽到反应锅内。

系统实施过程中要克服的一些困难。

（1）地面结构干扰AGV磁导引系统。本系统在广州雅芳已有的车间内实施，在生产车间内AGV需要运行在钢架平台上。钢架平台下面由钢架支撑，在钢架上铺设5mm厚铝合金板，在铝合金板上铺有8mm厚金刚砂，金刚砂上涂有油漆。本系统中AGV采用磁导引技术，一般情况下导引磁条应埋在 AGV 运行平面以下，深度为 15mm，且 AGV 运行平面以下 30mm 以内不应有其他金属物体，而在本系统中现场并不具备条件，导引磁条只能铺在钢架平台表面，且钢架平台的钢架因为磁化效应会对 AGV 的磁导引系统造成一定程度的干扰。经过详细计算、实验室模拟和现场实测，新松公司的技术人员调整了 AGV 磁导引系统的相关技术参数，完美地解决了磁导引系统受到干扰的问题。

（2）AGV 释放静电。AGV 在运行过程中需要随时释放静电，要求地面电阻低，而广州雅芳生产车间的地面电阻高于允许值 10 倍以上。经过新松公司与广州雅芳的多轮磋商之后，新松公司决定将 AGV 的释放静电设备由拖链结构改为轮式结构。广州雅芳决定对生产车间内 AGV 导静电轮经过的地面重新处理，打磨掉原来的油漆，铺设导电铜条并有效接地，上面用导电油漆覆盖。经过现场实测，释放静电问题得到解决。

（3）150kg 电子秤的固定。150kg 电子秤采用梅特勒—托利多的产品，要求在称量时 AGV 必须保持静止，而在不称量时电子秤不应负重，否则电子秤有可能损坏，也就是要求 AGV 在运行时接料桶必须与电子秤脱离。考虑到电子秤这一特点，新松公司在 AGV 车体设计时，在辊道输送机下方增加了顶升装置。在接料站点时，顶升装置降下，辊道输送机低于电子秤，接料桶即落到电子秤上，电子秤开始称量。称量结束后，顶升装置升起，辊道输送机高于电子秤，将接料桶顶离电子秤，AGV 即可以运行。采用这种方式一方面能够保证电子秤的安全使用，另一方面也保证了电子秤的称量精度不受影响。

（4）采用 RFID 技术校验停车站点。本系统中共有 12 台 AGV，接送料站点总计超过 100 个，尤其是在接料区，接料站点非常密集，两个接料站点之间只间隔 750mm，若采用普通的磁条地标方式来标定接料站点（不同站点的区分只是依靠 AGV 的位置编码器来根据行走轮运行距离判定），站点之间距离过近有可能产生误判。本系统中在每个 AGV 停车站点均放置 RFID 芯片，在每台 AGV 上均安装 RFID 扫描头，当 AGV 运行到指定的停车站点时，一方面，AGV 根据位置编码器来判定所在的位置，另一方面，通过 RFID 芯片来校验当前站点是否为指定站点。每天上班时 AGV 需要进行上线操作，操作人员需要在每台 AGV 车载电脑上输入当前上线站点编号。本系统共有 12 台 AGV（日后随着生产能力的提升，AGV 的数量也可能增加），分别在不同的站点上线，若不能够自动识别当前站点的信息会非常麻烦，而采用 RFID 技术之后，系统能够自动识别 AGV 所在位置，任意一台 AGV 均可以在任意站点上线，极大地减轻了操作人员的工作量，缩短了系统准备时间。

本系统正式投入使用以后与 PCS 系统相结合，能更大程度地发挥 PCS 系统的效力，从而提高广州雅芳的生产自动化程度，提高生产效率。

（案例来源：沈阳新松机器人自动化股份有限公司网站）

问题分析：

（1）结合实验及案例说明现场环境有哪些因素会影响 AGV 的制导系统工作。

（2）结合实验及案例对比说明 AGV 与叉车在物流作业中的适用性。

实验六　自动分拣系统应用实验

【实验准备知识】

分拣设备是配送中心实现大量自动化分拣货物的现代化设备，是开展配送业务强有力的支撑保证条件。

一、分拣设备的作用及特点

（一）分拣设备的作用

目前，国内外出现的大容量的仓库和配送中心几乎都配备有自动分拣设备。自动分拣设备具有很高的分拣能力，能处理各种各样的货物。如日本福冈配送中心采用的灯光控制分拣系统是较为先进的分拣系统，它对到达、中转、发送的货物进行灯光控制处理，一般日处理量为 17000 个，另外，冬夏旺季日处理量可达 75000 个。

近年来，随着分拣技术的迅速发展，分拣系统的规模越来越大，分拣能力越来越高，应用范围也越来越广，分拣设备已成为仓储设备中的重要设备。实践表明，分拣设备具有劳动生产率高、自动化程度高、技术密集、分拣能力高等优点，它是现代仓库不可缺少的先进设备，决定着仓库的作业能力和作业规模，反映着物流技术水平的高低。

（二）分拣设备的特点

1. 能连续、大批量地分拣货物

由于采用大生产中使用的流水线自动作业方式，自动分拣不受气候、时间、人的体力等多方面的限制，可以连续运行 100 小时以上，同时，由于自动分拣设备单位时间分拣货物件数多，因此，分拣设备的分拣能力往往是人工分拣系统的数倍。

2. 分拣误差率很低

分拣误差率的大小主要取决于所输入分拣信息的准确性，准确程度又取决于分拣信息的输入机制。如果采用人工键盘或语音识别方式输入，则误差率可以达到 3% 以上；如采用条码扫描输入，除非条码的印刷本身有差错，否则不会出错。目前，分拣设备系统主要采用条码技术来识别货物。

3. 分拣作业基本实现了无人化

自动分拣设备系统能最大限度地减少人员的使用，减轻员工的劳动强度。分拣作业本身并不需要使用人员，能基本实现无人化作业，降低人员劳动作业强度。

二、分拣设备系统的构成及工作过程

（一）分拣设备系统的构成

一个分拣设备系统主要由五个部分构成。

1. 设定装置

设定装置是在货物的外包装上贴上或打印上表明货物品种、规格、数量、货位、货主等信息的标签。设定装置种类很多，在自动分拣机上可使用条码、光学字符码、无线电射频码、音频码等。其中，条码是国际通用码，应用极为广泛。

2. 控制装置

控制装置的作用是识别、接收和处理分拣信号，根据分拣信号的要求指示自动分拣装置对货物进行分拣。分拣信号通过磁头识别、光电识别和激光识别等多种方式输入到分拣控制系统中去，分拣控制系统根据对这些分拣信号的判断，决定某一种商品该进入哪一个分拣道口。

3. 自动分拣装置

自动分拣装置根据控制装置传来的指令对货物进行分拣。把货物输送到按照货物的类型、货主、尺寸、重量等分类的输送机分支或倾斜滑道上去，完成货物的分拣输送。

4. 输送装置

输送装置的主要组成部分是传送带或输送机，其主要作用是使待分拣货物通过控制装置和分拣装置。在输送装置的两侧，一般要连接若干分拣道口，使分好类的货物滑下主输送机以便进行后续作业。

5. 分拣道口

分拣道口是已分拣货物脱离主输送机（或主传送带）进入集货区域的通道，一般由钢带、皮带、滚筒等组成滑道，使商品从主输送装置滑向集货站台，在那里工作人员将该道口的所有货物集中后或是入库储存，或是组配装车并进行配送作业。

以上五部分装置通过计算机网络连接在一起，配合人工控制及相应的人工处理环节构成一个完整的自动分拣系统。

（二）分拣设备系统的工作过程

自动分拣机一般由接受分拣指令的控制装置把到达分拣位置的货物取出的搬运装置、在分拣位置把货物分送的分支装置和在分拣位置存放货物的暂存装置等组成。自动分拣机种类很多，结构上差异较大，但分拣的工作过程基本相同。货物到达分拣点以前先要经过输送、信号设定、合流、主传送带等工作过程。到达分拣点时，发出指令把货物传送到分拣机，由分拣机的瞬时动作将货物分拣到指定的滑道。

为了把货物按要求分拣出来，并送到指定地点，一般需要对分拣过程进行控制。通常是把分拣的指示信息记忆在货物或分拣机上。当货物到达时将其识别并挑出，再开动分支装置让其分流。控制方式分为外部记忆和内部记忆两种方式。外部记忆是把分拣指示标贴在分拣货物上，工作时用识别装置将其区分，然后做相应的操作。内部记忆是在自动分拣机的货物入口处设置控制盘，利用控制终端，操作者在货物上输入分拣指示信息，这个货物到达分拣位置时，分拣机接受到信息，开启分支装置。

在决定分拣系统时，控制方式的选择是一个需要考虑的重要因素，它对分拣系统的能力和成本有很大的影响。目前，比较常用的分拣控制技术是扫描识别技术，在货场的固定位置上贴有某种标识，货物到达分拣位置时，扫描仪对标识进行扫描识别，然后按预先设定的程序运行，使货物按指定路线运送到指定的滑道滑下，完成分拣作业。

三、常用自动分拣机的工作过程、使用范围及特点

（一）带式分拣机

带式分拣机是利用输送带载运货物完成分拣工作的机械设备，按带的设置形式常分为平带式、斜带式和交叉带式三种类型。

1. 平带式分拣机

平带式分拣机的格口上设有挡板（或推板），货物到达格口时，挡板伸出将货物挡住，货物沿挡板卸入格口。图 6－1 所示的是平钢带分拣机工作简图，平钢带分拣机分拣过程如下：

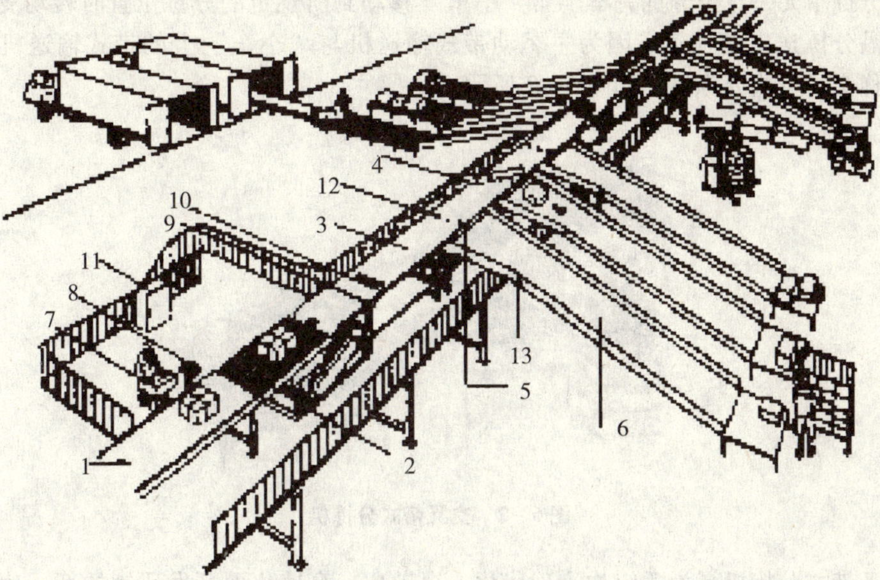

图 6－1 平钢带分拣机工作原理

1—编码带；2—缓冲存储器；3—平钢带；4—导向接板；5—过渡板；6—滑槽；7—编码键盘；8—监视器；9—货物检测器；10—消磁、充磁装置；11—控制柜；12—信息读出装置；13—满量检出器

分拣人员阅读编码带上的货物地址，在编码键盘上按相应的地址键，携带有地址代码信息的货物即被输送至缓冲储存带上排队等待。当控制柜中的计算机发出上货信号时，货物即进入平钢带分拣机。其前沿挡住货物探测器时，探测器发出货到信号，计算机控制紧靠探测器的消磁、充磁装置，首先对钢带上的遗留信息进行消磁，再将该货物的地址代码信息以磁编码的形式记录在紧挨货物前沿的钢带上成为自携地址信息，从而保持和货物同步运动的关系。在分拣机每一个小格滑槽的前面都设置了一个磁编码信息读出装置，用来阅读和货物同步运行的磁编码信息。当所读信息就是该格口滑槽代码时，计算机就控制导向档板，快速地运动到钢带上方，导向档板和钢带运动方向呈 35°左右的夹角，可以顺利地将货物导入滑槽，完成分拣任务。

平钢带分拣机的适用范围较大，除了易碎、超薄货物及木箱外，其余货物都能分拣，分拣能力可达 5000 箱/小时，甚至更高。该类分拣机主要优点是强度高、耐用性

好、可靠性程度高，但设置较多的分拣滑道较困难，系统平面布局比较困难。另外，对货物冲击较大，运行费用较高，设备价格较高。

2. 斜带式分拣机

斜带式分拣机与平钢带分拣机的主要区别是卸包的方式不同，斜带式分拣机的格门垂直于斜带，格门打开，货物失去支持，在自重的作用下沿格门滑入格口。斜带式分拣机最大的优点是利用重力卸载，因而其卸载机构比较简单，同时，该类分拣设备可设置较多的分拣滑道，分拣效率比平钢带分拣机高。

3. 交叉带式分拣机

交叉带式分拣机是一种独特的分拣设备，由主驱动带式输送机和载有小型带式输送机的台车（简称"小车"）连接在一起，其驱动行走方式比较独特，每个物件拥有一个独立的分拣单元，直至分拣完毕。当"小车"移动到所规定的分拣位置时转动皮带，完成把商品分拣送出的任务。因为主驱动带式输送机与"小车"上的带式输送机呈交叉状，故称交叉带式分拣机，如图 6－2 所示。

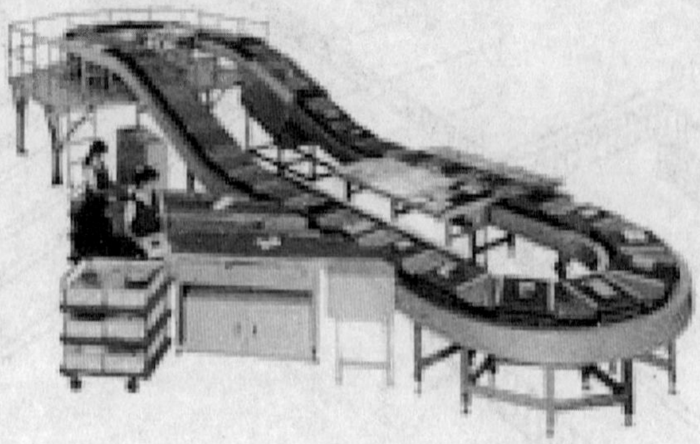

图 6－2　交叉带式分拣机

交叉带式分拣机是为适应物流现代化、自动化、高速化而开发研制的新一代带式分拣机。该分拣机能实现物件自动对中、无落差分拣、分拣出口多、可左右两侧分拣、对物件无冲击、完全保护物件，适宜于分拣各类小件商品，如食品、化妆品、衣物等。

（二）托盘式分拣机

托盘式分拣机是一种使用十分广泛的机型，它用链条或皮带牵引，以走动托盘作为载运工具。托盘走动线两侧设有格口，每一格口设一个控制凸轮。载运货物的平面托盘到达格口时，如果左边的凸轮升起使托盘向右倾斜 30°～35°，货物就从托盘滑落到右边格口；如果右边凸轮升起，货物则滑落到左边格口。它主要由托盘小车、驱动装置、牵引装置等构成。其中，托盘小车型式多种多样，有平托盘小车、U 形托盘小车、交叉带式托盘小车等。

传统的平托盘小车、U 形托盘小车利用盘面倾翻、重力卸落货物，结构简单，但存在着上货位置不准、卸货时间过长的缺点，结果造成高速分拣时不稳定以及格口宽度尺寸过大。

（三）翻板分拣机

翻板分拣机是用途较为广泛的板式传送分拣设备。它由一系列相互连接的翻板、导向杆、牵引装置、驱动装置、支承装置等组成，其工作原理如图 6－3 所示。

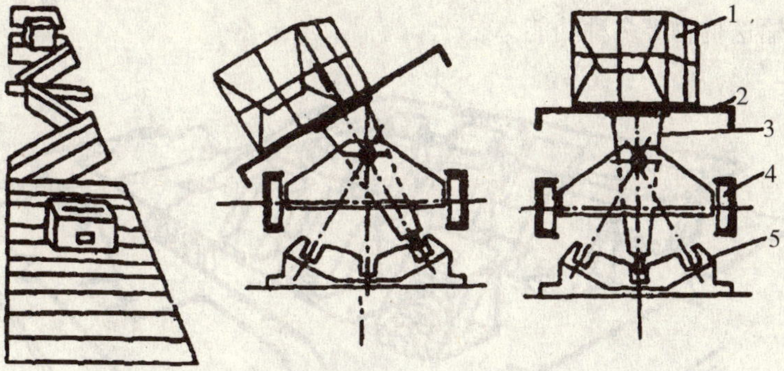

图 6－3　翻板式分拣机工作原理

1—货物；2—翻板；3—导向杆；4—链条走轮；5—尼龙导轨

当货物进入分拣机时，光电传感器检测其尺寸，连同分拣人员按键的地址信息一并输入计算机中。当货物到达指定格口时，符合货物尺寸的翻板即受控倾翻，驱使货物滑入相应的格口中。每块翻板都可由倾翻导轨控制向两侧倾翻。每次有几块翻板翻转取决于货物的长短，而且货物翻落时，翻板顺序翻转可使货物顺利地进入滑道，这样就能够充分利用分拣机的长度尺寸，从而提高分拣效率。

翻板分拣机的适用范围大，可分拣箱类、袋类等货物。它的分拣能力可达 5400 箱/小时以上。但该分拣机分拣席位较少，且只能直线运行，占用场地较长。

（四）浮出式分拣机

浮出式分拣机是把货物从主输送机上托起，而将货物引导出主输送机是分拣机，它主要由两排旋转的滚轮组成，滚轮设置在传递带下面，每排由 8～10 个滚轮组成。滚轮的排数也可设计成单排，主要根据被分拣货物的重量来决定单排或双排。滚轮接收到分拣信号后立即跳起，使两排滚轮的表面高出主传送带 10mm，并根据信号要求向某侧倾斜使原来保持直线运动的货物在一瞬间转向，实现分拣。

浮出式分拣机由于分拣滑道多，输送带长，不可能是一条上料输送带，一般有 5 条左右。主传送带的速度为 100～120m/min，比输送带的速度要快得多。该分拣机对货物的冲击力较小，适合分拣底部平坦的纸箱、用托盘装的货物，不能分拣很长的货物和底部不平的货物。

浮出式分拣机适用于包装质量较高的纸制货箱，一般不允许在纸箱上使用包装带，分拣能力可达 7500 箱/小时以上。该分拣机的优点是可以在两侧分拣、冲击小、噪声低、运行费用低、耗电小，并可设置较多分拣滑道。但它对分拣货物包装形状要求较高，对重物或轻薄货物不能分拣，同时，也不适用于木箱、软性包装货物的分拣。

（五）悬挂式分拣机

悬挂式分拣机是用牵引链（或钢丝绳）作牵引件的分拣设备。按照有无支线，它可分为固定悬挂和推式悬挂两种机型。前者用于分拣、输送货物，它只有主输送线路，吊具和牵引链是连接在一起的，如图 6－4 所示。后者除主输送线外还备有储存支线，并有分拣、储存、输送货物等多种功能。

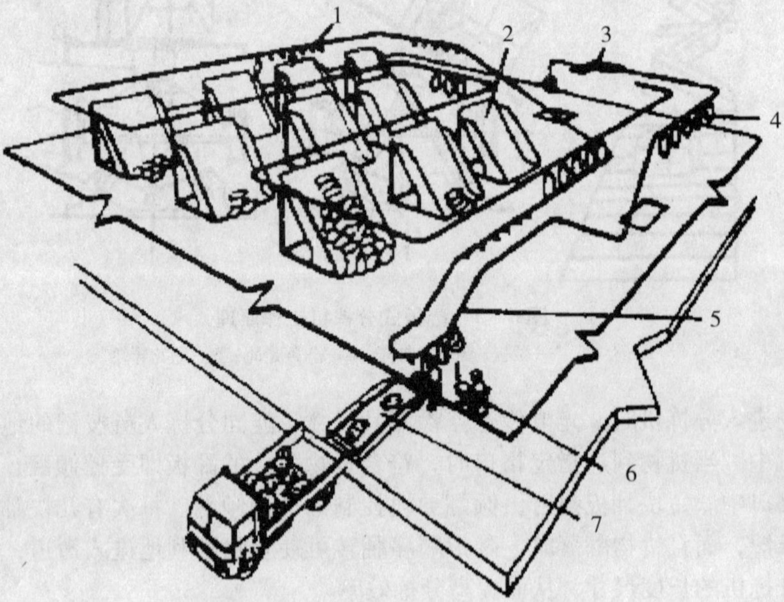

图 6－4　固定悬挂式分拣机工作原理

1—吊挂小车；2—格口；3—张紧装置；4—货物；5—输送轨道；6—编码台；7—传送带

固定悬挂式分拣机主要由吊挂小车、输送轨道、驱动装置、张紧装置、编码装置、夹钳等组成。分拣时，货物吊夹在吊挂小车的夹钳中，通过编码装置控制由夹钳释放机构将货物卸落到指定的搬运小车上或分拣滑道上。

推式悬挂机具有线路布置灵活、允许线路爬升等优点，较普遍用于货物分拣和储存业务。

悬挂式分拣机具有悬挂在空中、利用空间进行作业的特点，它适合于分拣箱类、袋类货物，对包装物形状要求不高，分拣货物重量大，一般可达 100kg 以上，但该机需要专用场地。

（六）滚柱式分拣机

滚柱式分拣机是用于对货物输送、存储与分路的分拣设备。按处理货物流程需要可以布置成水平形式，也可以和提升机联合使用构成立体仓库。图 6－5 所示是滚柱式分拣机局部段落的示意图。

滚柱式分拣机的滚柱机的每组滚柱（一般由 3～4 个滚柱组成，与货物宽度或长度相当）均各自具有独立的动力，可以根据货物的存放和分路要求，由计算机控制各组滚柱的转动或

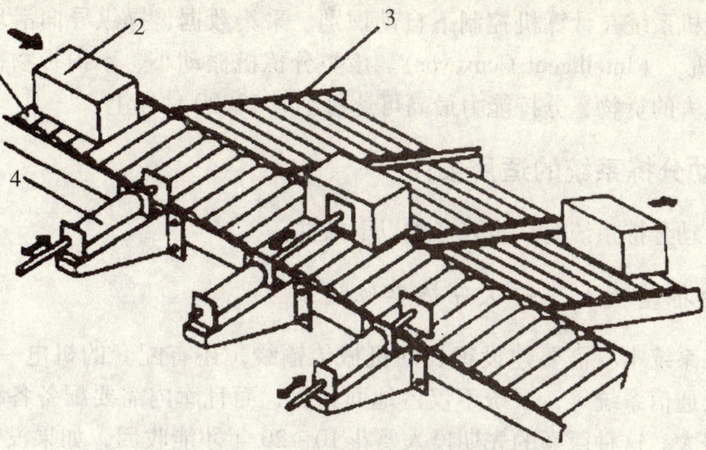

图6－5　滚柱式分拣机局部段落示意

1—滚柱机；2—货物；3—支线滚柱机；4—推送器

停止。货物输送过程中在需要积放、分路的位置均设置了光电传感器进行检测。当货物输送到需分路的位置时，光电传感器给出检测信号，由计算机分析，控制货物下面的那组滚柱停止转动，并控制推送器动作，将货物推入相应路向的支线，实现货物的分拣工作。

滚柱式分拣机一般适用于包装良好、底面平整的箱装货物，其分拣能力高，但结构较复杂，价格较高。

（七）滑块式分拣机

它的传送装置是一条特殊的板式输送机，其板面用金属板条或管子组成，每块板条或管子上各有一枚导向块，能作横向滑动。导向块靠在输送机一侧边上，当被分拣货物到达指定道口时，控制器使导向滑块顺序地向道口方向滑动，把货物推入分拣道口，其基本结构如图6－6所示。由于导向块可以朝双侧滑动，如同翻盘式分拣机一样，也可在两侧设置分拣道口以节约场地空间。

图6－6　滑块式分拣机

这类分拣机系统在计算机控制下自动识别、采集数据，操纵导向滑块，故被称之为“智能型输送机”（Intelligent Conveyor）。该类分拣机振动小、不损货物，适宜于各种形状、重量不太大的货物，分拣能力最高可达每小时12000件以上。

四、自动分拣系统的适用条件

在应用自动分拣系统时一定要考虑以下条件：

（一）分拣量较大、一次分拣单位较多

自动分拣系统本身需要建设很长的机械传输线，还有配套的机电一体化控制系统、计算机网络及通信系统等，系统不仅占地面积大，而且库内需要配备各种自动化的搬运设施，投资很大。这种巨额的先期投入要花10~20年才能收回，如果没有可靠的货源作保证，则不宜建立自动分拣系统。一般日分拣量超过10000件或更多，一次分拣单位在100个以上或更多时采用自动分拣系统比较适宜。

（二）对商品外包装要求高

自动分拣机只适于分拣底部平坦且具有刚性的包装规则的商品。袋装商品、包装底部柔软且凹凸不平、包装容易变形、易破损、超长、超薄、超重、超高、不能倾覆的商品不能使用普通的自动分拣机进行分拣，因此，为了使大部分商品都能用机械进行自动分拣，可以采取两条措施：一是推行标准化包装，使大部分商品的包装符合国家标准；二是根据所分拣的大部分商品的统一的包装特性定制特定的分拣机。

（三）配套设施齐全

自动分拣系统的优点是正确、迅速、分拣能力大；缺点是分拣系统设施复杂，投资及营运成本较高，还需要一个与之相适应的外部条件，如计算机信息系统，作业环境，配套设施等。

五、分拣设备选型原则

现代化分拣设备是配送中心的重要生产工具，它的正确选用和合理使用不仅能提高货物分拣效率和整个配送系统自动化程度，而且也是实现物流现代化和社会化的重要标志之一。因此，在选用分拣设备时，要根据配送中心的分拣方式、使用目的、作业条件、货物类别、周围环境等条件慎重认真地选用，一般来说，应考虑以下几个原则。

（一）设备的先进合理性

在当前高新技术不断发展的条件下，设备先进性是选用时必须考虑的因素之一，只有先进的分拣设备才能很好地完成现代配送作业。否则，使用不久就要更新换代，就很难建立起行之有效的配送作业体制。因此，在选用分拣设备时要尽量选用能代表该类设备发展方向的机型。同时，应根据国内外实际水平和自身的现实条件，选用有效、能满足用户要求的设备。实际上，选用分拣设备就是选用那些已被实践证明技术成熟、技术规格和指标明确，并能在性能上满足要求的分拣设备。

（二）经济实用性

选用的分拣设备应具有操作和维修方便、安全可靠、能耗小、噪声低、成本低、能保证人身健康及货物安全，并具有投资少、运转费用低等优点。只有这样才能节省各种费用，提高经济效益。

（三）兼顾上机率和设备技术经济性

上机率是上机分拣的货物数量与该种货物总量之比。追求高的上机率必将要求上机分拣的货物的尺寸、质量、形体等参数尽量放宽，这将导致设备的复杂化、技术难度及制造成本增加、可靠性降低。反之，上机率过低必将影响设备的使用效果，增加手工操作的工作量，既降低了设备的性能价格比，也使分拣作业的效益降低。因此，必须根据实际情况兼顾上机率和设备技术经济性两方面因素，确定较为合理的上机率和允许上机货物参数。

（四）相容性和匹配性

选用的分拣设备应与系统其他设备相匹配，并构成一个合理的物流程序，使系统获得最佳经济效果。我国有个别配送中心购置了非常先进的自动分拣设备，但自动分拣货物与大量的人工装卸搬运货物极不相称，因而，不可能提高分拣设备利用率，整体综合效益也不高。因此，在选用时必须考虑相容性和协调性，使分拣与其他物流环节做到均衡作业，这是提高整个系统效率和保持货物配送作业畅通的重要条件。

（五）符合所分拣货物的基本特性

分拣货物的物理、化学性质及其外部形状、重量、包装等特性千差万别，必须根据这些基本特性来选择分拣设备，如浮出式分拣机只能分拣包装质量较高的纸箱等。只有这样才能保证货物在分拣过程中不受损失，保证配送作业的安全。

（六）适应分拣方式和分拣量的需要

分拣作业的生产效率取决于分拣量大小及设备自身的分拣能力，也与分拣方式密切相关。因此，在选择分拣设备时，首先要根据分拣方式选用不同类型的分拣设备。其次，要考虑分拣货物批量大小，若批量较大，应配备分拣能力高的大型分拣设备，并可选用多台设备；若批量小，宜采用分拣能力较低的中小型分拣设备。最后，还应考虑对自动化程度的要求，可选用机械化、半自动化、自动化分拣设备，这样既能满足要求，又能发挥设备的效率。在此值得注意的是不可一味地强调高技术水平和自动化，不从实际出发，不仅不能提高效益，还可能导致重大的损失和惊人的浪费，在选用中应尽量避免此类现象的发生。

总之，选用分拣设备时要做好技术经济分析，尽量达到经济合理的要求，同时，还要考虑分拣作业方式、作业场地以及与系统匹配等综合因素，以保证分拣工作正常、安全运行，提高经济效益。

【实验报告】

自动分拣系统实验

一、实验目的

1. 了解滑块式自动分拣系统的基本构成；
2. 通过实际运行掌握滑块式自动分拣系统的基本性能参数；
3. 分析自动分拣系统运行效率的影响因素；
4. 分析自动分拣系统信息系统的设计方法。

二、实验内容

通过实际运行自动分拣系统，理解各主要功能模块的功能。通过更换不同种类的分拣对象，总结系统的基本性能参数。可以根据需要更换控制系统物料信息设置方式，设定不同的系统运行模式，并通过切换不同类型的输入、输出形式，分析系统的运行效果。

三、实验器材

滑块式自动分拣系统一套，条码打印机一台，直尺一把，计时器一个，不同规格不同重量的料箱若干个，不同规格不同重量的货物若干个；其他类型的自动分拣设备模型等若干。

四、实验步骤

1. 进行分拣对象的准备，测量分拣对象的重量、外形几何尺寸等特征参数值。

2. 制作分拣对象的标识条码，对分拣对象进行分拣道口的位置进行设定，对运行的效果进行评价。

3. 综合分析不同运行模式下的自动分拣设备特征参数值。

4. 更改不同的运作对象，观察记录不同的运行效果，并总结得出自动分拣系统的运行评价，建立相应的指标评价体系。

五、实验报告题目

1. 绘制滑块式自动分拣系统的构成简图，并说明各部分的主要功能。

2. 通过观察滑块式自动分拣系统实际运行情况，总结分拣对象外形尺寸的影响。

3. 通过观察滑块式自动分拣系统实际运行情况，总结分析分拣对象重量的影响。

4. 对比分析说明各种不同种类分拣设备的适用性。

5. 分析滑块式分拣系统工作过程中货物信息的录入方式以及对工作效率的影响。

6. 建立滑块式分拣系统的性能参数表。

7. 总结分析影响滑块式分拣系统分拣量效率的影响因素。

8. 如果邮包的分拣采用滑块式分拣系统则对邮包有哪些方面的技术要求。

9. 可视化是自动分拣设备的重要发展方向，请列举提升自动分拣系统可视化监控技术的措施。

10. 结合实验总结说明分拣设备未来的发展趋势。

11. 案例分析。

大件行李累瘫机场分拣系统

有报料指白云机场的行李分拣系统出现故障，致使某乘客从广州飞到重庆后才发现行李还在白云机场未“飞”过去。记者采访了解到，原来前天广交会一期撤展，不少客商托运了很多大型行李，致使机场行李分拣系统“疲劳过度”而“罢工”，受影响的托运行李有千余件。目前，行李分拣系统仍在修复中。

昨天，周先生搭乘广州飞重庆的航班，当他抵达重庆后才发现，本应与他“搭乘”同一航班的托运行李却依然还在广州，被告知是因为白云机场的行李分拣系统出现了故障，因此，托运的行李稍后才能到。

机场工作人员告诉记者，昨天白云机场的五级行李分拣系统中的第三级出现了问题，第三级的CT机是用来分辨行李里的粉末、液体等物品是否具有危险性的。由于第三级分检系统的CT机出现故障，无法对行李进行分拣，几乎所有行李都堆积在行李传送带上。

一名现场工作人员告诉记者，昨天刚好是广交会一期结束，不少客商都把样品或在广州购买的纪念品带回去，因此托运的行李非常多，而且不少是大型行李。“行李太多了，分拣系统根本忙不过来，出现了信号错乱，机器的线板过热，最后还被烧掉。”为了不影响航班的正常起飞，被延误的行李将尽量安排在下一个航班再运送到目的地。

在发现行李分拣系统出现故障后，机场马上启动备用系统，把系统调整至自动模式，使行李达到第三级分拣系统时转入另一通道，用人工操控X光机来检查托运行李。行李通过安全检查后，再通过车辆运送至飞机底下，装上飞机。

昨天，南航就马上派出平板车把行李拖到飞机底下，再用人手搬上飞机。而五级行李分拣系统，行李从托运后到飞机上是全自动化的。为此，机场增加了搬运工，有时其他岗位的工作人员也要来帮忙搬运行李。据悉，当天受影响的托运行李达到1000多件，而大部分行李已经被安排在紧邻的航班上。而今天因为从白云机场出港的旅客不如昨天多，同时托运的行李也大大减少，估计仍有部分托运行李受到影响。

（案例来源：新浪新闻中心）

问题分析：

(1) 结合实验及案例说明大件行李的具体影响包括哪些。

(2) 结合实验及案例说明人工操作应如何与自动化分拣系统结合以起到应急的作用。

实验七　拣选系统应用实验

【实验准备知识】

配送业务目前已经成为物流运作的核心环节之一，随着配送商品品种的日益繁多，多品种、高频次的商品拣选作业得到迅速发展，拣选作业已经成为配送中心业务最大、劳动强度最强、出错率最高的作业项目，因此根据不同的用户、不同的订单类型，出现了不同类型的拣选系统。拣选系统是现代化物流配送的核心，物流配送中心现代化程度的高低很大程度上取决于拣选技术和拣选工作方式。常见的拣选信息传送方式有传票拣选、拣选单拣选、电子标签辅助拣选、RF 辅助拣选、IC 卡拣选等。

一、电子标签拣货系统

（一）电子标签拣货系统概念

电子标签拣货系统通过固定在货架上的电子标签分拣货物，由后台计算机系统控制的电子标签自动显示货物数量，拣选作业人员只需要按照数量提取货物并触动确认按钮就可以完成分拣工作，这是一种具有广泛用途的数字化拣选设备，无论是少量多品种还是大量少品种，都可以实现拣选作业的自动提示和自动记录。电子标签拣货系统如图 7－1 所示。

图 7－1　电子标签拣选系统

（二）性能特点

1. 提高拣货速度及效率，降低拣选错误率

电子标签拣选系统借助于明显易辨的储位视觉引导，可简化拣货作业为“看、拣、按”三个单纯的动作。降低拣货人员思考及判断的时间，以降低拣错率并节省拣货人员寻找货物存放位置所花的时间。

2. 提升出货配送物流效率

电子标签拣选系统可以实现快速拣选，极大提高了拣选作业的速度，缩短了出货配送作业的时间。

3. 降低拣选作业成本

除了拣货效率提高之外，因拣货作业所需熟练度降低，人员无须特别培训即能上岗工作，操作简便，降低了人员作业综合成本。

（三）电子标签拣选系统操作步骤

1. 命令下达

无须打印出库单，出入库信息通过控制用计算机直接下载到对应的电子标签。

2. 指示系统发出信息

电子标签发出光、声音指示信号，指导拣货作业人员完成拣货作业。

3. 人工作业

拣货作业人员完成作业后，按动电子标签按键取消光、声音指示信号，将完成信息反馈给控制计算机，拣货作业人员按照其他电子标签指示继续进行拣货。

二、RF 拣选系统

当输入、输出端（操作者或作业设备）没有固定的位置，在一定的局域内（如仓库、车间）随机性变动时，为传递数据信息可采用无线网实时信息管理系统支持的 RF（Radio Frequency）拣选系统。系统一般包括数据采集装置、无线发射器、转接器、无线接收器、数据显示器、计算器等组成部分，如图 7－2 所示。

采用 RF 拣选系统可以使拣选作业更加灵活，作业组织形式更加多样，为拣选作业的进行提供了良好的技术保障。

图 7－2　RF 拣选系统

三、拣选叉车

拣选叉车按照作业高度可以分为低位拣选叉车和高位拣选叉车两种。

（一）低位拣选叉车

低位拣选叉车是操作者可乘立在上下车便利的平台上驾驶搬运车和可以方便上下车拣选物料的拣选用叉车，一般乘立平台离地高度仅为 200mm 左右，支撑脚轮直径较小，仅适用于平坦路面上行驶。低位拣选叉车如图 7－3 所示。

（二）高位拣选叉车

高位拣选叉车操作台上的操作者可与装卸装置一起上下运动，并拣选储存在两侧货架内物品的叉车。适用于多品种少量入出库的特选式高层货架仓库。起升高度一般

图7－3　低位拣选叉车

为4～6m，最高可超过13m，大大提高了仓库空间利用率。为保证安全，操作台起升时只能微动运行。高位拣选叉车如图7－4所示。

图7－4　高位拣选叉车

四、语音拣选

语音拣选是利用语音提示的方式辅助操作人员完成拣选任务。语音导向拣选车使用声音耳机来语音命令提示操作员将多少产品“放”在每个容器中。然后，操作员口头确认正确的位置。拣选车的机械配置是定制的，以满足特定应用的需要，可以设计来拣选工具屉、箱、盒或其他容器。语音拣选设备广泛应用的行业包括零售行业、冷链、第三方物流以及食品饮料、电子、部件、医药、服装、制造业等，该类设备具有更高的生产率、较好的准确性和灵活性，语音辅助计算代表了过去十年中订单履行最显著的变化之一，它可稳定实现业绩保全以及竞争优势。语音辅助计算尤其适合订单拣选应用，其免手控、不用眼操作的优势可带来明显的生产率优势。语音拣选作业如图7－5所示。

图 7－5 语音拣选作业

五、拣选策略

拣选策略是影响拣选作业效率的重要因素，对不同的订单需求应采取不同的拣选策略。决定拣选策略的四个主要因素分别为分区、订单分割、订单分批及分类。

（一）分区策略

分区就是将拣选作业场地作区域划分，按分区原则的不同，有以下几种分区方法。

货品特性分区：货品特性分区就是根据货品原有的性质，将需要特别储存搬运或分离储存的货品进行区隔，以保证货品的品质在储存期间保持一定。

拣选单位分区：将拣选作业区按拣选单位划分，如箱装拣选区、单品拣选区或是具有特殊货品特性的冷冻品拣选区等。其目的是使储存单位与拣选单位分类统一，以方便拣选与搬运单元化，使拣选作业单纯化。一般来说，拣选单位分区所形成的区域范围是最大的。

拣选方式分区：不同的拣选单位分区中，按拣选方法和设备的不同又可以分为若干区域，通常以货品销售的 ABC 分类为原则，按出货量的大小和分拣次数的多少做 ABC 分类，然后选用合适的拣选设备和分拣方式。其目的是使拣选作业单纯一致，减少不必要的重复行走时间。在同一单品拣选区中，按拣选方式的不同又可分为台车拣选区和输送机拣选区。

工作分区：在相同的拣选方式下，将拣选作业场地再作划分，由一个或一组固定的拣选人员负责分拣某区域内的货品。该策略的主要优点是拣选人员需要记忆的存货位置和移动距离减少，拣选时间缩短，还可以配合订单分割策略，运用多组拣选人员在短时间内共同完成订单的分拣，但要注意工作平衡问题。以上的拣选分区可同时存在于一个配送中心内或是单独存在。

（二）订单分割策略

当订单上订购的货品项目较多或是拣选系统要求及时快速处理时，为使其能在短时间内完成拣选处理，可将订单分成若干子订单交由不同拣选区域同时进行拣选作业。将订单按拣选区域进行分解的过程叫订单分割。

订单分割一般是与拣选分区相对应的，对于采用拣选分区的配送中心，其订单处理过程的第一步就是要按区域进行订单的分割，各个拣选区根据分割后的子订单进行分拣作业，各拣选区子订单拣选完成后再进行订单的汇总。

（三）订单分批策略

订单分批是为了提高拣选作业效率而把多张订单集合成一批，进行批次分拣作业，其目的是缩短分拣时平均行走搬运的距离和时间。订单分批的基本方法如下：

1. 总合计量分批

合计拣选作业前所有累积订单中每一货品项目的总量，再根据这一总量进行分拣以将分拣路径减至最短，同时储存区域的储存单位也可以单纯化，但需要有功能强大的分类系统来支持。这种方式适用于固定点之间的周期性配送，例如，可以将所有的订单在中午前收集，下午做合计量分批分拣单据的打印等信息处理，第二天一早进行分拣、分类等工作。

2. 时窗分批

当从订单到达到拣选完成出货所需的时间非常紧迫时，可利用此策略开启短暂而固定的时窗，如五分钟或十分钟，再将此时窗中所到达的订单做成一批，进行批量分拣。这一方式常与分区及订单分割联合运用，特别适合于到达时间短而平均的订单形态，同时订购量和品项数不宜太大。

3. 固定订单量分批

订单分批按先到先处理的基本原则，当累计订单量到达设定的固定量时再开始进行拣选作业。适合的订单形态与时窗分批类似，但这种订单处理方式更注重维持较稳定的作业效率，而处理的速度较前者慢。

4. 智能型分批

智能型分批是将订单汇总后经过较复杂的电脑计算，将分拣路径相近的订单分成一批同时处理，可大量缩短拣选行走搬运距离。采用这种分批方式的配送中心通常将前一天的订单汇总后，经电脑处理在当天下班前产生次日的拣选单据，因此对紧急插单作业处理较为困难。

【实验报告】

拣选系统应用实验

一、实验目的

1. 理解拣选作业的基本特点；
2. 掌握播种式拣选和摘果式拣选的作业特点和所需要的基本设备；
3. 了解电子标签拣选系统的基本组成和各部分的主要功能；
4. 掌握电子标签拣选系统的基本性能参数；
5. 理解影响电子标签拣选系统效率的主要因素；
6. 能够根据订单以及货位的分布情况进行拣选系统的合理配置；
7. 了解拣选叉车的适应性。

二、实验内容

主要是通过不同形式的拣选作业，对比分析不同拣选形式、不同拣选设备的适用性。实验中将重点操作电子标签拣选系统，理解各主要功能模块的功能；通过电子标签拣选系统运行，总结电子标签拣选系统的主要性能参数；根据给定的订单进行分析确定不同的拣选策略；进一步的利用拣选叉车等完成拣选作业，进一步理解不同设备的组合使用模式。

三、实验器材

电子标签拣选系统一套，计时器一个，不同种类的货物若干，货架一组，拣选叉车一台，语音拣选设备一套，拣选任务单一组，可以自制单据或选择如下订单模拟格式(见表7-1~表7-5)。

表7-1 拣选任务单1

订货方	宏大公司	需求时间	备注
货物名称	数量	位置	袋装
A	2	1-3-1-1	
B	5	2-3-3-1	
C	6	2-3-2-3	

上述订单样式中位置按照四位定码（也可以选择为三位定码方式）确定仓储位置，四组数字分别代表货架排号、单排内的货架顺序号、层数、列数。

表7-2 拣选任务单2

订货方	兴昌公司	需求时间	备注
货物名称	数量	位置	袋装
A	8	1-3-1-1	
B	4	2-3-3-1	
D	5	2-1-3-3	

表 7－3　拣选任务单 3

订货方	大华公司	需求时间	备注
货物名称	数量	位置	
A	8	1－3－1－1	袋装
C	5	2－3－2－3	
E	5	1－1－1－1	

表 7－4　拣选任务单 4

订货方	星宇公司	需求时间	备注
货物名称	数量	位置	
B	10	2－3－3－1	
C	5	2－3－2－3	
F	9	2－1－1－1	

表 7－5　拣选任务单 5

订货方	华盛公司	需求时间	备注
货物名称	数量	位置	
A	12	1－3－1－1	袋装
B	5	2－3－3－1	
C	6	2－3－2－3	
D	15	2－1－3－3	
E	3	1－1－1－1	
F	15	2－1－1－1	

拣选作业场地的布局可以根据实验进行自行设定，最基础的布局方法可以布置为二排货架，单排内至少具备三组货架、至少三层，每层至少可以放置三个周转料箱。烟草类配送中心作业视频若干。

四、实验步骤

1. 完成拣选订单的生成，并分派相应的拣选任务。

2. 在不启动标签拣选系统的情况下要求学生根据拣选任务的特点自行进行工作安排，说明应采取的拣选策略，记录拣选时间，并观察作业人员操作。

3. 启动电子标签拣选系统按照假定的订单顺序进行按单拣选，记录拣选时间，并观察作业人员操作。

4. 可以采用控制人员语音提示的方法进行拣选作业，记录拣选时间，并观察作业人员操作。

5. 利用拣选叉车完成相应的拣选任务。

6. 组织收看烟草配送中心的实际作业视频。

五、实验报告题目

1. 根据拣选实际作业情况，说明不启动电子标签拣选系统状态下拣选的作业时间主要花费在哪些基本操作上。

2. 根据拣选实际作业情况，说明启动电子标签拣选系统状态下拣选的作业时间主要花费在哪些基本操作上。

3. 绘制电子标签拣选系统的构成简图，并说明各部分的主要功能。

4. 通过观察电子标签拣选系统实际运行情况，总结建立电子标签拣选系统的性能参数表。

5. 根据拣选作业的对比情况说明采用播种式拣选或摘果式拣选应考虑哪些因素。

6. 量化说明拣选对象的存储位置对拣选作业的影响，并说明沃尔玛“啤酒＋纸尿裤”的案例对拣选系统中的货物存储位置确定有哪些参考意义。

7. 在人工拣选条件下采用手推车等作为辅助工具，说明提高拣选效率应如何改进该设备。

8. 对比说明采用语音提示构建拣选系统的优势和劣势。

9. 总结电子标签拣选使用的电子标签再增加哪些功能可以提升拣选效率。

10. 总结说明拣选作业需求对拣选作业的影响，并量化评价拣选订单的作业强度。

11. 综合分析影响电子标签拣选系统运行效率的影响因素。

12. 实验中如果采用移动式拣选标签，如图7－6所示，其主要适合在哪些场合使用。

图7－6 移动标签设备

13. 结合实验说明拣选使用的周转箱选用应考虑哪些基本因素。

14. 结合实验说明拣选订单的数量以及拣选作业时间的要求对拣选作业策略选择的影响。

15. 结合实验说明货物品类数量对拣选作业策略和拣选设备选择的影响。

16. 结合实验说明拣选用货架存储系统的选择对拣选作业的影响。

17. 结合实验以及视频录像分析烟草配送中心在构建拣选系统时应考虑的主要因素。

18. 结合实验说明拣选叉车的适用性。

19. 结合实验说明如果将拣选电子标签显示功能增加多种颜色灯显示，是否适合多人在同一区域内作业。

20. 结合实验说明拣选作业小车设计应考虑的主要因素。

21. 结合实验说明拣选路径的设计应考虑哪些因素的影响。

22. 结合实验说明采用智能终端辅助拣选时，智能终端应具有哪些基本功能。

23. 案例分析。

下一代物流智能终端——穿戴式信息技术

目前，谷歌公司和苹果公司都在发展穿戴式信息技术，包括谷歌眼镜以及 iwatch 手表等，通过该技术研发的佩戴式智能终端，可以让用户通过语音指令拍摄条码、读取数据、发送信息，并可以通过眼镜上方的屏幕显示作业图标，使用地图信息或打电话以及实施其他功能，例如，可以通过蓝牙或 WiFi 与系统内的其他便携式设备联网，实现信息共享。

图 7－7 穿戴式信息技术设备

（案例来源：根据新浪科技相关网页编撰）

问题分析：

请结合实验和案例分析拣选技术采用该设备的可行性。

实验八　冷链物流实验

【实验准备知识】

一、冷链物流概述

冷链物流泛指冷藏、冷冻类食品在生产、储藏运输、销售，到消费前的各个环节中始终处于规定的低温环境下以保证食品质量，减少食品损耗的一项系统工程。它是随着科学技术的进步、制冷技术的发展而建立起来的，是以冷冻工艺学为基础、以制冷技术为手段的低温物流过程；是需要特别装置，并注意运送过程、时间掌控、运输型态、物流成本所占成本比例非常高的特殊物流形式。

冷链物流的适用范围包括：初级农产品（蔬菜、水果；肉、禽、蛋）、水产品、花卉产品、加工食品（速冻食品、禽、肉、水产等包装熟食）、冰激凌和奶制品、快餐原料、特殊商品（药品）等。

由于食品冷链是以保证易腐食品品质为目的，以保持低温环境为核心要求的供应链系统，所以，它比一般常温物流系统的要求更高、更复杂，建设投资也要大很多，是一个庞大的系统工程。由于易腐食品的时效性要求冷链各环节具有更高的组织协调性，所以，食品冷链的运作始终是和能耗成本相关联的，有效控制运作成本与食品冷链的发展密切相关。

冷藏和冷冻食品需要一个完整的冷链物流对货物进行全程的温度控制（根据相关的规则），以确保食品的安全，这包括装卸货物时的封闭环境、储存和运输等，一个环节都不能少。完整的冷藏食品供应链是食品安全不可或缺的元素，因此，冷链物流的要求比较高，相应的管理和资金方面的投入也比普通的常温物流要大。

二、干冰

（一）干冰概念

干冰是固态的二氧化碳，在常温和压强为6079.8kPa压力下把二氧化碳冷凝成无色的液体，再在低压下迅速蒸发，便凝结成一块块压紧的冰雪状固体物质，其温度是-78.5℃，这便是干冰。干冰蓄冷是水冰的1.5倍以上，吸收热量后升华成二氧化碳气体，无任何残留、无毒性、无异味，有灭菌作用。它受热后不经液化直接升华。由于干冰的温度非常低，因此，经常用于保持物体维持冷冻或低温状态。在室温下，将二氧化碳气体加压到约101325Pa时，当一部分蒸汽被冷却到-56℃左右时就会冻结成雪花状的固态二氧化碳。固态二氧化碳的气化热很大，在-60℃时为364.5J/g，在常压下气化时可使周围温度降到-78℃左右，并且不会产生液体，所以叫“干冰”。

干冰还可用作人工降雨，放在空气中能迅速吸收大量的热使周围的温度快速降低，使水蒸气液化成小水滴，从而达到降雨的目的。另外，碘化银（AgI）等物质也具有类似的性质。

（二）干冰物理特性

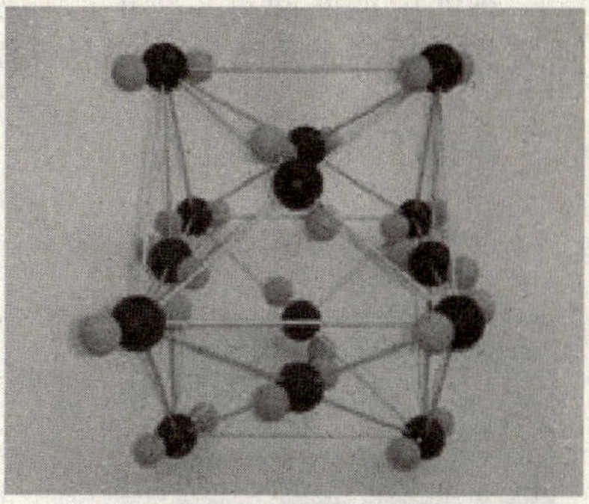

图 8－1　干冰的分子模型

干冰主要物理特征如下：

分子量：44.01；

密度（固态）：1560kg/m^3（－78℃）；

熔点：－57℃；

凝固点：－78.5℃；

其分子模型如图 8－1 所示。

干冰为无色无臭气体，有酸味，溶于水（体积比为 1∶1），部分生成碳酸。

（三）干冰应用范围

干冰的使用范围广泛，在食品、卫生、工业、餐饮中有大量应用，主要有以下几个方面：

1. 干冰在食品行业的应用范围

（1）在葡萄酒、鸡尾酒或饮料中加入干冰块，饮用时凉爽可口，杯中烟雾缭绕，十分怡人。

（2）制作冰激凌时加入干冰，冰激凌不易融化。干冰特别适合外卖冰激凌的冷藏。

（3）星级宾馆、酒楼制作的海鲜特色菜肴，在上桌时加入干冰可以产生白色烟雾景观，提高宴会档次，如制作龙虾刺身。

（4）龙虾、蟹、鱼翅等海产品冷冻冷藏。干冰不会化水，较水冰冷藏更清洁、干净，在欧、美、日本等国得到广泛应用。

2. 干冰在冷藏运输领域的应用范围

（1）低温冷冻医疗用途以及血浆、疫苗等特殊药品的低温运输。

（2）电子低温材料，精密元器件的长短途运输。

（3）高档食品的保鲜运输如高档牛羊肉等。

（四）干冰使用注意事项

在每次接触干冰的时候一定要小心，需要使用厚绵手套或其他遮蔽物才能触碰干冰。如果长时间肌肤直接碰触干冰，就可能造成细胞冷冻而类似轻微或极度严重烫伤的伤害。汽车、船舱等不能使用干冰，因为升华的二氧化碳将替代氧气而可能引起呼吸急促甚至窒息。因此，在实验过程中使用干冰应注意以下问题：

（1）拿取干冰一定要使用厚绵手套、夹子等遮蔽物（塑胶手套不具有阻隔效果）。

（2）使用干冰请于通风良好处，切忌与干冰同处于密闭空间。

（3）干冰不能与液体混装。

三、风幕柜

风幕柜也被称为立风柜，它的制冷原理是利用冷气从背部吹出，让冷气均匀地覆盖到风幕柜的各个角落达到产品保鲜的效果。其外形如图 8－2 所示。

（一）风幕柜组成

图 8－2　风幕柜外形

风幕柜正常设定的温度在 2℃～8℃，在超市里主要放饮料、酸奶、牛奶、真空包装的肉食、熟食、水果等，不适合放裸装食品。

风幕柜分为内置机和外置机两种类型，内置机优点是方便移动，缺点是有噪声（噪声大小跟家用空调外机差不多），适用于小型超市、便利店、水果连锁店等；外置机优点是噪声小，长度能做很长，整体美观大方。

风幕柜的缺点主要是移动、维修不方便，适用于大型超市、酒店等。正常使用风幕柜一般 24 小时耗电 8～9 千瓦时。

使用风幕柜时应注意保养，放货需均匀，避免层板受力不均导致变形。夜间停业时间请把夜幕帘拉下。风幕柜最好一个月擦拭清理一次，这样能更好地延长风幕柜的使用寿命。

（二）风幕柜性能参数

风幕柜参数主要包括外形尺寸、功率以及冷却温度等，常用的风幕柜基本性能参数如表 8－1 所示。

表 8－1　风幕柜性能参数表

名称	尺寸（mm×mm×mm）	功率（W）	电源	温度（℃）
1.8m 风幕柜	1875×1000×2000	1550	220V/50Hz	2～10
2.5m 风幕柜	2500×1000×2000	2200	220V/50Hz	2～10
3.75m 风幕柜	3750×1000×2000	3400	220V/50Hz	2～10

【实验报告】

冷链物流实验

一、实验目的

1. 了解冷链物流中典型设备的功能及应用；
2. 通过实际操作了解干冰、水冰等冷却材质的性能；
3. 根据包装运输的实际条件设置具体的包装结构；
4. 对比分析不同种类的冷却方式特点；
5. 了解牛奶的冷链物流系统构成；
6. 熟悉具备冷藏或者冷冻要求仓库的温度监控系统布局方法。

二、实验内容

通过不同种类的冷链设备操作，熟悉其基本的设备使用方法；通过实验操作总结分析不同种类冷链物流运输需求的特点；结合冷链物流的实际要求进行保温方案的设计。

三、实验器材

风幕柜一套，岛柜一套，移动式冷却设备一套，干冰、水冰若干，相应存储容器若干，不同规格、不同重量的货物若干个，巴氏消毒机两台，温度控制系统一套。

四、实验步骤

1. 通过实际运行，理解风幕柜、岛柜的功能。
2. 在不同的使用条件下测试干冰、水冰的性能，并进行性能对比。
3. 在给定使用条件进行冷链运输的包装容器设计。
4. 利用巴氏消毒机对牛奶进行加工，并模拟牛奶冷链系统的基本流程，分析其物流环境特点。
5. 利用温度控制系统进行实际存储环境测试，掌握测试设备使用方法，并说明具有冷藏要求仓库的温度测试点布局方法。

五、实验报告题目

1. 根据实际操作说明风幕柜和岛柜的基本性能参数以及适用的基本范围。

2. 结合实际实验测试对比说明衡量电动式冷藏箱、干冰冷藏箱以及水冰冷藏箱的性能，并说明适用范围。

3. 结合实验实际测试说明影响干冰制冷效果的主要因素，着重测试环境温度、表面空气流动速度、干冰表面积、形状以及水等外界因素，并简要说明控制干冰升华的措施。

4. 根据给定商品以及运输要求进行冷藏箱的选型和设计（见表8-2）。

表8-2　　给定商品及运输要求

商品名称	运输方式	运输路径	货物状态	数量
冷冻带鱼	货车	烟台—北京	冷冻、散装	
海鲜	货车	广州—北京	冷鲜、散装	
疫苗	货车	上海—北京	盒装	

5. 说明仓库温度控制系统的基本组成以及仓库温度测试点的选择影响因素。

6. 结合实际说明小型牧场牛奶物流的流通环境特点，并说明应采用的流通加工方法。

7. 分析蔬菜在流通过程中可能遇到的对其质量有影响的物流环境因素，并简述应采取的保护措施。

8. 结合市场调查进行具体的成本核算，说明采用冷链运作所增加的物流运作费用。

9. 分析冷链物流中温度比较低对设备的影响。

10. 以栗子冷藏为例，分析其存储所需具备的基本条件，并说明应采用的基本设备。

11. 案例分析。

冷链物流——麦当劳

1990年，中国的第一家麦当劳餐厅在深圳开张。就在许多人还没听过“物流”这个词的时候，麦当劳已将世界上最先进的物流模式带进了中国。一整天的繁华喧嚣过后，来自麦当劳物流中心的大型白色冷藏车悄然泊在店门前，卸下货物后很快又开走。尽管一切近在眼前，但很少有人能透过这个场景窥视到麦当劳每天所需原料所经历的复杂旅程，这些产品究竟如何保持新鲜，又是怎样在整条冷链中实现平滑无隙的流转呢?

在麦当劳的冷链物流中，质量永远是权重最大、被考虑最多的因素。麦当劳重视品质的精神，在每一家餐厅开业之前便可见一斑。餐厅选址完成之后，首要工作是在当地建立生产、供应、运输等一系列的网路系统以确保餐厅得到高品质的原料供应。无论何种产品，只要进入麦当劳的采购和物流链条，必须经过一系列严格的质量检查。

麦当劳餐厅使用的鸡蛋由专业养鸡厂提供，经过特殊的消毒工序杀灭鸡蛋表面对人体有害的沙门氏菌。麦当劳的供应商必须在鸡蛋产下来3天内运到工厂，按标准检测鸡蛋的大小、新鲜度，然后清洗、消毒、打油（起保护膜的作用），冷藏保存。麦当劳还要求餐厅鸡蛋在冷藏条件下，必须在45天内用完以保持新鲜美味。

麦当劳对于质量的敏感源于其对市场走向的判断。消费者对食品安全的要求越来越高，低价竞争只能对供应链产生伤害，价格竞争将被质量竞争所取代。为此，麦当劳愿意在别人无暇顾及的领域付出额外的努力。

例如，麦当劳要求运输鸡块的冷冻车内温度需要达到 -22℃，并为此统一配备价值53万元的8t标准冷冻车，全程开机。同样的旅程用5t的平板车盖上棉被一样可以操作，成本可以节省一半以上。但是，麦当劳对于这种可能影响最终产品质量的行为坚决禁止。打个比方，在麦当劳看来，冰激凌化了之后再冻上就不是冰激凌了，只能算是牛奶和冰晶的混合体。其物流供应商这样形容麦当劳的立场，正如餐厅并不是麦当劳的全部，运输中的质量控制只是麦当劳冷链物流的冰山一角，在它的后面有技术先进的食品加工制造商、包装供应商及分销商等构成的采购网络支撑，更有遍及世界各地的运销系统承载，还有准确快速的财务统计及分析软件助阵。

麦当劳和夏晖——独特的外包模式

谈到麦当劳的冷链物流，不能不说到夏晖公司，这家几乎是麦当劳“御用3PL”（该公司客户还有必胜客、星巴克等）的物流公司，他们与麦当劳的合作至今在很多人眼中还是一个谜。

麦当劳没有把物流业务分包给不同的供应商，夏晖公司也从未“移情别恋”，这种独特的合作关系不仅建立在忠诚的基础上，更在于后者为其提供了优质的服务。

随着商品流通市场买方地位的日益增强，消费者的选择越来越多，流通链也越来越长，麦当劳要求夏晖公司提供一种网络化的支持，这种网络能够覆盖整个国家或者整个地区，不同环节之间需要高效的无缝对接。与麦当劳合作了整整30年的夏晖公司，流通网络的整合能力得到了长足进步，拥有其他公司不可匹敌的经验。即便如此，对于夏晖公司来说，在中国完成这项工作也非轻而易举。“在北京、上海、广州这些大城市，至今也没有形成网络化的物流系统。从批发站定购货品然后用面包车运送还是很多企业通用的方法。在这种单批量送货模式下不仅无法保障产品的质量，还直接导致物流市场的低价竞争。”夏晖公司的一名物流经理对此颇有感触。他认为，这种低价竞争将会给中国的物流市场带来很大的压力。

而麦当劳对物流服务的要求是比较严格的。在食品供应中除了基本的食品运输之外，麦当劳要求物流服务商提供其他服务，例如信息处理、存货控制、贴标签、生产和质量控制等诸多方面，这些“额外”的服务虽然成本比较高，但它使麦当劳在竞争中获得了优势。“如果你提供的物流服务仅仅是运输，运价是一吨4角，而我的价格是一吨5角，但我提供的物流服务当中包括了信息处理、贴标签等工作，麦当劳也会选择我做物流供应商的。”为麦当劳服务的一位物流经理说。

另外，麦当劳要求夏晖公司提供一条龙式物流服务，包括生产和质量控制在内。这样，夏晖公司设在台湾的面包厂就全部采用了统一的自动化生产线，制造区与熟食区加以区隔，厂区装设空调与天花板以隔离落尘，易于清洁，应用严格的食品与作业安全标准。所有设备由美国 SASIB 专业设计，生产能力每小时 24000 个面包。在专门设立的加工中心，物流服务商为麦当劳提供所需的切丝、切片生菜及混合蔬菜，拥有生产区域全程温度自动控制、连续式杀菌及水温自动控制功能的生产线，生产能力每小时 1500kg。此外，夏晖公司还负责为麦当劳上游的蔬果供应商提供咨询服务。

餐厅与物流中心——精细有序的对接

在餐厅一端是麦当劳的采购工作。餐厅经理需要接受一项专门的培训——对销售、进货和库存量进行预测。这项复杂而琐碎的工作也是他们每天的必修课。

在一周的进货周期中，餐厅经理需要预先估计安全库存，每周二与配销中心联系，对冷藏货下订单。麦当劳认为，订货量太多太少都是不允许的，过多会增加成本，积压资金，使产品品质下降；不足则会使营业额和利润下降，并对公司信誉和员工士气产生不利影响，紧急订货成本就会上升。订单被配销中心接受之后，周三、周五分批进货。餐厅订货组要按时完成盘存报告，这项工作包括货品的编号、名称、计算单位、库存及货品盘点表、每日送货及退货单、损耗表、产品销售日报表、周报表、月报表、员工餐饮、餐厅调拨单等。每天餐厅经理都要把订货量与进货周期对照，一旦发现问题立刻进入紧急订货程序。虽然紧急订货不被鼓励，但一经确认，2 个小时后货品就会被送到餐厅门口。

送货和接货也有固定的程序和规范。在货物被装车之前必须根据冷冻货对温度的敏感程度，按照由外向里分别是苹果派、鱼、鸡、牛肉、薯条的顺序装车；接货时则要对这些情况进行核查。接货的检查项目包括提前检查冷藏和冷冻库温是否正常、记录接货的时间和地点、检查单据是否齐全、抽查产品的接货温度、检验产品有效期（包括估计是否有足够的使用时间）、检查包装是否有破损和污染、糖浆罐是否溢漏、二氧化碳罐压力是否正常，最后才是核对送货数量，签字接收。及时响应麦当劳餐厅的需求则是物流供应商发挥的特有作用。物流中心的一切管理工作细致有序，先进的设备也为物流质量提供了必要的保障。

麦当劳利用夏晖公司设立的物流中心为其各个餐厅完成订货、储存、运输及分发等一系列工作。这个物流中心恰似一个具有造血功能的“心脏”，每时每刻不断地向分布于大江南北的各家麦当劳餐厅输送着新鲜血液，使得整个麦当劳系统得以正常运作，通过它的协调与连接使每一个供应商与每一家餐厅达到畅通与和谐，为麦当劳餐厅的食品供应提供最佳的保证。目前，夏晖公司在北京、上海、广州都设立了食品分发中心，同时在沈阳、武汉、成都、厦门建立了卫星分发中心和配送站，与设在香港和台湾的分发中心一起斥巨资建立起全国性的服务网络。

例如，为了满足麦当劳冷链物流的要求，夏晖公司在北京地区投资5500多万元人民币，建立了一个占地面积达12000m^2、拥有世界领先的多温度食品分发物流中心，其中干库容量为2000t，里面存放麦当劳餐厅用的各种纸杯、包装盒和包装袋等不必冷藏冷冻的货物；冻库容量为1100t，设定温度为－18℃，存储着派、薯条、肉饼等冷冻食品；冷藏库容量超过300t，设定温度为1℃～4℃，用于生菜、鸡蛋等需要冷藏的食品。冷藏和常温仓库设备都是从美国进口的设备，设计细致而精心，目的是为了最大限度地保鲜。在干库和冷藏库、冷藏库和冷冻库之间均有一个隔离带，用自动门控制以防止干库的热气和冷库的冷气互相干扰。干库中还设计了专用卸货平台使运输车在装卸货物时能恰好封住对外开放的门，从而防止外面的灰尘进入库房。该物流中心配有先进的装卸、储存、冷藏设施，5～20t多种温度控制运输车40余辆，中心还配有电脑调控设施用以控制所规定的温度，检查每一批进货的温度。从设立至今，夏晖公司设在北京的物流中心已向麦当劳餐厅运送货物近1000万箱。

冷链管理秘诀——标准化与跟踪

餐厅与物流中心之间的精细对接只是麦当劳冷链物流顺畅流转的前提，要在操作中保证一切不出纰漏，标准化和跟踪技术至关重要。在食品供应链管理中，安全性和稳定性日益受到企业的关注。供应链的链条越来越长，安全体系则越来越薄弱，在29000多家麦当劳餐厅组成的大家族中，任何一家餐厅发生食品安全问题对全球的麦当劳都会造成无可挽回的伤害。冷链物流中的标准化正是麦当劳如履薄冰、力图将危机扼杀在萌芽之中而采取的手段。

麦当劳的冷链物流标准涵盖了温度记录与跟踪、温度设备控制、商品验收、温度监控点设定、运作系统SOP的建立等领域。即便是在手工劳动的微小环节也有标准把关，例如一台8t标准冷冻车，装车和卸车的时间被严格限制在5min之内，根据货品的需要还会使用一些专用的搬运器械以避免在装卸过程中出现意外的损失。在中国麦当劳还在考虑应用一些国家制定的物流业服务标准和技术标准，以便把工作细化到MRP或者VMI系统的各个节点，进而对整个流程实施控制和跟踪。

有了这些标准，麦当劳的下一项工作就是对所有产品实施在途跟踪。坐在办公室中的物流经理怎么知道货车发出之后货物是否处在冷冻状态？身处在低价竞争的市场环境，这种担心并非多余。一台8t标准冷冻车的冷机价值48万元，经过500个小时之后就必须进行一次大修，不少企业在这种情况下选择了“偷工”，货车从北京出发到上海，只有一头一尾冷机是开放的，中间则被关闭。由于唯一的证据就是油耗，几乎没人能知道中间发生的故事。可有了温度跟踪和货物跟踪的帮助，一切便变得完全透明。

夏晖公司在中国并没有使用昂贵的跟踪手段，而是选择了一种类似于民航飞机上黑匣子（BLACKBAG）的技术。借助这些由清华大学开发的工具和技术不仅可以记录车的位置，也可记录车的状态。只要在事后打开记录，有关车的发停时刻、温度变化等数据就会尽收眼底。

在不少企业还把标准化和跟踪系统当做一种技术来处理时，麦当劳已经利用它们构建起了一套有效的食品安全管理系统。在麦当劳看来，凡是在生产、储存中有要求的地方，不论普通食品还是冷冻食品都应该设置这种标准。目前，麦当劳正在积极引入一套由美国食品物流协会开发的认证体系，并希望把这种适用于美国航天员的食品标准逐步扩展到整个食品行业。达乐公司做到了很少人能够做到的事情，那就是其所售商品的价格甚至比沃尔玛还要低。

（案例来源：中国物流招标网）

问题分析：

（1）请结合实验和案例分析全过程冷链适用范围。

（2）请结合实验和案例分析冷链物流系统所带来的成本增长主要体现在哪些方面，同时带来的竞争优势有哪些。

实验九　辊子输送机应用实验

【实验准备知识】

辊子输送机的种类很多，是目前物流系统中常用的一种连续型传输设备，该类设备可以按照动力形式等不同的标准进行分类。

一、无动力式辊子输送机

无动力式辊子输送机自身无驱动装置，辊子转动呈被动状况，物品依靠人力、重力或外部推拉装置移动，如图 9－1 所示。

图 9－1　无动力式辊子输送机外型结构示意

无动力式辊子输送机有水平和倾斜两种布置形式。采用水平布置时依靠人力或外部推拉装置移动物品，人力推动用于物品重量较轻、输送距离短、工作不频繁的场合。外部推拉采用链条牵引、胶带牵引、液压气动装置推拉等方式，可以按要求的速度移动物品，便于控制运行状态，用于物品重量大、输送距离长、工作比较频繁的场合。采用倾斜布置时依靠物品重力进行输送，结构简单，经济实用，但不易控制物品运行状态，物品之间易发生撞击，不宜输送易碎物品，适用于重力式高架仓库及工序间短距离输送。

二、动力式辊子输送机

动力式辊子输送机本身有动力装置，辊子转动呈主动状态，可以严格控制物品运行状态，按规定的速度精确、平稳、可靠地输送物品，便于实现输送过程的自动控制。动力装置按驱动方式有单独驱动与成组驱动之分。前者的每个辊子都配有单独的驱动装置以便于拆卸。后者是若干辊子作为一组，由一个驱动装置驱动以降低设备造价。成组驱动的传动方式有齿轮传动、链传动和带传动。动力式辊子输送机一般用交流电动机驱动，根据需要亦可用双速电动机和液压马达驱动。

图 9－2　单链弯道动力式辊子输送机外型结构示意

链传动辊子输送机是最常用的动力式辊子输送机，它承载能力大、通用性好、布置方便、对环境适应性强，可在经常接触油、水及湿度较高的地方工作。但在多尘环境中工作时链条容易磨损，高速运行时噪声较大。单链弯道动力式辊子输送机如图 9－2 所示。

(一) 限力式辊子输送机

此类设备内部具有轴向摩擦环或径向摩擦环，当物品受阻停止或积存时可使摩擦环打滑。它除具有一般动力式辊子输送机性能外，还允许在驱动装置照常运行的情况下物品在辊子输送机上停止和积存，而运行阻力无明显增加，适用于辊子输送机线路中需要物品暂时停留和积存的区域。

(二) 超越式辊子输送机

此类设备带有离合器，允许物件进入辊子输送机的速度与输送机的运行速度不一致而不产生滑动。适用于与机动式辊子输送机配套，作为物品承接区段。

(三) 圆柱型辊子输送机

此类设备通用性好，可以输送具有平直底部的各类物品，允许物品的宽度在较大范围内变动。一般用于输送物品线路的直线段。

(四) 圆锥型辊子输送机

此类设备用于输送机线路圆弧段，多与圆柱型辊子输送机直线段配套使用。可以避免物品在圆弧段运行发生滑动和错位现象，保持正常方位。

(五) 轮型辊子输送机

轮型辊子输送机辊子自重轻，运行阻力小，多用于立体仓库金属货架的辊道和专用生产流水作业中。

【实验报告】

辊子输送机应用实验

一、实验目的

1. 掌握辊子输送机的基本性能参数和组成结构；
2. 熟悉辊子输送机的拆装和使用知识；
3. 掌握辊子输送机在物流中的基本应用场合；
4. 熟悉采用辊子输送机与其他物流设备的配合方式。

二、实验内容

根据实际具体操作掌握辊子输送机的基本性能参数和使用操作方法，通过拆装实验掌握辊子输送机的基本结构；通过更换不同种类的货物掌握辊子输送设备的适用性，将辊子输送机与带式输送机等进行配合，搭建复合性的物流作业系统。

三、实验器材

辊子输送机一台，带式输送机一套，伸缩式辊子输送机一套，拆装工具一套，不同种类纸箱、周转箱若干，大型货物一台，高速调节装置一套，秒表记时装置一个，外形测试工具一套，不同外形的货物若干（包括散货以及椭球形等货物），顶升移栽装置一套。

四、实验步骤

1. 利用给定的货物在辊子输送机上进行传输测试，完成不同类型、不同质量货物的传输，掌握辊子输送机的基本性能参数。

2. 利用拆卸工具进行拆装，并测量具体部件尺寸绘制辊子输送机结构图。

3. 将辊子输送机与其他类型的传输系统进行配合，说明与其他设备进行集成配置时应考虑的主要因素。

五、实验报告题目

1. 通过高度调节装置调整无动力辊子输送机的倾斜度，分析其对性能参数的影响。

2. 调节辊子输送机的传输速度，分析其对传输作业运行质量的影响。

3. 通过辊子输送机传输椭球形等异性货物，说明为提高辊子输送机适用性可采用的基本方法。

4. 冰箱等大型未包装的货物在生产线传输时，分析可以采用的辊子输送机的适用性。

5. 根据实际操作情况，建立辊子输送机的基本性能参数表。

6. 利用顶升移载装置进行物流作业，分析辊子输送机与该类设备应如何组合以完成复杂的物流作业。

7. 将辊子输送机与皮带式输送机进行集成使用，并设定不同传输设备间的运行速度差，观察具体的运作效果，并说明可利用该组合形式完成哪些物流作业功能。

8. 总结分析辊子输送机对可传输物料的具体特征要求。

9. 将辊子输送机的部分辊子调整为水平倾斜布局，观察具体的运作效果，并说明可完成哪些物流作业功能。

10. 绘制实验所采用的动力式辊子输送机的结构简图。

11. 结合实验说明伸缩式辊子输送机的适应性（见图9－3）。

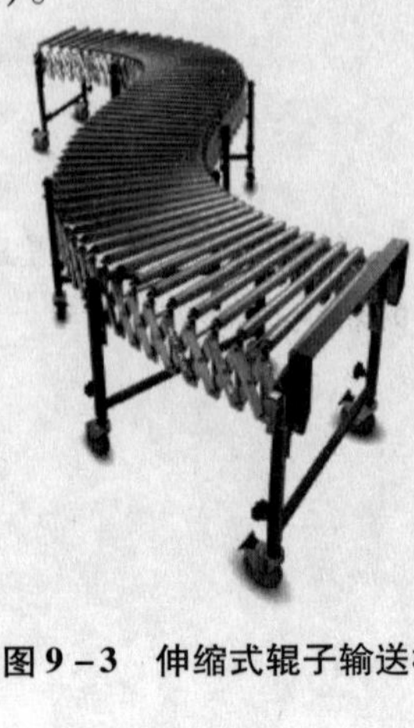

图9－3　伸缩式辊子输送机

12. 案例分析。

专利产品——辊子输送机及使用该辊子输送机的辊子输送线

申请号：201220015703　　申请日：2012 年 1 月 14 日

专利摘要：本实用新型涉及一种辊子输送机，包括输送台及其上设置的输送机构，输送机构包括至少两个与相应动力源传动连接的输送辊，输送机构的输出端为前端，在由前向后方向上各输送辊中的至少第一个输送辊为浮动输送辊，各浮动输送辊均通过对应的浮动架转动装配于输送台上，各浮动架的后端均铰接于输送台上，输送台上设有与各浮动架对应传动连接并在浮动输送辊受向下压力时向对应浮动架施加向上推力的弹性机构，输送台与各浮动架间设有与对应浮动架限位配合以限制各浮动架升降幅度的限位机构。本实用新型通过浮动输送辊增加与相应导轨之间的摩擦力，从而保证相应导轨能在相邻两个辊子输送机顺利输送。

专利授权公告日：2012 年 9 月 5 日

申请人/专利权人：机械工业第四设计研究院

申请人地址：河南省洛阳市涧西区西苑路 13 号

发明设计人：张延虎　戈北京　吴俊

（案例来源：国家知识产权局中国专利信息中心专利之星网站）

问题分析：

请结合实验和案例分析该设备的适用性。

实验十　机器人应用实验

【实验准备知识】

机器人是典型的机电一体化产品，目前广泛地应用于工业生产的诸多领域，极大地提高生产效率，降低了劳动强度，例如堆垛机器人可以将不同外形尺寸的包装货物整齐地、自动地码（或拆）在托盘上，可以充分利用托盘的面积和码堆物料的稳定性，功能全面，使用起来非常方便。

一、机器人的作业特点

机器人的作业特点包括以下几点。

（一）通用性强

机器人的用途非常广泛，它可以完成搬运、装卸、拣选、分拣等多项作业活动。

（二）柔性好

机器人的操作对象并没有严格的限定，当某些产品的品种和规格发生变化时，只需要重新编制控制程序和更换抓取机构就可以适应新的使用要求，而无须对其他方面进行修改，具有良好的适应性。

（三）自动化程度高

机器人的操作无须人工参与，节省了大量的劳动力。

（四）准确性好

机器人的操作控制精确，其位置误差基本处于毫米级以下，准确性非常好。

（五）高效率性

机器人的工作速度比较快，而且没有时间间断，因此工作效率比较高。

（六）高可靠性

机器人重复操作能够始终维持同一状态，不会出现类似人的主观性干扰，因此操作的可靠性比较高。

二、机器人的主要结构

机器人主要是由操作机、控制系统和传感系统构成。

（一）操作机

操作机通常是由安装在机体上的若干个回转（或移动）关节与杆件相互连接构成的多自由度主动机构构成，人们力图把它设计成为具有模拟人的手臂或者肢体功能的移动式的机器，它可由操作者或者控制装置控制完成各种任务。

作为机器人的机械本体机构，操作机根据其应用目的和条件而结构各异。一般可以分为移动式或者固定式两类，其中固定式的操作机基本上是由机体、臂部、腕部和末端执行器组成。

1. 机体

机体是机器人的主要承载部件，同时可以执行水平回转指令以调整前端臂部的位置，而且可以安装驱动装置和其他部件。

2. 臂部

臂部用于支撑腕部，同时可以执行摆转指令以调整末端执行器的空间位置和姿态，臂部可以分为大臂和小臂以增加机器人的操作灵活性。

3. 腕部

腕部将末端执行器和臂部连接在一起，并可以支撑和调整末端执行器的姿态。

4. 末端执行器

末端执行器也称为手部，装在腕部前端，是机器人用来握持工件或工具的部位，是操作机执行工作的装置。末端执行器因用途不同而结构各异，主要包括机械夹持器和特种末端执行器（例如真空吸附）两种。

移动式机器人还包括移动机构（或称为行走机构），它可以扩大机器人的工作范围，大多是固定导轨上移动的轮式机构，具有特殊用途的机器人还可以采用履带式和步行式等多种形式。

（二）控制系统

控制系统可以实现机器人姿态、速度和加速度等工作参数的调整，控制系统应具有良好的人机交互功能，使操作人员可以方便地根据控制指令下达工作任务。同时，控制系统应记忆功能，储存已经设定的工作任务，调出执行即可自动运行。

（三）传感系统

机器人的准确操作决定于对其自身状态、操作对象以及作业环境的正确认识，这完全依赖于传感系统。传感系统相当于人的感觉功能，机器人的传感系统按照功能可以分为内部传感系统和外部传感系统两部分。

内部传感系统用于检测检测机器人自身状态，如检测机器人机械执行机构的速度、姿态和空间位置等。外部传感系统用于检测操作对象和作业环境，如机器人抓取物体的形状、物理性质，检测周围环境中是否存在障碍物等。

三、机器人的分类

（一）按照机器人的运动形式进行分类

按照机器人的运动形式进行分类可分为五大类，分别是直角坐标型、圆柱坐标型、球坐标型、垂直多关节型和多关节型机器人。

1. 直角坐标型机器人

直角坐标型机器人具有三个互相垂直的移动轴线，其工作空间为一个长方体。这种机器人结构简单、控制容易、定位精度高，但是占地面积大、工作范围小、灵活性差，不易实现高速运行，如图 10－1（a）所示。

2. 圆柱坐标型机器人

圆柱坐标型机器人其水平臂能实现沿立柱的上下移动和绕立柱的水平转动，并能能够伸缩，作业空间为圆柱体。具有结构简单、占地面积小、操作范围大的特点，但定位精度不高，如图 10－1（b）所示。

3. 球坐标型机器人

球坐标型机器人的手臂能上下俯仰、前后伸缩、绕立柱回转，其作业空间为一个球体。这种机器人作业灵活、作业范围大、结构复杂，但定位精度不高，如图 10－1（c）所示。

4. 垂直多关节型机器人

垂直多关节型机器人由立柱、大小手臂和手爪组成。立柱与大臂间形成肩关节，大臂与小臂之间形成肘关节，小臂与手爪之间形成腕关节。这种机器人动作灵活、工作范围大、占地面积小、通用性强，作业速度高，如图 10－1（d）所示。

5. 多关节型机器人

多关节机器人除了具有垂直多关节机器人的特点以外，多关节机器人的臂部和腕部可绕垂直轴的水平面内旋转，末端工作部分可沿垂直轴上下移动，可在三维空间内最有效地决定任意位姿，适合于各种作业。这种机器人动作灵活、速度快、结构复杂、定位精度高，但控制比较复杂，如图 10－1（e）所示。

不同的机器人运动方式适合不同的作业场合。

（二）按照抓取重量和动作范围分类

1. 大型机器人

大型机器人抓取重量 100～1000kg 或动作范围 $10m^3$ 以上，可用于生产制造企业的大型零部件的搬运和装配。

2. 中型机器人

中型机器人抓取重量 10～100kg 或动作范围 1～$10m^3$ 以上，可用于仓库内部搬运。

3. 小型机器人

小型机器人抓取重量 1～10kg 或动作范围 0.1～$1m^3$ 以上，可用于仓库的拣选操作。

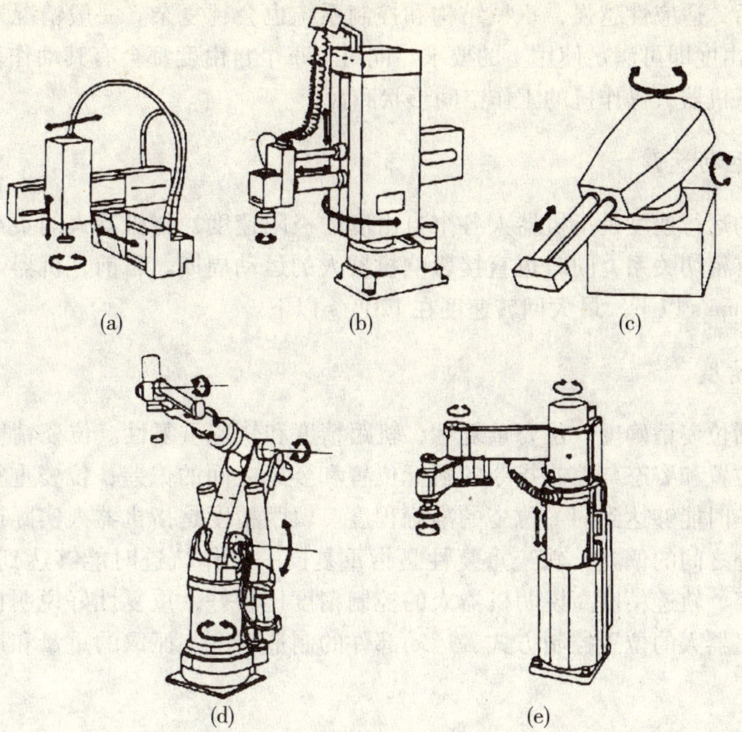

图 10－1 各种坐标形式的机器人

（三）按照驱动方式分

1. 液压式驱动

这种机器人动力大，结构简单、刚性好、运行速度调节方便、动作响应快、易于实现过载保护，但油液容易泄漏，控制精度容易受到工作温度的影响，成本高。

2. 气动式驱动

这种机器人作业速度快、结构简单、维修方便、易于保养、价格低、不会造成空气污染，适用于中小负荷，但定位精度低，容易产生噪声。

3. 电动式驱动

这种机器人作业灵活、使用方便、噪声低、定位精度高，是目前应用最广泛的一种。

四、机器人的主要技术参数

（一）额定负载

额定负载是指在规定性能范围内末端执行机构所能承受的许用负载值，额定负载值和机器人的运行速度以及抓取对象的性质有关。

（二）自由度

自由度是指机器人的各个运动部件在三维空间坐标轴上所具有的独立运动的可能状态，每个可能状态为一个自由度，如腕部的回转就是一个自由度。机器人的自由度越多，其动作越灵活，适应性越强，机械结构和控制系统也会越复杂。一般情况下，机器人具有3～5个自由度即可满足使用上的要求。同时，每个自由度都会有其动作范围，这个动作范围决定了机器人操作机的工作空间形状和大小。

（三）运动速度

机器人的运行速度是指机器人各个自由度的极限速度，与机器人的负载情况、定位精度等参数有密切关系，同时也直接影响机器人的运动周期。目前，机器人的最大运行速度在1500mm/s以下，最大回转速度在120°/s以下。

（四）精度

精度包括位姿精确度、位姿重复性、轨距精度和轨迹重复性。位姿精度是指机器人的实际工作位置和姿态与控制指令的目标位置和姿态之间的偏差；位姿重复性是指进行重复同一工作时能够达到同一位姿的准确程度。轨距精度是指机器人实际运行轨迹的与指令目标轨迹之间的偏差；轨迹重复性是指重复同一工作轨迹时能够达到的一致程度。机器人的位姿、轨迹精度高说明机器人的控制精度比较好，重复性好说明机器人工作稳定，精度与机器人的位置控制方式、运动部件的制造精度、抓取的重量和运动速度有密切的关系。

（五）程序编制与存储容量

程序编制与存储容量是指机器人用于存储相关控制信息的存储器容量，存储容量大，表明机器人的记忆性强，能够适应各种作业环境，并且从事复杂作业的能力强。

【实验报告】

机器人应用实验

一、实验目的

1. 掌握机器人的基本性能和结构；
2. 熟悉机器人在物流系统中的基本作用；
3. 了解机器人的主要使用方法。

二、实验内容

根据货物搬运等实际操作掌握机器人的基本性能参数，通过测绘掌握机器人的基本结构对机器人在物流领域中的应用有较为深入的了解。

三、实验器材

机器人一台，连续传输设备三台，不同种类纸箱、周转箱若干，高速调节装置一套，秒表记时装置一个，外形测试工具一套，不同外形的货物若干（包括散货以及椭球形等货物，同时包括草莓、苹果等需要分类定级的货物）。

四、实验步骤

1. 利用给定的货物通过机器人进行抓取操作测试，掌握机器人的基本性能参数。
2. 观察机器人的实际运行，对比说明完成多工位传输功能优势和劣势。
3. 对比其他类型的分拣设备，测试机器人完成分拣作业的基本效率。
4. 利用机器人完成堆垛和拆跺操作，记录相关的作业时间和作业形式。

五、实验报告题目

1. 通过观察机器人的实际运行，测量机器人的基本作业范围，并说明机器人的自由度数。

2. 通过控制机器人运行，测试机器人的基本性能参数。

3. 对比传输机构特性，分析采用多工位机器人与其他同类功能设备相比所具备的优势和劣势。

4. 通过机器人搬运椭球形等异性货物，说明机器人卡具的适用性，并设计基本的装卡方案。

5. 机器人可以完成纸箱的堆垛和拆垛作业，分析该类机器人对设备的基本性能要求以及相应的卡具设计方案。

6. 总结说明机器人完成自动堆垛和拆跺作业对货物的基本要求和堆垛形式的要求。

7. 以草莓分类为例，说明机器人完成该操作需要具备的基本功能。

8. 根据实际操作情况，说明采用机器人进行拣选运作的优势和劣势。

9. 绘制实验用机器人的结构简图。

10. 根据实验总结说明物流领域中哪些领域中适合采用机器人进行作业。

11. 案例分析。

中国制造业将迎机器人时代

2013 年年初，比尔·盖茨曾发表预测称，机器人与自动化技术将成为可以改变世界的未来发展趋势。尽管机器人还未主宰世界，但工业机器人的应用已越来越广泛，而在 A 股市场中更刮起了一阵机械化的旋风。

工信部装备工业司副司长王卫明日前参加 2013 年中国机器人产业推进大会的论坛时表示，制造业数字化智能化是产业革命的重要标志，作为数字化智能化在工业领域的代表，发达国家均将工业机器人作为其制造业复苏的主要途径。

据了解，2012 年全球机器人销量的 70% 集中在 5 个国家，即日本、中国、美国、韩国和德国，中国成为仅次于日本的全球第二大机器人市场。

“预计中国市场规模将于 2014 年超过日本，成为全球第一大市场。”王卫明称。

数据显示，2004 年以来我国工业机器人新安装量年增长率保持在 40%，这一增速自 2008 年之后呈现加快趋势。王卫明表示，在工业机器人 50 年的发展历史中，从来没有一个国家在如此短的时间内对工业机器人有如此巨大的需求。2012 年全国工业机器人销售同比继续保持 51% 的增长。“可喜的是，国内工业机器人的成本则以每年 4% 的速度下降。”

（案例来源：深圳商报）

问题分析：

请结合实验和案例分析机器人未来能够在物流领域应用的产业背景。

实验十一　典型配送中心存储设备应用实验

【实验准备知识】

一、移动式货架简介

移动式货架又称为动力式货架，用轨道以直线水平移动，每列料架的底部皆有马达驱动装置，可密集连接配置。一般设有控制装置与操作开关盘用以操作移动料架，约在三十秒内开启通路，使堆高机进入存取物品。除此之外，附加变频控制功能来控制驱动、停止时的速度，以防止放置在料架物品颤动、倾斜或崩倒，同时可以配置位置定位用光电传感器及附刹车之齿轮马达，提升停止定位精度。

移动式货架储存量比一般固定式货架大很多，节省空间，地面使用率达 80%，适合少样多量低频度的保管。移动式货架易控制，安全可靠。移动式货架每排货架有一个电机驱动，由装置于货架下的滚轮沿铺设于地面上的轨道移动。其突出的优点是提高了空间利用率，一组货架只需一条通道，而固定型托盘货架的一条通道只服务于通道内两侧的两排货架。所以，在相同的空间内移动式货架的储存能力比一般固定式货架高得多，如图 11－1 所示。

图 11－1　移动式货架

二、托盘式货架

托盘式货架俗称横梁式货架，或称货位式货架，通常为重型货架，在国内的各种仓储货架系统中最为常见。托盘式货架如图 11－2 所示。

图 11－2　托盘式货架

采用托盘式货架首先须进行集装单元化工作，即将货物包装及其重量等特性进行组盘，确定托盘的类型、规格、尺寸以及单托载重量和堆高（单托货物重量一般在 2000kg 以内），然后由此确定单元货架的跨度、深度、层间距，根据仓库屋架下沿的有效高度和叉车的最大叉高决定货架的高度。托盘式货架单元货架跨度一般在 4m 以内，深度在 1.5m 以内，超高位仓库货架高度一般在 30m 以内。此类仓库中，低、高位仓库大多用前移式电瓶叉车、平衡重电瓶叉车、三向叉车进行存取作业，货架较矮时也可用电动堆高机，超高位仓库用堆垛机进行存取作业。

三、重力式货架

重力式货架又叫自重力货架，属于仓储货架中的托盘类存储货架。重力式货架是横梁式货架衍生品之一，货架结构与横梁式货架相似，只是在横梁上安上滚筒式轨道，轨道呈 3～5°倾斜角度。托盘货物用叉车搬运至货架进货口，利用自重，托盘从进口自动滑行至另一端的取货口。该类货架可以实现先进先出的存储方式。货架深度及层数可按需要而定。重力式货架适用于少品种大批量同类货物的存储，空间利用率极高。

重力式货架具有以下特性。

（一）货物由高的一端存入，滑至低端，从低端取出

货物滑动过程中，滑道上设置有阻尼器，控制货物滑行速度保持在安全范围内。滑道出货一端设置有分离器，搬运机械可顺利取出第一板位置的货物。

（二）货物遵循先进先出顺序

货架具有存储密度高且具有柔性配合功能。重力式货架主要适用于对货物时差要求较高的（如保证生产线的物料不间断供给）场合使用。

货架总深度（导轨长度）不宜过大，否则不可利用的上下“死角”会较大，影响空间利用且坡道过长，下滑的可控性会较差，下滑的冲力较大易引起下滑不畅、阻住，托盘货物的倾翻。为使下滑流畅，如坡道较长应在中间加设阻尼装置，为使托盘货物下滑至最底端时不致因冲击力过大而倾翻，应在坡道最低处设缓冲装置和取货分隔装置。因此，设计、制造、安装难度较大，成本较高。此类货架不宜过高，一般在6m以内，单个托盘货物重量一般在1000kg以内，否则其可靠性和可操作性会降低。

重力式货架如图11－3所示。

图11－3 重力式货架

四、旋转式货架

旋转式货架又称回转式货架。在拣选货物时取货者不动，通过货架的水平、垂直或立体方向回转使货物随货架移动到取货者的面前。旋转式货架在存取货物时，能够通过计算机的控制，根据下达的货格指令使货物以最近的距离自动旋转至拣货点停止。这种货架的存储密度大，货架间不设通道，与固定式货架相比可以节省占地面积30%～50%。由于货架转动，因此，拣货线路简捷，拣货效率高，拣货时不容易出现差错。

根据旋转方式不同，可分为垂直旋转式、多层水平旋转式、整体水平旋转式三种。

图11－4 垂直旋转式货架

（一）垂直旋转式货架

这种货架类似垂直提升机，在两端悬挂有成排的货格，货架可正转，也可以反转。货架的高度在2～6m，正面宽2m左右，单元货位载重100～400kg，回转速度每分钟6m左右，如图11－4所示。

垂直旋转货架属于拣选型货架，占地空间小，存放的品种多。货架货格的小格板可以拆除，这样可以灵活地存储各种尺寸的货物。在货架的正面及背面均设置拣选台面，可以方便地安排出入库作业。在旋转控制上用开关按钮即可轻松地操作，也可利用计算机操作控制形成联动系统，将指令要求的货层经最短的路程送至要求的位置。垂直旋转式货架主要适用于品种多、拣选频率高的货物。

（二）多层水平旋转式货架

多层水平旋转式货架是一种拣选型货架，这种货架各层可以独立旋转，每层都有各自的轨道，用计算机操作时可以同时执行几个命令，使各层货物从近到远有序地到达拣选地点，拣选效率很高。这种货架存储货物品种多，可以达到2000t以上。主要用于出入库频率高、多品种拣选的仓库中。

（三）整体水平旋转式货架

整体水平旋转式货架由多排货架连接，每排货架又有多层货格，货架做整体水平式旋转，每旋转一次便有一排货架达到拣货面，可对这一排货架进行拣货，如图11－5所示。

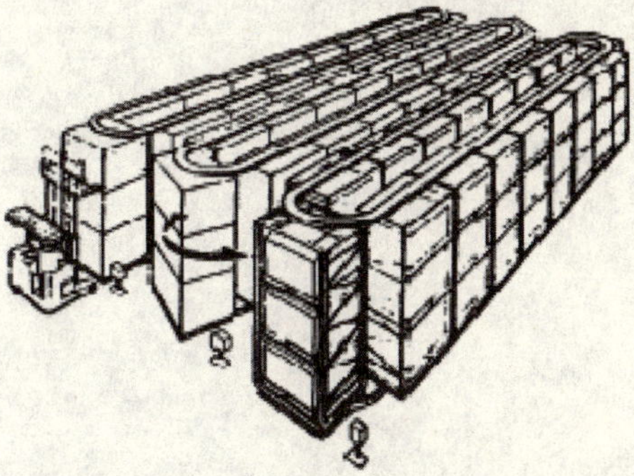

图11－5 整体水平旋转式货架

这种货架每排可放置同种物品，也可以一排货架不同货格放置互相配套的物品，一次拣选可在一排上将相关的物品拣出。这种货架还可做小型分货式货架，每排不同的货格放置同种货物，旋转到拣选面后将货物按各用户分货要求分放到指定货位，也可以看成是拣选分货一体化货架。

这种货架旋转时动力消耗大，不适于拣选频率高的作业，所放置货物主要是各种包装单位的货物。整体水平式货架也可制成长度很长的货架，可增大存储容量，但由于动力消耗大，拣选等待时间长，不适于随机拣选，在需要成组拣选或按顺序拣选时可以采用。

五、可折叠式货架

可折叠式货架也成为巧固架，货架可互相堆高，实现立体化存储，很容易形成立体存储的能力，而不需要借助于货架等设备。适用于如租赁仓库，低矮的老式仓库或车间暂存区等不适合投资仓库的区域。可折叠式货架配合叉车可用于运输、搬运、装卸，存储保管等物流各环节中，如图11－6所示。

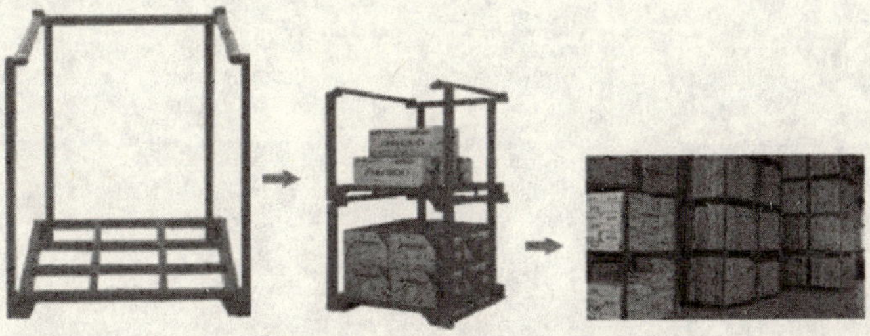

图11－6 可折叠式货架

六、抽屉式货架

图 11－7　抽屉式货架

抽屉式货架又称模具货架，主要用于存放各种模具物品。顶部可配置移动葫芦车（手拉或电动），抽屉底部设有滚轮轨道，承载后依然能用很小的力自如地拉动，附加定位保险装置，安全可靠。根据承载能力可分为轻量型、重量型两种。操作轻便，采用轴承组合，滑动平移并附有独立吊模装置，无须大型行车及叉车，如图 11－7 所示。

【实验报告】

典型配送中心存储设备应用实验

一、实验目的

1. 移动存储设备的结构、功能及选用原则；
2. 托盘式货架的结构、功能及选用原则；
3. 重力式货架的结构、功能及选用原则；
4. 旋转式货架的结构、功能及选用原则；
5. 可折叠式货架的结构、功能及选用原则；
6. 抽屉式货架的结构、功能及选用原则；
7. 掌握配送中心对存储系统的基本功能要求。

二、实验内容

通过实际操作熟悉不同种类典型配送中心存储设备的基本性能参数，在此基础上总结不同种类货架的适用性，能够根据实际需求进行存储设备的具体选型作业。

三、实验器材

移动存储设备、托盘式货架、重力式货架和旋转式货架各一套，秒表记时装置一个，不同种类的货物若干、托盘100个。

移动货架单层存储空间长、宽、高尺寸分别为1m、0.6m和0.8m，单层最大存储重量为150kg，高度方向可以进行调整，共有450个货位，为15排、3层、10列。

托盘货架单层存储空间长、宽、高尺寸分别为1.2m、1m和0.8m，单层最大存储重量为1000kg，高度方向可以进行调整，共有120个货位，托盘货架一共4排，两个巷道，每行3层、10列。

重力式货架整体层存储空间长、宽、高尺寸分别为3m、2m和2m，单层最大存储重量为500kg，高度方向可以进行调整，单个重力式货架存储空间长、宽、高尺寸分别为3m、1m和1m。

旋转式货架建议为小型旋转货架，选择垂直旋转模式，高度建议为4m以下。

可折叠式货架存储空间长、宽、高尺寸分别为1.2m、1m和1m，单个货架额定承载量为500kg，共计6个。

抽屉式货架存储空间长、宽、高尺寸分别为3m、0.8m和2m，单层最大存储重量为500kg，高度方向可以进行调整，单个重力式货架存储空间长、宽、高尺寸分别为1m、0.8m和1m。

四、实验步骤

1. 进行移动式货架的实际操作，并总结各种设备的性能参数和使用特点。
2. 进行托盘式货架的实际操作，并总结各种设备的性能参数和使用特点。

3. 进行重力式货架的实际操作，并总结各种设备的性能参数和使用特点。
4. 进行旋转式货架的实际操作，并总结各种设备的性能参数和使用特点。
5. 进行可折叠式货架的实际操作，并总结各种设备的性能参数和使用特点。
6. 进行抽屉式货架的实际操作，并总结各种设备的性能参数和使用特点。
7. 根据给定的操作使用要求进行分析，进行存储设备的具体选型。

五、实验报告题目

1. 以移动式货架为存储设备，以表 11 -1 所示的操作对象为例进行分析。

表 11 -1　存储设备操作对象表

货物名称	单位	重量（kg）	几何尺寸（m×m×m）	数量	在库时间（天/月）	作业次数（次/日）	备注
A1	箱	20	0.5×0.5×0.35	10	8	10	
B1	箱	30	0.6×0.5×0.35	15	10	8	
C1	个	50	0.7×0.65×0.5	12	12	2	限一层
D1	箱	45	0.6×0.5×0.4	8	15	1	
E1	箱	56	0.5×0.5×0.5	9	18	5	
F1	箱	22	0.4×0.3×0.35	10	2	12	
G1	箱	2	0.2×0.15×0.2	22	6	5	
A2	箱	34	0.6×0.5×0.3	23	7	15	
B2	个	50	0.5×0.5×0.4	34	12	12	限一层
C2	箱	30	0.6×0.55×0.35	56	3	9	
D2	箱	45	0.5×0.5×0.40	80	8	10	
E2	箱	34	0.6×0.5×0.40	20	10	30	
F2	箱	53	0.5×0.5×0.35	34	15	4	
G2	箱	23	0.6×0.5×0.45	56	18	3	
A3	箱	15	0.45×0.4×0.4	12	10	2	
B3	箱	18	0.6×0.5×0.45	6	7	1	
C3	箱	20	0.5×0.5×0.4	9	5	6	
D3	箱	46	0.6×0.5×0.4	12	2	8	
E3	箱	80	0.5×0.5×0.3	15	9	10	
F3	箱	34	0.6×0.5×0.25	12	10	6	
G3	箱	9	0.4×0.2×0.35	35	5	8	
A4	箱	64	0.6×0.5×0.65	6	6	10	

进行货位的整理规划，可与普通货位进行对比，说明采用移动式货架的优势。

2. 以存储设备操作对象表中的数据为基础采用托盘作为存储单元，说明采用的存储策略，并与移动式货架进行对比，说明该类存储方式的优势。

3. 以存储设备操作对象表中的数据为基础采用重力式货架作为存储单元，说明采用的存储策略，并与移动式货架以及托盘式进行对比，说明该类存储方式的优势。

4. 以存储设备操作对象表中的数据为基础采用旋转式货架作为存储单元，说明采用的存储策略，并与移动式货架以及托盘式进行对比，说明该类存储方式的优势。

5. 根据实际操作情况，对比说明采用托盘作为存储单元所带来的优势和劣势。

6. 分析实验过程中可折叠式货架的工作状态下以及折叠存储状态下的占地比例，分析选用该类货架的适合场所。

7. 对抽屉式货架存储货物的装卸搬运操作流程进行分析，总结货物存储状态对配送中心其他作业的影响。

8. 结合实验对比说明采用不同种类的存储货架需选择的与装卸搬运作业配合使用的设备，并对比分析相应的存取作业效率。

9. 通过实验对比说明采用其他类型货架是否可以提高存储设备操作对象表所示货物的存储能力。

10. 结合实验说明存储对象的哪些物理性能或化学性能对储存能力造成影响。

11. 结合实验说明存储区域规划设计应考虑的主要因素。

12. 案例分析。

自动化技术在自动旋转货架中的应用

作为物流系统中的重要设备，自动旋转货架功能如此完善、便利，主要在于将先进的现代自动化技术与计算机技术运用其中。过程监控是实现自动旋转货架实时控制的重要组成部分。在自动化仓库的实际作业过程中，需要对作业信息及运行设备的状况进行监视和治理。监视调度系统根据主机系统的作业命令，按运行时间最短、作业间的公道配合等原则对作业的先后顺序进行优化组合排队，并将优化后的作业命令发送给各控制系统，对作业进程进行实时监控。监控操纵台可以对机械设备的位置、动作、状态、货物承载及运行故障等信息进行显示，以便操纵。职员对现场情况进行监视和控制，并可通过操纵台上的控制开关或键盘对设备进行紧急操纵。

自动旋转货架的信息治理是基于现代信息治理理论和现代控制理论而创立的一个分支。对于一个自动化仓库来说它可以是独立的，但对于一个企业，它又是其治理信息系统（MIS）的一个子系统。它不仅对信息进行治理，也对物流进行治理和控制，集信息流和物流于一体，是现代化企业物流和信息流治理的重要组成部分。计算机治理系统（主机系统）是自动化仓库的核心，一般由较大的计算机组成，有的甚至构成计算机网。它应具有大容量、高速度的强大的功能，这个系统处理整个仓库生产活动中的主要数据。自动化仓库治理系统的主要功能是对仓库所有进、出库活动进行最佳登陆的控制，并对数据进行统计分析，以便使决策者及早发现题目，采取相应的措施，最大限度地降低库存量，加快货物流通，创造经济和社会效益。计算机治理系统采纳了先进的自动化检测原理，对于每一个进库出库的货物都能够可靠地知道其动向。采用货物定位装置可自动安排货物进库，可固定某种货物于某个特定货位，也可随机选取空货位进行进库。进出库使用无线手持终端及条码技术可使仓库自动识别货物。由升降电动机及链条驱动的自动升降装置可实现多层货物储存。采用了先进的 WMS 标准在库治理系统，从订单的处理到货物的完全进出库全面控制治理，并自动添加电子文档记录。现场总线是一种串行的数字数据通信链路，沟通了生产过程领域的基本控制设备（即现场级设备）之间，以及更高层次自动控制领域的自动化控制设备（车间级设备）之间的联系。

自动旋转货架作为工厂生产物流的一个子系统还必须利用各种输送机、叉车、自动搬运小车、升降机或其他机械将高货架区和作业区连成一体，构成出进库运输系统，最终形成立体仓库的物流系统。为了建设高效化、省力化和自动化的物流配送中心，设计者和应用商必须认真思考的题目之一是选用什么样的搬运设备才能满足进货发货要求？选用什么样的储存设备才能方便而高效地存取货物？选用什么样的运送设备才能使货物由这个作业区快速、高效和正确地移动到另一个作业区？水平式自动旋转货架作为一种快速、高效的储存设备和自动旋转货架的核心，已经被越来越多的物流配送中心采用。相信在未来的几年内，越来越多的自动化技术将会被自动旋转货架所应用，多层水平式回转自动仓库将会被广泛地应用于物流行业的各个领域。在自动化技术日益进步的今天，多层水平式回转自动仓库将紧跟现代技术，在自控技术领域将一直保持着同行业领先地位。由于自动化仓库治理系统的主要功能在于利用其技术和功能最大限度地降低库存量，加快货物流通，创造经济和社会效益，所以，我们没有理由不相信自动化技术在自动旋转货架中的应用远景将日益广阔。

（案例来源：中国百科网，略有删改）

问题分析：

（1）请结合实验和案例分析自动化回转货架的管理控制系统应具备的优化功能。

（2）请结合实验和案例分析自动化回转货架与装卸搬运设备匹配应考虑的重要性能参数有哪些。

实验十二　入库作业调度实验

【实验准备知识】

入库作业是指仓储部门按照存货方的要求合理组织人力、物力等物流作业资源，按照入库作业程序，认真履行入库作业各环节的职责，及时完成入库任务的工作过程。

入库作业是仓储作业的重要组成部分，是仓储作业空间与外界的重要接口，其作业水平受到多个影响因素制约。影响入库作业的因素主要包括货品供应商及货物运输方式，商品种类、特性与数量，入库作业的组织管理情况等。根据不同的管理策略、货物属性、数量以及现有库存情况，自动设定货物堆码位置、货物堆码顺序建议，从而有效地利用现有仓库容量，提高作业效率。

一、入库作业的主要内容

商品入库作业的整个过程主要包括商品接运、商品入库验收、办理入库手续等一系列业务活动。

（一）商品接运作业

商品接运作业是指仓库对于通过铁路、水运、公路、航空等方式运达的商品，进行接收和提取的工作。接运的主要任务是准确、齐备、安全地提取和接受商品，为入库验收和检查做准备。接运的方式主要有车站码头提货、铁路专用线接车、自动提货和库内提货。

（二）商品入库验收作业

商品入库验收作业要进行数量点收和质量检验。数量点收主要是根据商品入库凭证清点商品数量，检查商品包装是否完整，数量是否与凭证相符。质量检验主要是按照质量规定标准，检查商品的质量、规格和等级是否与标准符合，对于技术性强、需要用仪器测定分析的商品，需有专职技术人员进行。

（三）办理入库手续

办理入库手续主要是指交货单位与库管员之间所办理的交接工作。其中包括商品的检查核对，事故的分析、判定，双方认定，在交库单上签字。仓库一面给交货单位签发接收入库凭证，并将凭证交给会计、统计入账、登记，一面安排存储位置，并提出保管要求。

目前，实际物流运作过程中入库作业的主要流程包括以下几个方面。

（1）接收入库通知，确认入库信息；

（2）通知仓储部准备存储位置并安排作业计划；

(3) 货到检查车辆等运输工作的外观，看有无安全隐患；

(4) 进行卸货作业质量控制，并对货物完成分类、分拣作业以及清单核对签字；

(5) 问题货物处理（拍照传客户，按照客户指示操作）；

(6) 按照预定库位入库，变更相应库位卡，并录入 WMS；

(7) 做入库通知并转交给相应客户。

二、入库作业处理系统

入库作业处理系统包括预定入库数据处理和实际入库作业两个系统。

（一）入库作业数据处理

预定入库数据处理可打印定期入库数据报表，为入库月台调度、入库人力资源及相应设备等资源分配提供参考。其数据来自采购单上的预定入库日期、入库商品、入库数量，供应商预先通告的进货日期、商品及入库数量。

实际入库作业发生在厂商交货之时，输入数据包括采购单号、厂商名称、商品名称、商品数量等，可输入采购单号来查询商品名称、内容及数量是否符合采购内容，并用以确定入库月台，然后由仓管人员指定卸货地点及摆放方式，并将商品叠于托盘上。仓管人员检验将修正入库数据输入，包括修正采购单并转入库存入库数据库，同时调整库存数据库。退入库的商品也需检验。这种入库数据既是订单数据库、出货配送数据库、应收账款数据库的减项，又是入库数据库及库存数据库的加项。

（二）入库作业的后处理

商品入库后有两种处理方式：立即出库或上架出库。对于立即出库的状况，入库系统需备待出库数据查询，并链接派车计划及出货配送系统。当入库数据输入后即访问订单数据，取出该商品待出货数据，将此数据转入出货配送数据库，并修正库存可调用量。采用上架入库再出库时，入库系统需具备货位指定功能或货位管理功能。货位指定功能是指当入库数据输入时即启动货位指定系统，由货位数据库、产品明细数据库来计算入库商品所需货位大小，根据商品特性及货位储存现状来指定最佳货位，货位的判断可根据诸如最短搬运距离、最佳储运分类等法则来选用。货位管理系统主要完成商品货位登记、商品跟踪，并提供现行使用货位报表、空货位报表等作为货位分配的参考。也可以不使用货位指示系统，由人工先行将商品入库，然后将储存位置登入货位数据库，以便商品出库及商品跟踪。

【实验报告】

入库作业调度实验

一、实验目的

1. 掌握入库作业的基本作业步骤;
2. 熟悉入库作业的基本流程安排;
3. 具备基本的入库作业优化安排技能。

二、实验内容

了解入库作业的基本作业内容、基本流程安排和基本评价,并对给定的任务进行分解,制订详细的作业计划。

三、实验器材

入库作业环境模拟系统一套,包括基本的月台2个、叉车2台、手动搬运车5个、托盘10个、货架5组,可以根据具体要求提供模拟设备及设施,提供若干种模拟货物以及模拟工作人员15个,均具备基本操作技能。计时器材若干,记录数据器材若干。

提供基本的入库作业数据,如表12-1~表12-10所示。(空白处表明无具体信息,可以根据实验要求具体设定)

表12-1 入库任务单1

入库作业任务编号		1	联系人	张三	
企业名称		永兴食品厂	联系方式	13912345678	
预计到达时间		10点	运输工具类型	厢式货车	
送货品名	单位	重量(kg)	几何尺寸(m×m×m)	数量	备注
糕点A	箱	20	0.5×0.5×0.35	30	无托盘包装
糕点B	箱	30	0.5×0.5×0.35	50	托盘裹包

表12-2 入库任务单2

入库作业任务编号		2	联系人	李四	
企业名称		昌盛饮料厂	联系方式	13012345678	
预计到达时间		10点30分	运输工具类型	厢式货车	
送货品名	单位	重量(kg)	几何尺寸(m×m×m)	数量	备注
酸枣汁	箱	4	0.4×0.35×0.3	60	玻璃瓶装
矿泉水	箱	6	0.4×0.35×0.3	35	
红茶	箱	7	0.5×0.4×0.2	35	

表 12-3　　入库任务单 3

入库作业任务编号		3	联系人	王亮	
企业名称		顺达快运	联系方式	13112345678	
预计到达时间		8 点 30 分	运输工具类型		
送货品名	单位	重量（kg）	几何尺寸（m×m×m）	数量	备注
饮料 A	箱	10	0.5×0.5×0.3	200	玻璃瓶装
饮料 B	箱	5	0.35×0.35×0.25	65	
饮料 C	箱	6	0.4×0.4×0.2	75	

表 12-4　　入库任务单 4

入库作业任务编号		4	联系人	赵洪	
企业名称		嘉宏快运	联系方式		
预计到达时间			运输工具类型		
送货品名	单位	重量（kg）	几何尺寸（m×m×m）	数量	备注
	箱			100	玻璃瓶装
	箱			65	
	箱			80	

表 12-5　　入库任务单 5

入库作业任务编号		5	联系人	孙丽	
企业名称		大昌快运	联系方式	13212345678	
预计到达时间			运输工具类型		
送货品名	单位	重量（kg）	几何尺寸（m×m×m）	数量	备注

注：送货单显示为零担拼车货物，未有详细信息。

表 12－6 入库任务单 6

入库作业任务编号		6	联系人	周玉海	
企业名称		清远乳品厂	联系方式	13312345678	
预计到达时间		9 点 30 分	运输工具类型	厢式货车	
送货品名	单位	重量（kg）	几何尺寸（m×m×m）	数量	备注
早餐汁	箱	5	0. 35×0. 3×0. 25	1000	

表 12－7 入库任务单 7

入库作业任务编号		7	联系人	王新成	
企业名称		华诚食品厂	联系方式	13512345678	
预计到达时间		9 点 45 分	运输工具类型	厢式货车	
送货品名	单位	重量（kg）	几何尺寸（m×m×m）	数量	备注
方便面	箱	3	0. 3×0. 3×0. 3	600	

表 12－8 入库任务单 8

入库作业任务编号		8	联系人	罗雨欣	
企业名称		达成食品厂	联系方式	13612345678	
预计到达时间		8 点 45 分	运输工具类型		
送货品名	单位	重量（kg）	几何尺寸（m×m×m）	数量	备注
饼干	箱	5	0. 25×0. 25×0. 25	500	

表 12－9 入库任务单 9

入库作业任务编号		9	联系人	马晶	
企业名称		顺景肉制品厂	联系方式	15612345678	
预计到达时间		10 点 45 分	运输工具类型		
送货品名	单位	重量（kg）	几何尺寸（m×m×m）	数量	备注
火腿肠	箱	20	0. 5×0. 35×0. 2	500	
风干肠	箱	30	0. 65×0. 35×0. 2	500	

表 12－10　　入库任务单 10

入库作业任务编号		10	联系人	刘华	
企业名称		汤山农产品厂	联系方式		
预计到达时间			运输工具类型		
送货品名	单位	重量（kg）	几何尺寸（m×m×m）	数量	备注
鸡蛋	箱	20	0.6×0.35×0.2	500	
鸭蛋	箱	30	0.65×0.35×0.2	500	

四、实验步骤

按照实验指导教师的统一安排进行入库基本作业的操作，并熟悉基本的入库作业流程，根据给定的入库作业任务，制订基本的作业计划。

对完成的作业进行统计分析，对入库作业区进行规划设计。

五、实验报告题目

1. 以入库任务单为例，进行入库模拟作业演练，总结说明入库作业的基本作业步骤。

2. 对比各种叉车等器具的作业特性，分析采用不同种类设备的优势和劣势。

3. 以入库任务单为例，进行入库模拟作业演练，说明影响入库作业质量的主要影响因素，并建立入库作业评价表。

4. 以现有的入库作业系统为作业背景，说明人员设备的安排计划，并阐述该计划制订的基本原则。

5. 根据入库作业的特点，说明需要的作业单据类型，并制定合理的入库作业单样式。

6. 总结入库作业特征，建立入库作业看板，设计看板样式以方便人员作业安排。

7. 在入库作业中出现了高压易爆物品，请简述应遵循的主要国家安全标准，并说明应采用的主要防护措施。

8. 根据工作需要编制相应的入库管理人员和作业人员的工作责任。

9. 作业中可以引入 RFID 手持终端辅助作业，请说明为提高作业质量和能力该终端所应具备的基本作业功能。

10. 结合实验说明作业过程中应记录的信息，传递给作业调度控制系统以便于下一步作业开展。

11. 结合说明入库作业区域的基本功能划分，并详述各个区域的主要功能。

12. 结合实验说明在入库作用选用托盘或者台车等作为辅助工具所带来的优势和劣势。

13. 分析在入库调度中应如何确定货物属于越库作业的范畴，并应如何处理。

14. 案例分析。

管理可视化

目前，管理方面对可视化的需求越来越多，以叫号系统为例，需要辅助显示技术进行人员提示。如图 12－1 所示。

图 12－1 叫号显示屏示意

对于作业人员进行必要的提示是非常重要的，可以提高管理水平，降低出错率。

问题分析：

请结合实验和案例分析应该在入库作业的哪一作业区域、哪一作业环节中使用该类设备。

实验十三　带式输送机应用实验

【实验准备知识】

一、带式输送机应用场合及特点

带式输送机是以封闭无端的输送带作为牵引构件和承载构件的连续输送货物的机械设备，主要用于水平方向或坡度不大的倾斜方向连续输送散粒货物，也可用于输送重量较轻的大宗成件货物。带式输送机输送线路可以呈水平、倾斜布置或在水平方向、垂直方向弯曲布置，因而受地形条件限制较小。带式输送机特点是输送距离大。优点是输送能力大、生产率高、结构简单、基建投资少、营运费用低、工作平稳可靠、操作简单、易实现自动控制，同时安全可靠。正是由于其优越的特点，使其应用场合遍及仓库、港口、车站、工厂、煤矿、矿山、建筑工地。但带式输送机不能自动取货，当货流变化时需要重新布置输送线路。

二、带式输送机的一般结构

根据工作需要，带式输送机可做成工作位置不变的固定式输送机或可以搬运的移动式输送机，也可做成输送方向能改变的可逆式输送机；同时还可做成机架伸缩以改变距离的可伸缩式带式输送机。带式输送机结构一般都由金属结构机架，装在头部的驱动滚筒和装在尾部的张紧滚筒，绕过头、尾滚筒和沿输送机全长上安置的上支承托辊、下支承托辊的无端的输送带，以及包括电动机、减速器等在内的驱动装置，装载装置，卸载装置和清扫装置等组成，如图 13－1 所示。

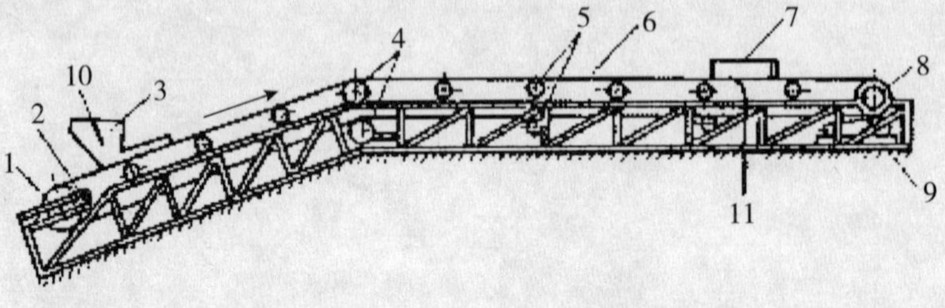

图 13－1　带式输送机的结构示意

1—张紧滚筒；2—张紧装置；3—装载装置；4—改向滚筒；5—支承托辊；6—胶带；7—卸载装置；8—驱动滚筒；9—驱动装置；10—装料；11—卸料

（一）输送带

输送带用于传递牵引力和承载被运货物，因此，要求它具有较高强度、较好挠性、重量小、延伸率小、吸水性小、不易分层，耐磨。常用的输送带有橡胶带、钢带、网状钢丝带、塑料带等类型。

（二）驱动装置

驱动装置是将牵引力通过滚筒输送带，使其能承载并运行的装置。驱动装置主要由电动机、传动系统、驱动滚筒等部分组成。

（三）托辊

托辊用于支承输送带及上面物料，托辊的质量影响胶带的使用寿命和胶带的运行阻力。

（四）张紧装置

张紧装置的主要作用是补偿带的伸长量，防止皮带运行打滑。

（五）换向装置

换向装置主要是用来改变输送方向的装置。

此外，有的带式输送机还包括制动装置、清扫装置等组成部分。

三、带式输送机的工作过程

工作时无端输送带绕过驱动滚筒和张紧滚筒，利用输送带与驱动滚筒之间的摩擦力驱使输送带运动，物料通过装载装置送到输送带上，随着输送带的运动一起被输送到卸载地点，通过卸载装置或端部滚筒，物料从输送带上卸出。如果要使货物在中间的任何位置卸出，则要另装卸载小车来完成。输送带经清扫装置和下支承托辊返回到进料处。

【实验报告】

带式输送机应用实验

一、实验目的

1. 掌握带式输送机的基本性能和结构；

2. 熟悉带式输送机的配置和选型的原则及方法；

3. 熟悉带式输送机的拆装和使用步骤。

二、实验内容

根据实际操作掌握带式输送机的基本性能参数，通过变更传输对象等分析带式输送机的适用性，通过拆装实验掌握带式输送机的基本结构，并掌握绘制带式输送机的基本结构图。

三、实验器材

带式输送机2~3台，拆装工具一套，不同种类纸箱、周转箱若干，高速调节装置一套，秒表记时装置一个，外形测试工具一套，不同外形的货物若干（包括散货以及椭球形等货物）。要求提供移动式带式输送机、可伸缩式带式输送机、窄条式带式输送机以及管状带式输送机的模型。

四、实验步骤

1. 利用给定的货物在带式输送机上进行传输测试，掌握带式输送机的基本性能参数，利用拆卸工具进行拆装，并测量具体部件尺寸绘制带式输送机结构图。

2. 调节参数测试带式输送机的基本性能。

3. 通过更换传输对象分析带式输送机的传输对象的适用性。

4. 将多段皮带进行组合使用，变换运行速度，完成货物的传输作业。

5. 观察、对比不同类型的带式输送机模型，并利用货物进行输送模拟仿真玻璃等物料的传输，以及货运车辆卸货等作业，分析其适用性。

五、实验报告题目

1. 通过高度调节装置，调整带式输送机的倾斜度，分析其对带式输送机性能参数的影响。

2. 将多组带式输送机组合使用，通过调节其速度分析产生的效果，并简述利用带式输送机组合成为集放设备所应采取的控制策略。

3. 通过带式输送机传输椭球形等异性货物，说明可以采取的主要措施，并总结为提高带式输送机通用性可采用的基本方法。

4. 通过带式输送机传输粉末状散货，分析对于散装形式的货物可以采用的传输改造方式。

5. 根据实际操作情况，建立带式输送的基本性能参数表。

6. 以人工作业形式装载货物至带式输送机上，带式输送机另一端采用人工接收货物，调整带式输送机速度以及工人数量，说明传输设备与其辅助工作人员配置的对应关系。

7. 绘制带式输送机的结构简图。

8. 通过实验总结带式输送机的货物属性特征、设备属性特征以及作业要求属性之间的对应关系。

9. 结合实验说明利用窄条式带式输送机（见图 13－2）输送玻璃等货物的优势。

图 13－2　窄条式带式输送机

10. 结合实验说明利用伸缩式带式输送机的适用性。

11. 案例分析。

长距离皮带机实施案例汇总

自带式输送机诞生以来，人们一直不懈努力向增大单机跨度、提高输送速度、拓展输送机宽度等方向发展。目前，世界上已经生产出单机跨度超过 10km、带宽超过 3m、带速超过4m/s、高度集控管理的大型带式输送机，极大地提高了短距离输送的能力。以下为收集的长距离输送带应用案例。

(1) 北京约基同力机械制造有限公司案例

北京约基获山东彼那尼荣安水泥公司长距离3.2km曲线带式输送机项目，该项目除了带宽1200mm、机长3200m的长距离带式输送机外，还包含破碎站、转运站及全部电控系统、土建钢结构的设计、制作、施工、安装、调试工作。该输送机的提升高为负32m，每小时输送1400t石灰石，沿线全部架空，线路中有曲率半径500m的水平弯。预计2012年7月前投入运转。

(2) 天津实施案例

天津港口管理处利用带式进行货物运输，由E. J. O'Donovan&Associates设计，由Conveyor Ltd. of Australia公司承建，长达9km的输送距离用4台1500kW电机驱动，如图13-3所示。

图13-3 天津港实施案例

(3) 华润水泥应用案例

2010年，安能公司凭借雄厚的综合实力和良好的品牌信誉中标全长规划约48km的华润水泥（封开）项目皮带廊工程，单条皮带每小时可输送石灰石2500t，该皮带廊在封开境内横跨5个镇，堪称"世界最长水泥原料运输带"。物料运输主干线分别使用ST2250-1400、ST2850-1400、ST3150-1400型输送带。该输送机总长40km，胶带总长168km，一期共有硫化接头162个。

(4) 非洲应用案例

西班牙的西撒哈拉带式输送机线路是世界上最长的长距离输送机线路。该线路长达100km，用来将位于石质高原地区的布克拉露天矿的磷灰石矿石运往艾汾阿雍海港。此线路于两年半内建成，并于1972年使用，西班牙的一些专家是在技术经济方面进行周密的研究后才做出采用带式输送机运输这一选择的。专家们曾将输送机运输、管道运输、汽车运输和铁路运输各种方案进行过比较。该系统总投资额为2亿马克。服务年限为30年，年平均运输量为1000万吨磷灰石矿石（2000t/h）。每吨千米的运费为0.026法郎，整条线路由长为6.9～11.8km的11台输送机组成。单台输送机的长度有时选为9km以上在经济上也是合算的，因为可以减少传动站和转载站的数量。根据计算，如果再增大输送机的长度需要选择强度更大的输送带，而且费用将明显增加。输送机采用宽为1000mm，强度为3150N/mm的钢绳芯输送带，带速为4.5m/s。输送带的安全系数为6.7～10。输送机设有顶棚，迎风侧装有护板。借助声纳检测器可以发现损坏的托辊。

(5) 澳大利亚实施案例

澳大利亚恰那矿20km地面带式输送机系统是代表了现代带式输送机发展水平的一条输送线。该输送系统由一条长为10.3km的平面转弯带式输送机和一条10.1km的直线长距离带式输送机构成。转弯带式输送机的曲率半径为9km，弧长为4km。两条输送机除线路参数外，其他参数相同，运输能力为2200t/h，带宽1050mm，输送带抗拉强度为3000N/mm，安全系数为5，拉紧装置为重锤拉紧。允许行程为25m，驱动采用3台700kW直流电动机，双滚筒驱动。该机在25℃下每台电动机的牵引功率小于330kW，相应摩擦系数分别为直线输送机0.00998，转弯输送机0.011。

(6) 印度应用案例

从印度的Meghalaya邦的矿山向孟加拉的水泥厂输送，中间不配置任何传动装置，总长为16.515km，带宽为0.8m，输送能力为1000t/h，不仅横跨两国边界，还跨越沼泽地和许多高山、河流、乡间小道和稻田。由德国凤凰传动带公司设计制造，印度Lansen&Toubro公司承建。图13－4是可参考的长距离皮带机相关的图片。

图13－4　长距离皮带机

问题分析：

请结合实验和案例分析选用带式输送机作为传输介质的原因。

实验十四　库位管理实验

【实验准备知识】

库位管理是用来规范货品的恰当储存方式，并进行空间最优的储位分配以实现最佳的货位布局，将仓储作业管理成本节约最大化。良好的库位管理可以为仓库提高作业效率、降低成本、增加货品吞吐量、改善劳动力的使用、减少工伤，更好地利用空间和减少产品的破损。

一、仓库管理中的库位管理的要求

库位管理基本要求应该是货位划分清晰、标识统一、标识卡填写规范。货位与标识规范的要求使即便仓管人员从来没有见过某个货品，他只要知道存放该货品的货位，能够认清标识，就可以准确、快速地找到相应的货品。结合仓库管理软件系统，快速准确地定位和跟踪货品在仓库中的存储过程。只要实现了货位与标识规范化管理，并与仓库管理软件系统统一融合，产品的入库、配货、整理、盘点、追踪也将变得简单易行，再通过加强仓库现场管理、堆放的标准化，仓储管理中的物流与信息流的统一就不再困难。

二、仓库管理中的库位管理的内容

（一）货品入库

首先要解决和明确的就是要存放的货位，货位确定后，就可以完成堆码作业，这样才能减少不必要的重复倒运。货物堆放好后必须要有明确的标识以方便管理，达到账、卡、物一致。入库前通过仓库管理信息系统很容易查询到相应货物在仓库的堆放货位信息，为相应的货物整理出空间，使得同一货物能堆放在同一货位上，提高仓库空间的使用率。

（二）货品出库

货品出库首先要解决的是根据拣货单提供的信息到相应的货位上拿出正确的货号、尺码、数量的货品，同样要求达到账、卡、物一致。通过仓库管理信息系统自动查询同样很容易在拣货单上提供相应货物在货位上的库存信息。

（三）货品整理

对仓库的货品进行整理并且货品在仓库中发生货位转移时，同样要求做到账、卡、物一致。通过仓库管理信息系统提供的货位库存查询、货位库存货品分析、货位盘点等工具，将大大提高货物整理的准确性和高效性。

在仓库日常管理中之所以会发生这样那样的错误，究其原因就在于库位管理混乱，标识不清，仓库系统账、货位标识卡、实物不一致。反之，货位与标识管理清晰，不但可以在日常管理中减少很多浪费和重复的工作，而且可以借助仓库管理软件系统做数据处理和库存数据分析，大大提高工作效率。不但有助于提高库存准确率，还可以减少基于纸面的管理和相关费用。

三、货位与标识管理是仓库管理现代化的必要手段

条码技术的应用对于物流的意义在于物流与信息流的结合，在没有应用条码技术的时代，不管是人工处理还是计算机软件系统都存在一个问题，那就是操作中出现差错的概率非常大，如出入库、盘点过程等。条码技术形成后，条码在物资管理中的应用大大减少了出错的可能性，而且条码还可以保证数据的准确性和唯一性，使用条码既方便又快捷。

总而言之，在仓库管理中，对货品存放的货架、货位，每个货位储存货品的品种数量、货品的颜色、尺码相关信息，利用条码技术就可对这些信息随时进行采集处理。结合管理信息系统和实物盘点可以轻易获取物资的库存状况、查询货品存放的货位，进行库存货品的库存结构平衡。由此可见，仓库管理现代化仍然离不开货位与标识的管理。

【实验报告】

库位管理实验

一、实验目的

1. 理解库位管理的基本原则；
2. 掌握基本库位管理作业的调度安排方法；
3. 掌握货位的标识方法。

二、实验内容

对库位管理作业的基本方法进行介绍，梳理库位管理作业的基本流程安排，总结对比库位管理作业能力的原则，并根据给定的任务进行数据分析，制订详细的库位管理作业计划。

三、实验器材

自动化立体仓库模拟设备一套，共有600个货位，采用标准托盘，其尺寸为1.2m×1m×0.15m，单个存储单元的高度为1m，承载量为1000kg，为2排、15层、20列，货物出入口均在同一侧；普通货架两行，单层存储空间长、宽、高尺寸分别为1.5m、0.6m和0.8m，单层最大存储重量为150kg，共有600个货位，为10排、3层、20列。

模拟货物若干，计时器材若干，记录数据器材若干。

提供基本的货物存储作业数据，如表14-1所示。（空白处表明无具体信息）

表14-1 上月1日货物存储记录

货物名称	单位	重量（kg）	几何尺寸（m×m×m）	数量	所属公司	作业次数（次/月）	备注
A1	箱	20	0.5×0.5×0.35	10	华新	10	
B1	箱	30	0.6×0.5×0.35	15	鑫达	8	
C1	个	50	0.7×0.65×0.5	12	中发	2	不可堆垛
D1	箱	45	0.6×0.5×0.4	8	宇通	1	
E1	箱	56	0.5×0.5×0.5	9	华大	5	
F1	箱	22	0.4×0.3×0.35	10	新宇	12	
G1	箱	2	0.2×0.15×0.2	22	顺昌	5	
A2	箱	34	0.6×0.5×0.3	23	中发	15	

续 表

货物名称	单位	重量（kg）	几何尺寸（m×m×m）	数量	所属公司	作业次数（次/月）	备 注
B2	个	50	0.5×0.5×0.4	34	宇通	12	不可堆垛
C2	箱	30	0.6×0.55×0.35	56	华大	9	
D2	箱	45	0.5×0.5×0.40	80	新宇	10	
E2	箱	34	0.6×0.5×0.40	20	顺昌	30	
F2	箱	53	0.5×0.5×0.35	34	中发	4	
G2	箱	23	0.6×0.5×0.45	56	宇通	3	
A3	箱	15	0.45×0.4×0.4	12	华大	2	
B3	箱	18	0.6×0.5×0.45	6	新宇	1	
C3	箱	20	0.5×0.5×0.4	9	华宇	6	
D3	箱	46	0.6×0.5×0.4	12	鑫达	8	
E3	箱	80	0.5×0.5×0.3	15	诚峰	10	
F3	箱	34	0.6×0.5×0.25	12	星创	6	
G3	箱	9	0.4×0.2×0.35	35	银创	8	
A4	箱	64	0.6×0.5×0.65	6	华通	10	
B4	箱	5	0.3×0.5×0.15	7	顺昌	12	
C4	箱	25	0.6×0.5×0.45	9	中发	25	
D4	箱	34	0.5×0.5×0.35	12	宇通	8	
E4	箱	23	0.6×0.5×0.4	2	华大	20	
F4	箱	10	0.5×0.5×0.2	6	华宇	8	
G4	箱	8	0.45×0.3×0.25	10	鑫达	15	

四、实验步骤

1. 按照实验指导教师的统一安排进行库位管理作业的操作。
2. 熟悉基本的库位管理原则。
3. 根据给定的入库作业任务，制订基本的作业计划。
4. 在作业过程中详细了解作业的基本要求，并制作适当的单据。

五、实验报告题目

1. 根据确定的基本货物管理原则，按照表14－1提供的基本数据进行自动化立体仓库货物安排，并简述基本原则。

2. 分析自动化立体仓库和普通层式货架采用人工管理在货物位置安排上的主要区别。

3. 对于自动化立体仓库分析其基本的货位编码方法，并对货位进行实际标识，并说明标识的基本作用。

4. 进行货物存取基本操作，分析自动化立体仓储运行参数对货物管理的基本影响。

5. 结合实际作业说明盘点作业应具备的基本单据，并说明采取自动化立体仓库进行盘点所能采用的基本方法，并制作相应的单据，同时说明采用明盘和暗盘的优劣势。

6. 根据实验操作说明货位包装以及其他形式的标准化对库位管理的影响。

7. 结合实验说明采用周转箱作为库位管理单元的优势和劣势。

8. 通过实践操作总结库位管理的基本绩效考核参数。

9. 结合实验说明存储空间的物理货位和逻辑货位的区别。

10. 案例分析。

药品货位的设计应用

解放军第264医院药房承担着全院患者的诊疗药品供应任务，本院对药房进行扩建，改变工作环境，增加货架等设施，改善了药品的摆放条件，为确保患者用药，对药品货位进行了重新设计，并利用计算机进行管理，在临床服务中收到满意效果。

原有药房面积狭小，随着医保、新农合等患者的增多，用药品种和数量的增加，摆放药品的货架陈旧、数量少，货位标识不准确，摆药时不能准确快速地找到所需药品，延长取药时间，影响到临床用药，有的药品放在不符合阴凉、干燥、通风要求的位置。

根据药房扩建后的使用面积，购进货架47组，为多品种、大数量药品的摆药工作提供了方便。按药品的不同剂型摆放货架，分成针剂、片剂两大区域。以针剂为例，按占用面积设计成7个区（即7排），以不同品种进行分类上货架，如抗生素类、心血管类、消化类等，将药品分别定位存放，对有外包装的单剂量药品采用上货架的同时拆零分装的摆放方法，每种药品的前面都有一个统一制作的分装盒，盒上写清药物的名称（包括通用名、商品名）、规格、包装、厂家等。货架上的药品整装与拆零相结合摆放，为下次摆药做好充分的准备工作。

为了方便摆药，采用便于记忆和标识的英文字母与阿拉伯数字相结合的方法，对货架上摆放的药品进行详细的货区（货架摆放的位置）、货位（货架）、货层（层位）、货号（具体位置）设计编排，用英文字母A、B、C、D、E、F、G表示7个货区并同时标明了货架的先后排列顺序，A区和G区为6组货架，其他货区为4组货架。货位加用阿拉伯数字，如A1、A2、A3…，B1、B2、B3…表示单组货架及排列顺序。货层用A1-1、A1-2、A1-3、A1-4、A1-5等表示，货号用A1-1.1、A1-1. 2、A1-1.3，A1-2.1、A1-2.2…，B1-1.1、B1-1.2…表示，依次类推。制作规格大小一致的货位标牌，并统一粘贴在药品货架的左上角，以便于查找。

根据药品在货架上的具体摆放位置，在计算机上为其定制与货架上货位相统一的货位号。将药品在货架上货位的具体数据输入计算机软件的药品货位程序定制出详细的货位号。如干部病房通知摆两天的药，药工人员按照医嘱摆药条目和出药天数提取医嘱，打印出医嘱的分单和总单，在总摆药单药名的后面就有了货位标志。计算机软件有按A、B、C、D…顺序排列及按1、2、3、4…大小先后排列的功能，医嘱单上药品的排列顺序按A：A1、A2、A3…，B：B1、B2…，C：C1…，D，E，F，G排列，即同货架的先后排列顺序一致，摆药时从A货区进入取药，从G货位区出来就完成了全部药品的摆放工作。按医嘱单药品名后面的货位号对货架上药品的货位标牌及分装盒上的药名、规格、包装、厂家等，摆起药来取整取零都非常方便，实现货位流程摆药模式。如果要单摆400万单位的青霉素，进入计算机的货位查询系统，点击药名，然后点提取，显示出货位A2-3.1即A货区第2个货架的第3层第1个药品。

从本住院药房药品货位的设计应用到计算机管理，实现按医嘱单货位号流程顺序摆药，缩短了路程，缩短找药的时间，省时、省力，方便摆药工作，准确快速又不易出错，特别是通用名相同、包装类似的药品。货位号应用计算机进行管理，提高了管理手段，解决了多货区多货架、多货层的千种以上药品的货位号的设计编排问题，改变了货架药品的查找方法，规范了工作程序，药工人员摆药不用再到处找药品，减少忙乱。缩短了医护人员取药等待的时间，提高工作效率，保证临床及时用药，有利于更好地为患者服务。

（案例来源：解放军医院管理杂志）

问题分析：

请结合实验和案例分析该文所提及的方法对仓库货位管理的借鉴意义。

实验十五　物流运作成本统计分析实验

【实验准备知识】

物流成本（Logistics Cost）是指产品的空间移动或时间占有中所耗费的各种活劳动和物化劳动的货币表现。具体地说，它是产品在实物运动过程中，如包装、搬运装卸、运输、储存、流通加工等各个活动中所支出的人力、物力和财力的总和。

一、物流成本的构成

（1）伴随着物资的物理性流通活动发生的费用以及从事这些活动所必需的设备、设施费用。

（2）完成物流信息的传送和处理活动所发生的费用以及从事这些活动所必需的设备和设施费用。

（3）对上述活动进行综合管理所发生的费用。

二、物流成本的计算条件

根据物流成本的冰山理论，有很多项物流成本是隐藏的，物流成本可大可小，完全在于其计算的范围和方法。因此，在计算物流成本时，必须首先明确计算条件。如果无视计算条件，物流成本也就失去了存在的意义。物流成本的计算条件指物流范围、物流功能范围和会计科目范围。

（1）物流范围

物流范围顾名思义，指的是物流的起点和终点的长短。人们通常所讲的物流有原材料物流，即原材料从供应商转移到工厂时的物流；工厂内物流，即原材料、半成品，成品在工厂的不同车间、不同地点的转移和存储；从工厂到仓库的物流；从仓库到客户的物流，这个范围相当广阔。所以，从哪里开始到哪里为止，作为物流成本的计算对象会引起物流成本发生很大的变化。

（2）物流功能范围

物流功能范围是指在运输、保管、配送、包装、装卸、信息管理等众多的物流功能中，把哪种物流功能作为计算对象。把所有的物流功能作为计算对象与只把运输、保管这两种功能作为计算对象，所得到的成本会相差悬殊。

（3）物流成本计算科目范围

成本计算科目的范围所指的是在会计科目中，把其中的哪些科目列入计算对象的问题。在科目中有运费开支、保管开支这类企业外部的开支，也有人工费、折旧费、修缮费、燃料费等企业内部的支出。这么多开支项目，把哪些列入成本计算对象中对物流成本的大小影响颇大。所以，这三方面的范围选择决定着物流成本的大小。企业在制定计算条件时，绝不可盲目或大意，而应立足于本企业的实际情况来决定自己合理的物流成本计算范围。成本只有在相同的条件下进行比较时才能得出正确的结果。因此，为了各个企业间的相互比较，在计算物流成本时应尽快统一行业标准。

三、物流成本核算存在的主要问题

物流会计核算的范围、内容不全面，只涉及部分物流费用。目前，企业日常物流会计核算的范围着重于采购物流、销售物流环节，忽视了其他物流环节的核算。按照现代物流的内涵，物流应包括供应物流、生产物流、企业内部物流、销售物流、逆向物流等。与此相应的物流费用包括供应物流费、生产物流费、企业内部物流费等。

从核算内容看，相当一部分企业只把支付给外部运输、仓储企业的费用列入专项成本，而企业内部发生的物流费用由于常常和企业的生产费用、销售费用、管理费用等混在一起，因而容易被忽视，甚至没被列入成本核算。其结果导致物流成本的低估或模糊，影响了会计信息的真实性，不利于相关利益者以及企业内部管理者的决策。

物流会计信息的披露与其他成本费用的披露混杂。从物流会计信息的披露看，由于物流活动贯穿于企业经营活动的始终，因而对于相关物流费用的核算基本上并入产品成本核算之中，与其他成本费用混合计入相关科目。例如，对于因取得存货而发生的运输费、装卸费、包装费、仓储费、运输途中的合理损耗、入库前的挑选整理费等，作为存货的实际成本核算，进而作为销售成本的一部分从总销售收入中扣除以得到总利润。物流会计信息与其他信息的混杂致使有关物流的数据信息需从相关会计信息中归纳，过程复杂且数据的时效性差，不利于物流管理和绩效的评价。

部分物流费用是企业间接费用的一部分，其分配方法依然沿用传统会计方法。随着物流费用对企业利润贡献的加大，传统会计方法中间接费用依据生产过程中的直接人工工时或机器工时的分配不仅歪曲了产品、服务成本，不利于生产业绩的考核、评价，而且高级管理人员基于这些数据所作的决策也是不正确的。

四、物流成本的核算方法

（一）按支付形态划分并核算物流成本

把物流成本分别按运费、保管费、包装材料费、自家配送费（企业内部配送费）、人事费、物流管理费、物流利息等支付形态记账。从中可以了解物流成本总额，也可以了解什么经费项目花费最多。对认识物流成本合理化的重要性，以及考虑物流成本管理应以什么为重点十分有效。

（二）按功能划分并核算物流成本

分别按包装、配送、保管、搬运、信息、物流管理等功能来核算物流费用。从这种方法可以看出哪种功能更耗费成本，比按形态计算成本的方法能更进一步找出实现物流合理化的症结。而且可以计算出标准物流成本（单位个数、质量、容器的成本），进行作业管理，设定合理化目标。

（三）按适用对象划分并核算物流成本的方法

按适用对象核算物流成本，可以分析出物流成本都用在哪一种对象上。如可以分别把商品、地区、顾客或营业单位作为适用对象来进行计算。

按分店或营业所核算物流成本，就是要算出各营业单位物流成本与销售金额或毛收入的对比，用来了解各营业单位物流成本中存在的问题以加强管理。

按顾客核算物流成本的方法，又可分按标准单价计算和按实际单价计算两种计算方式。按顾客计算物流成本可用作为选定顾客、确定物流服务水平等制订顾客战略的参考。

按商品核算物流成本是指通过把按功能计算出来的物流费，用以各自不同的基准分配各类商品的方法计算出来的物流成本。这种方法可以用来分析各类商品的盈亏，在实际运用时，要考虑进货和出货差额的毛收入与商品周转率之积的交叉比率。

（四）采用 ABC 成本法核算物流成本

以活动为基础的成本分析法是控制物流费用最有效的方法。

以作业为基础，把企业消耗的资源按资源动因分配到作业，以及把作业收集的作业成本按作业动因分配到成本对象的核算方法。其理论基础是生产导致作业的发生，作业消耗资源并导致成本的发生，产品消耗作业。因此，作业成本法的成本计算程序就是把各种资源库成本分配给各作业，再将各作业成本库的成本分配给最终产品或劳务。

以作业为中心不仅能提供相对准确的成本信息，而且还能提供改善作业的非财务信息。以作业为纽带能把成本信息和非财务信息很好地结合起来，即以作业为基础分配成本，同时以作业为基础进行成本分析和管理。

应用作业成本法核算企业物流并进行管理可分为如下四个步骤。

1. 界定企业物流系统中涉及的各个作业

作业是工作的各个单位，作业的类型和数量会随着企业的不同而不同。例如，在一个顾客服务部门，作业包括处理顾客订单、解决产品问题以及提供顾客报告三项作业。

2. 确认企业物流系统中涉及的资源

资源是成本的源泉，一个企业的资源包括有直接人工、直接材料、生产维持成本（如采购人员的工资成本）、间接制造费用以及生产过程以外的成本（如广告费用）。资源的界定是在作业界定的基础上进行的，每项作业以及涉及的相关的资源与作业无关的资源应从物流核算中剔除。

3. 确认资源动因，将资源分配到作业

作业决定着资源的耗用量，这种关系称作资源动因。资源动因联系着资源和作业，它把总分类账上的资源成本分配到作业。

4. 确认成本动因，将作业成本分配到产品或服务中

作业动因反映了成本对象对作业消耗的逻辑关系，例如，问题最多的产品会产生最多顾客服务的电话，故按照电话数的多少（此处的作业动因）把解决顾客问题的作业成本分配到相应的产品中去。

五、物流成本分析的方法

物流成本分析的方法很多，下面简述一下全面分析和详细分析的主要内容。

（一）配送中心物流成本的全面分析

计算出配送中心物流成本之后，可以计算出以下各种比率，再用这些比率同前年、大前年比较来考察配送中心物流成本的实际状况，还可以与同行业其他企业比较或者与其他行业比较。

1. 单位销售额物流成本率＝物流成本/销售额×100％

这个比率越高则对价格的弹性越低，从连锁企业历年的数据中大体可以了解其动向。另外，通过与同行业和行业外进行比较，可以进一步了解配送中心的物流成本水平。

该比率受价格变动和交易条件变化的影响较大，因此作为考核指标还存在一定的缺陷。

2. 单位营业费用物流成本率＝物流成本/（销售额＋一般管理费）×100％

通过物流成本占营业费用（销售额＋一般管理费）的比率，可以判断连锁企业物流成本的比重，而且这个比率不受进货成本变动的影响，得出的数值比较稳定，因此，适合于做连锁企业配送中心物流合理化指标。

3. 物流职能成本率＝物流职能成本/物流总成本×100％

该指标可以明确包装费、运输费、保管费、装卸费、流通加工费、信息流通费、物流管理费等各物流职能成本占物流总成本的比率。

（二）配送中心物流成本的详细分析

通过全面分析可以了解物流成本的变化情况及变化趋势，但是对引起物流成本变化的原因还要进一步按照职能分类，对物流成本进行详细分析，然后提出对策。详细分析所用的指标有四类，通过这四类指标的序时分析或按配送中心内的部门、设施分类比较以及与同行业其他企业进行比较，就可以掌握物流成本的发展趋势及其差异。

1. 与运输、配送相关的指标

装载率＝实际载重量/标准载重量×100％

车辆开动率＝月总开动次数/拥有台数×100％

运行周转率＝月总运行次数/拥有台数×100％

单位车辆月行驶里程＝月总行驶里程/拥有台数

单位里程行驶费＝月实际行驶三费/月总行驶里程

（行驶三费＝修理费＋内外胎费＋油料费）

单位运量运费＝运输费/运输总量

2. 有关保管活动指标

仓库利用率＝存货面积/总面积×100％

库存周转次数＝年出库金额（数量）/平均库存金额（数量）＝年出库金额（数量）×2/（年初库存金额＋年末库存金额）

3. 有关装卸活动指标

单位人时工作量 = 总工作量/装卸作业人时数

（装卸作业人时数 = 作业人数 × 作业时间）

装卸效率 = 标准装卸作业人时数/实际装卸作业人时数

装卸设备开工率 = 装卸设备实际开动时间/装卸设备标准开动时间

单位工作量修理费 = 装卸设备修理费/总工作量

单位工作量装卸费 = 装卸费/总工作量

4. 有关物流信息活动指标

物流信息处理率 = 物流信息处理数量（传票张数等）/标准物流信息处理数（传票张数等）

六、物流成本管理方法

（一）通过采用物流标准化进行物流管理

物流标准化是以物流作为一个大系统，制订系统内部设施、机械设备、专用工具等各个分系统的技术标准。制订系统内各个分领域如包装、装卸、运输等方面的工作标准，以系统为出发点，研究各分系统与分领域中技术标准与工作标准的配合性，统一整个物流系统的标准。物流标准化使货物在运输过程中的基本设备统一规范，如现有托盘标准与各种运输装备、装卸设备标准之间能有效衔接，大大提高了托盘在整个物流过程中的通用性，也在一定程度上促进了货物运输、储存、搬运等过程的机械化和自动化水平的提高，有利于物流配送系统的运作效率，从而降低物流成本。

（二）通过实现供应链管理，提高对顾客物流服务的管理来降低成本

实行供应链管理不仅要求本企业的物流体制具有效率化，也需要企业协调与其他企业以及客户、运输业者之间的关系，实现整个供应链活动的效率化。正因为如此，追求成本的效率化不仅仅企业中物流部门或生产部门要加强控制，同时采购部门等各职能部门都要加强成本控制。提高对顾客的物流服务可以确保企业利益，同时也是企业降低物流成本的有效方法之一。

（三）借助于现代信息系统的构筑降低物流成本

要实现企业与其他交易企业之间效率化的交易关系，必须借助于现代信息系统的构筑，尤其是利用互联网等高新技术来完成物流全过程的协调、控制和管理，实现从网络前端到最终端客户的所有中间过程服务。一方面，各种物流作业或业务处理正确、迅速地进行；另一方面，能由此建立起战略的物流经营系统。通过现代物流信息技术可以将企业订购的意向、数量、价格等信息在网络上进行传输，从而使生产、流通全过程的企业或部门分享由此带来的利益，充分对应可能发生的各种需求，进而调整不同企业间的经营行为和计划，企业间的协调和合作有可能在短时间内迅速完成，这可以从整体上控制物流成本发生的可能性。同时，物流管理信息系统的迅速发展，使混杂在其他业务中的物流活动的成本能精确地计算出来，而不会把成本转嫁到其他企业或部门。

（四）从流通全过程的视点来加强物流成本的管理

对于一个企业来讲，控制物流成本不单单是本企业的事情，即追求本企业的物流效率化应该考虑从产品制成到最终用户整个流通过程的物流成本效率化，亦即物流设施的投资或扩建与否要视整个流通渠道的发展和要求而定。例如，有些厂商是直接面对批发商经营的，因此，很多物流中心是与批发商物流中心相吻合，从事大批量的商品输送。然而，随着零售业界便民店、折扣店的迅速发展，客户要求厂商必须适应零售业这种新型的业态形式，展开直接面向零售店铺的物流活动。因而，在这种情况下，原来的投资就有可能沉淀，同时，又要求建立新型的符合现代物流发展要求的物流中心或自动化的设备。显然，这些投资尽管从企业来看增加了物流成本，但从整个流通过程来看却大大提高了物流绩效。

（五）通过效率化的配送降低成本

对于用户的订货要求，尽量短时间、正确的进货体制是企业物流发展的客观要求。但是，随着配送产生的成本费用要尽可能降低，特别是多频度、小单位配送要求的发展，更要求企业采取效率化的配送，必须重视配车计划管理，提高装载率以及车辆运行管理。

一般来讲，企业要实现效率化的配送就必须重视配车计划管理，提高装载率以及车辆运行管理。通过构筑有效的配送计划信息系统可以使生产商配车计划的制订与生产计划联系起来进行。同时，通过信息系统也能使批发商将配车计划或进货计划相匹配，从而提高配送效率，降低运输和进货成本。

（六）通过削减退货来降低物流成本

退货成本也是企业物流成本中一项重要的组成部分，它往往占有相当大的比例，这是因为随着退货会产生一系列的物流费，退货商品损伤或滞销而产生的经济费用以及处理退货商品所需的人员费和各种事务性费用，特别是存在退货的情况下，一般是商品提供者承担退货所发生的各种费用，而退货方因为不承担商品退货而产生的损失。因此，容易很随便地退回商品，并且由于这类商品大多数数量较少，配送费用有增高的趋势。不仅如此，由于这类商品规模较小也很分散，商品入库、账单处理等业务也很复杂。因此，削减退货成本是物流成本控制活动中需要特别关注的问题。

物流成本降低是个持续不断的过程。物流系统优化是关系到企业的竞争能力、影响到企业赢利水平的重大问题，应从战略的高度规划企业的物流系统。同时，要协调各部门之间的关系，使各个部门在优化物流系统的过程中相互配合。

七、物流成本结构

物流成本主要有以下一些成本构成。

（一）库存费用

库存费用指花费在保存货物上的费用，除包括仓储、残损、人力费用及保险和税收外，还包括库存占压资金的利息。把库存占压资金的利息加入物流成本，这是现代物流与传统物流费用计算的最大区别，它把降低物流成本与加速资金周转统一起来。

（二）运输成本

一般而言，运输总成本包括货运、车队、燃料、设备维护、劳动力、保险、装卸、逾期滞留费用和税收等。尽管运输成本的名目繁多，不同的运输方式所包含的运输成本有不同的构成类别和范围，可以分为三类，即营运成本、管理费用和财务费，以便于成本计算。

（三）物流管理费用

物流管理费用指为了以最低的物流成本达到客户所满意的服务水平，在对物流活动进行计划、组织、协调与控制的过程中所花费的成本。

（四）隐性成本

隐性成本指由于物流运作不畅导致的库存费用增加所形成的资金利息成本、库存资金占用的机会成本、市场反应慢的损失以及管理不善造成的货物损失和损坏的成本，之所以称其为隐性成本是因为这部分成本很难用定量分析的方法进行估算。

八、影响物流成本的因素

影响物流成本的因素很多，主要涉及以下几个方面：产品因素、物流服务、核算方式以及物流运作方式。

（一）企业的产品是企业的物流对象

企业的产品是影响物流成本的首要因素。不同企业的产品，在产品的种类、属性、重量、体积、价值和物理、化学性质方面都可能不同，这些对企业的物流活动如仓储、运输、物料搬运的成本问题均会产生不同的影响。

（二）物流服务影响企业物流成本

随着市场竞争的加剧，物流服务越来越成为企业创造持久竞争优势的有效手段。更好的物流服务会增加收入，但同时也会提高物流成本。例如，为改进顾客服务水平通常使用溢价运输，这对总成本的影响是双方面的，运输成本曲线将向上移动反映更高的运输费用；库存费用曲线将向下移动反映由于较低的临时库存而导致平均库存的减少。

（三）核算方式影响物流成本

各企业不同的会计记账需要导致物流成本目前存在很多不同的核算方式，从而使各企业的物流成本除了“量”的差异外，还存在着“质”的差异。

我国尚未建立起企业物流成本的核算标准。在日本，虽然对物流成本的核算已经有了一套成型的标准，但并不是只统一为一种标准，而是提供了三种不同类别的核算方式，从不同角度对物流成本进行归集和对比，以指导和适应不同企业对物流成本核算的要求。

（四）物流运作方式影响物流成本

企业的物流运作方式分自营物流和外包物流两种。随着市场竞争的加剧，企业的物流运作方式从最初的所有物流业务全部自营，逐渐发展为部分物流业务的外包直至全部外包。其重要原因就是希望通过外包寻求企业物流成本的降低。

【实验报告】

物流运作成本统计分析实验

一、实验目的

1. 掌握配送中心作业成本的基本组成方式；
2. 熟悉配送中心作业成本的统计方法；
3. 掌握控制配送中心作业成本的控制方法。

二、实验内容

通过实际观察、测试掌握核算配送中心作业流程的基本成本的方法，以作业成本为导向对不同的作业模式进行分析对比，进而对作业成本的影响因素进行量化分析，结合实验数据对给定的作业进行分解得出成本的统计方法。

三、实验器材

配送中心基本作业演示系统一套，包括基本的存储、拣选、分拣以及出入库作业能力；计时器材若干，记录数据器材若干，作业成本统计软件一套。

实验前应完成对配送中心设备、人工成本支出情况的调研，获得相关数据。

四、实验步骤

1. 按照配送中心作业流程演示包括入库、存储、拣选、分拣以及分拣等作业。
2. 统计各个阶段的作业成本，并分析作业成本的影响因素。
3. 根据作业成本的影响因素计算不同操作类型的成本，并对作业流程进行进一步的优化。

五、实验报告题目

1. 以人工入库作业为例，分析人员、设备、场地的占用情况，并计算相应的入库作业成本。

2. 以自动化立体仓库存储作业为例，分析人员、设备、场地的占用情况，并计算相应的入库作业成本。

3. 以人工作业形式的普通货架仓库存储作业为例，分析人员、设备、场地的占用情况，并计算相应的入库作业成本。

4. 以叉车作业形式的普通货架仓库存储作业为例，分析人员、设备、场地的占用情况，并计算相应的入库作业成本。

5. 以自动分拣设备操作的分拣作业为例，分析人员、设备、场地的占用情况，并计算相应的入库作业成本。

6. 以自动拣选设备操作的分拣作业为例，分析人员、设备、场地的占用情况，得出拣选作业的成本统计方法。

7. 以人工拣选设备操作的分拣作业为例，分析人员、设备、场地的占用情况，并计算相应的入库作业成本。

8. 以人工出库作业为例，分析人员、设备、场地的占用情况，并计算相应的入库作业成本。

9. 以作业成本为导向对不同的作业模式进行分析对比，对作业成本的影响因素进行分析。

10. 分析作业成本与服务水平之间的对应关系，并举例说明。

11. 结合实际说明实验中所涉及物流作业发生错误的可能性，并分析可能带来的成本增加可能性。

12. 结合实验说明物流作业成本的基本构成，分析成本控制关键因素，并结合实例简述降低作业成本的基本措施。

13. 结合实际调研结果定性地对中国的“人口红利”现状进行分析，说明劳动力成本与设备投资之间的平衡点确定应考虑哪些因素。

14. 案例分析。

中美物流成本分析

目前，我国的社会物流总费用增长较快。2012 年社会物流总费用 9.4 万亿元，同比增长 11.4%，增幅比上年回落 7.1 个百分点。其中，运输费用 4.9 万亿元，同比增长 10.7%，占社会物流总费用的比重为 52.5%，同比降低 0.3 个百分点；保管费用 3.3 万亿元，同比增长 11.8%，占社会物流总费用的比重为 35.2%，同比提高 0.2 个百分点；管理费用 1.2 万亿元，同比增长 13.1%，占社会物流总费用的比重为 12.3%，同比提高 0.1 个百分点。在运输费用中，受燃油价格上涨、道路运量快速增长的影响，道路运输费用同比增长 12.6%，增幅比社会物流总费用高出 1.2 个百分点。在保管费用中，利息费用增长 13.3%，增幅比社会物流总费用高出 1.9 个百分点。

2001 年，美国物流总成本占 GDP 的比重为 9.4%。至 2012 年的 10 余年间，美国物流总成本占 GDP 比重呈现小幅波动的趋势，2007 年升至 9.9%，随后下降到 2012 年的 8.5%。2001—2012 年，美国物流总成本占 GDP 比重如图 15－1 所示。

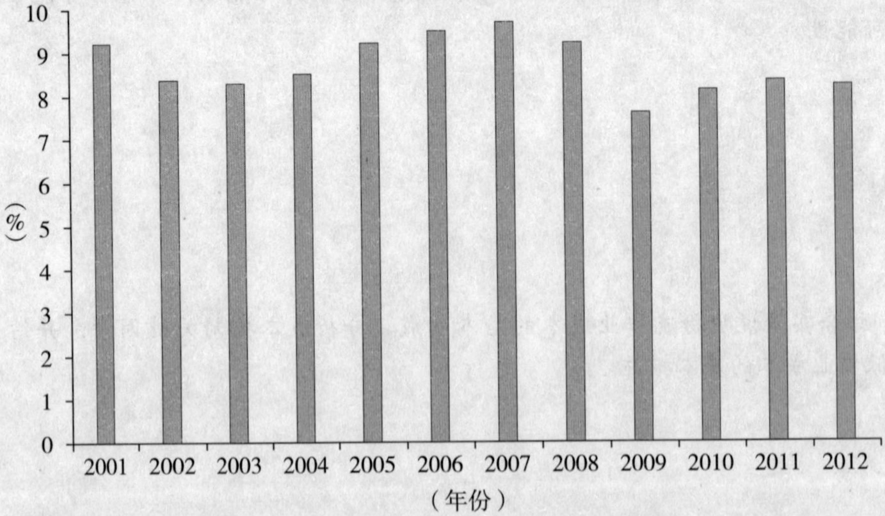

图 15－1　美国物流成本占 GDP 的比重示意

（案例来源：美国供应链管理专业协会；2011 年美国物流年度报告；第 23 次美国物流年度报告；2013 年 CSCMP's "State of Logistics Report"；2012 年全国物流运行情况通报。）

问题分析：

(1) 请结合案例分析中美物流成本对比差异的主要原因。

(2) 结合实验说明提高配送中心技术水平可以降低的物流成本包括哪些。

实验十六　集装箱应用实验

【实验准备知识】

一、集装箱的概念和特点

（一）集装箱的概念

集装箱（container）是一种运输设备，应具备以下特点：具有足够的强度，可长期反复使用；为便于商品运送而专门设计的，在一种或多种运输方式下运输时无须中途换装；从一种运输方式转移到另一种运输方式时，可以进行快速装卸和搬运；便于货物装满或卸空；内容积为 $1m^3$ 或 $1m^3$ 以上。

（二）集装箱的特点

集装箱是应用广泛的集装化设备，其特点主要表现在以下几方面。

1. 强度高、保护性强

集装箱由于自身结构的特点决定了它的强度比较高，保护防护能力强，可有效防止货损、货差、偷窃，保证货物安全。

2. 降低物流费用

使用集装箱可节省包装材料和包装费用，减少理货手续，降低物流费用。

3. 有利于充分利用空间

集装箱便于堆放，节省占地面积，有利于充分利用空间。

4. 集装量大

与其他集装设备相比，集装箱的集装数量较大，在散杂货的集装方式中优势尤为明显。

5. 自重大，造价高

集装箱的自重大，这样无效运输和装卸的比重就比较大，降低了物流效率。此外，集装箱的自身造价高限制了更为广泛的应用，同时也增加了物流成本。

6. 空箱返空运输浪费较大

集装箱的空箱返空运输浪费了人力、物力，在每次物流运作中分摊成本较高。

二、集装箱的分类

运输货物用的集装箱种类繁多，而其外观、结构、强度、尺寸不尽相同。根据集装箱的用途、尺寸、材料、结构可分为不同的种类。

（一）按用途对集装箱进行分类

1. 通用集装箱

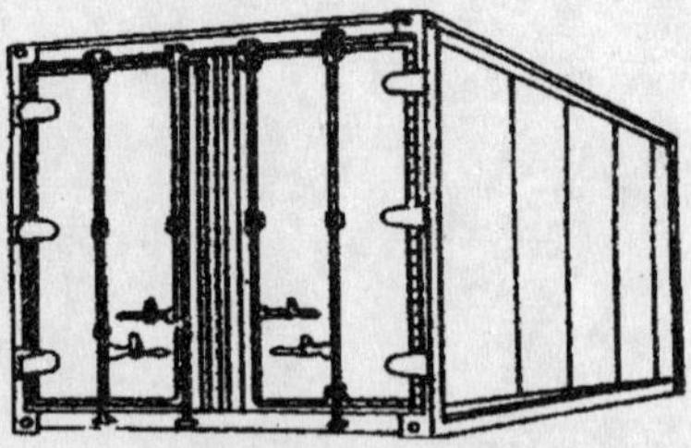

图 16－1　通用集装箱

通用集装箱又称杂货集装箱或干货集装箱，是应用最广泛的集装箱，占集装箱总数的 70% ~80%。这类集装箱常采用封闭防水式结构，在一端或侧面设有箱门，如图 16－1 所示。它可以用来装载除液体货物和需要调节温度的货物外的一般杂货，如文化用品、化工用品、电子机械、工艺品、医药、日用品、纺织品及仪器零件等。为了防止装载杂货时箱内货物移动和倒塌，在箱底和侧壁上设有系环以便能系紧货物。

2. 保温集装箱

对于一些需要冷藏和保温的货物，为了运输和暂时保存的需要，集装箱内部装有温度控制设备，箱体也采用隔热保温材料或隔热保温结构。保温集装箱又可分为三种。

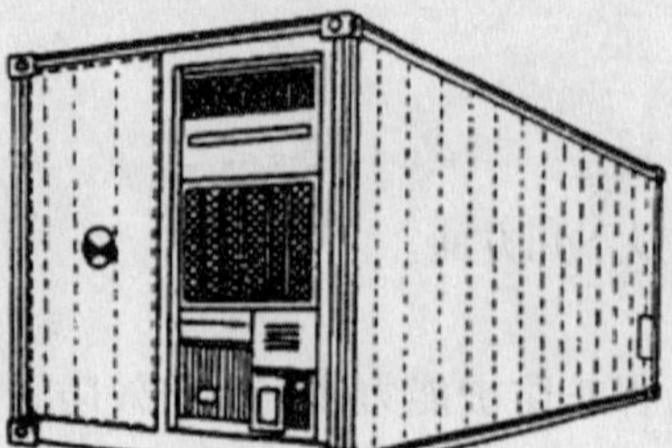

图 16－2　冷藏集装箱

（1）冷藏集装箱。它是以运输冷冻食品为主，能保持所定温度的保温集装箱，如图 16－2 所示。

（2）隔热集装箱。这种集装箱能保持一定低温，保证箱内物品在低温下保质、保鲜而不使其冻结，一般在箱壁采用隔热材料，用于防止温度上升过大以保持货物的鲜度。通常用干冰作制冷剂，保温时间为 72 小时左右。

（3）通风集装箱。这种集装箱在集装箱内设有通风装置（如排风扇、通风孔、通风栅栏等），适用于装运水果、蔬菜等不需要冷冻而具有呼吸作用的货物。

3. 罐式集装箱

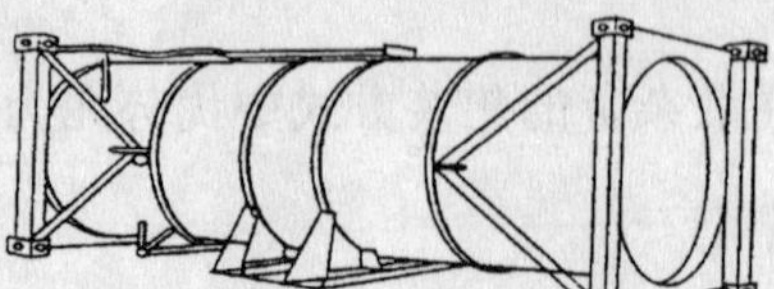

图 16－3　罐式集装箱

罐式集装箱是适用于各种液体、气体及部分颗粒体的特殊形状的集装箱，如酒类、油类和化学品类等液体货物。它由罐体和箱体框架两部分组成，装货时货物由罐顶部的装货孔进入，卸货时则由排货孔流出或从顶部装货孔吸出。罐式集装箱有单罐与多罐之分，罐体四角由支柱、撑竿构成整体框架，如图 16－3 所示。

4. 散货集装箱

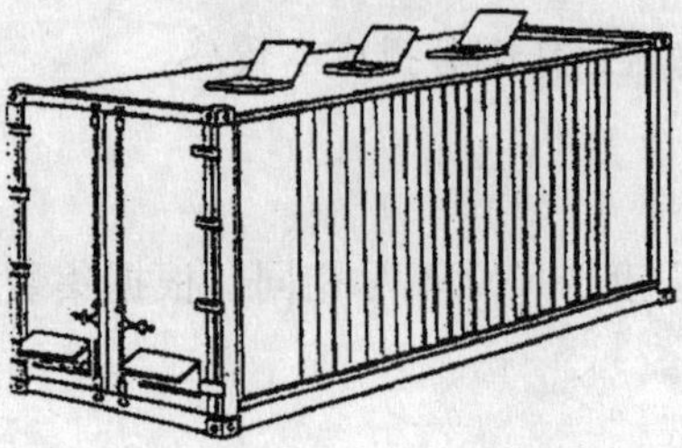

图 16－4　散货集装箱

散货集装箱是一种密闭式集装箱，有玻璃钢制和钢制的两种，如图 16－4 所示。前者由于侧壁强度较大，一般装载麦芽和化学品等相对密度较大的散货，后者则用于装载相对密度较小的谷物。散货集装箱顶部的装货口应设水密性良好的盖，以防雨水侵入箱内。

5. 台架和平台集装箱

台架和平台集装箱是没有箱顶和侧壁，甚至连端壁也去掉，而只有底板和四个角柱的集装箱。平台式集装箱是在台式集装箱上再简化而只保留底板的一种特殊结构集装箱，如图 16－5 所示。此类集装箱的特点是箱底较厚，强度比普通集装箱大，而内部高度则比一般集装箱低，适合装载长大件和重货件，如重型机械、钢材、钢管、木材、钢锭等。

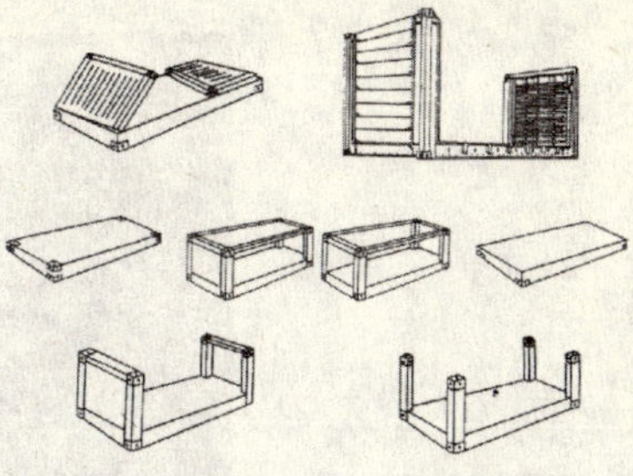

图 16－5　各种平台式集装箱

6. 汽车集装箱

汽车集装箱是一种专门为装运小型轿车而设计制造的集装箱。其特点是在箱的框架内安装简易箱底，无侧壁，高度与轿车一致，可载运一层或两层，如图 16－6 所示。

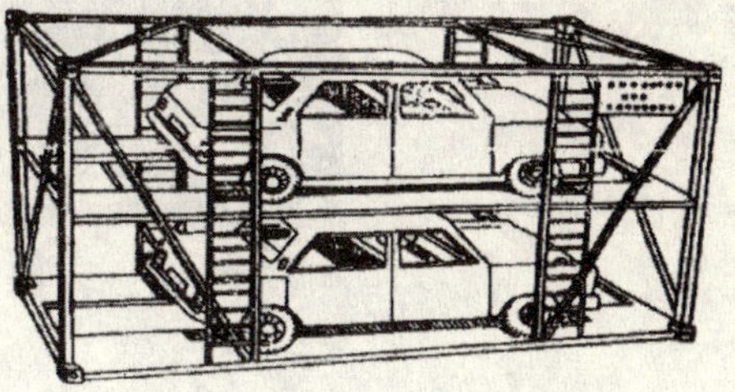

图 16－6　汽车集装箱

7. 敞顶集装箱

敞顶集装箱又被称开顶集装箱，是一种没有刚性箱顶的集装箱，它的箱顶、侧壁和端壁上面的一部分可以打开，货物能从上面装卸。为了保持开口部分的水密性，用帆布等覆盖，其他的构件与干货集装箱类似，如图 16－7 所示。这种集装箱适于装载大型货物和重货，如钢铁、木材，特别是像玻璃板等易碎的重货。

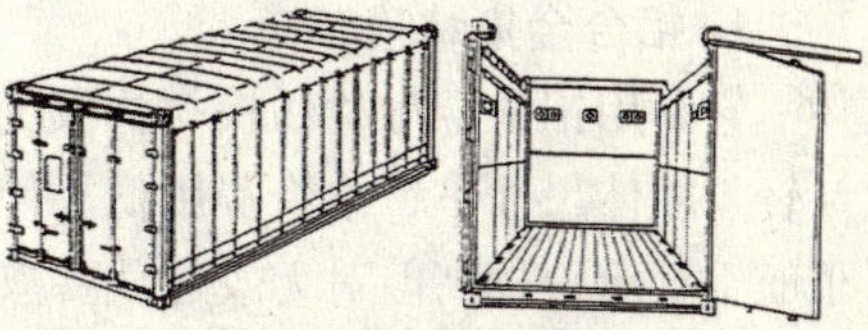

图 16－7　敞顶式集装箱

8. 金属集装箱

这类集装箱主要是用来装运铝材、铜材等一些贵重金属，这类物品的板材规格型号很多，又难以用其他方式集装。用集装箱装运，箱内设有不同尺寸的隔板，可装运多种尺寸的材料。同时，由于集装箱所具有的高保护性，可以防止贵重金属材料的丢失。

9. 动物集装箱

动物集装箱是用来载运鸡、鸭、鹅等活家禽和牛、马、羊、猪等活家畜的集装箱，如图 16－8 所示。为了遮敞太阳，箱顶采用胶合板露盖，侧面和端面都有用铝丝网制成的窗以求有良好的通风。侧壁下方设有清扫口和排水口，并配有上下移动的拉门，可把垃圾清扫出去，还装有喂食口。

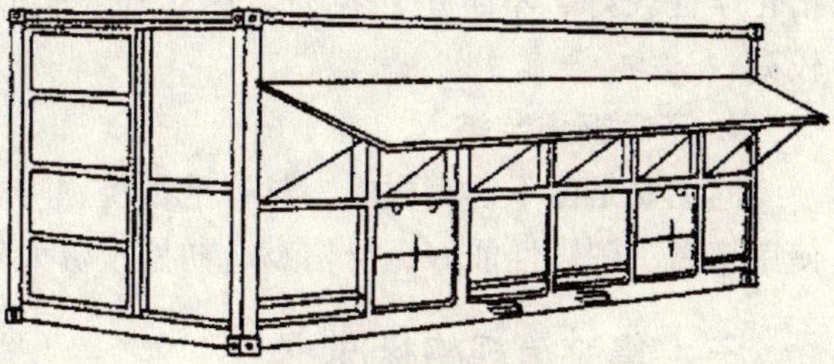

图 16－8　动物集装箱

10. 服装集装箱

这种集装箱在箱内上侧梁上装有许多根横杆，每根横杆上垂下若干条皮带扣、尼龙带扣或绳索，成衣利用衣架上的钩直接挂在带扣或绳索上，如图 16－9 所示。

图 16－9　服装集装箱

（二）按集装箱箱体的构成材料进行分类

1. 铝合金集装箱

它是用铝合金型材和板材构成的集装箱。其特点是不生锈、外表美观、弹性好、重量轻、箱体尺寸小、维修费用低、使用年限长，但造价相对较高，这类集装箱主要适用于航空等运价较高但对无效运载要求严格的运输方式。

2. 钢质集装箱

这类集装箱使用钢材制成，其优点是强度大、结构牢、焊接性和水密性好、价格低，但重量大、防腐蚀性较差、使用期限较短。钢质集装箱是目前采用最多的，尤其是通用大型集装箱绝大部分都是采用这类集装箱。

3. 玻璃钢集装箱

它是用玻璃纤维和合成树脂混合在一起制成薄薄的加强塑料，用黏合剂贴在胶合板的表面形成玻璃钢板而制成的集装箱。其特点是强度大、刚性好，隔热性、防腐性、耐化学性较好，不生锈、容易着色、外表美观，维修简单、维修费用也低，但价格也较高。

4. 不锈钢集装箱

它主要是由不锈钢构成，具有重量轻、防腐蚀性能高、强度大、不生锈、外表美观、使用率高、耐蚀性能好、价格高、初始投资大等特点。目前，一般都用作罐式集装箱。

三、集装箱规格标准

（一）国际标准集装箱

国际标准集装箱是指根据国际标准化组织制定的、国际通用的标准集装箱。国际标准化组织（ISO）技术委员会自成立以来对集装箱的国际标准进行过多次修改，现行的集装箱国际标准为第 1 系列，共 13 种。国际标准集装箱规格如表 16－1 所示。

表 16－1　国际标准集装箱规格

型号	外部尺寸						质量	
	英制			公制			kg	lb
	长	宽	高	长	宽	高		
1AA	40	8	>8	12192	2438	2591	30480	67200
1A	40	8	8	12192	2438	2438	30480	67200
1AX	40	8	<8	12192	2438	<2438	30480	67200
1BB	>29	8	>8	9125	2438	2591	25400	56000
1B	>29	8	8	9125	2438	2438	25400	56000
1BX	>29	8	<8	9125	2438	<2438	25400	56000
1CC	>19	8	8	6058	2438	2591	24000	52920
1C	>19	8	>8	6058	2438	2438	24000	52920
1CX	>19	8	<8	6058	2438	<2438	24000	52920
1D	>9	8	8	2991	2438	2438	10160	22400
1DX	>9	8	<8	2991	2438	<2438	10160	22400
1AAA	40	8	>9	12192	2438	2896	30480	67200
1BBB	>29	8	>9	9125	2438	2896	25400	56000

（二）国家标准集装箱

国家标准集装箱是指各国政府参照国际标准并考虑本国的具体情况制定的本国集装箱。我国现行的国家标准《集装箱外部尺寸和额定重量》（GB 1413—1985）中对集装箱各种型号的外部尺寸、极限偏差及额定重量作了明确的规定，如表 16－2 所示。

（三）地区标准集装箱

地区集装箱标准是由地区标准化组织根据各地区的特殊情况制定的，根据此类标准制造的集装箱一般只是适用于该地区。例如欧洲国际铁路联盟所制定的集装箱标准。

表 16－2　我国集装箱各种型号的外部尺寸、极限偏差及额定重量

型号	高度（mm）		宽度（mm）		长度（mm）		额定重量（最大重量）（kg）
	尺寸	极限偏差	尺寸	极限偏差	尺寸	极限偏差	
1AA	2591	0～5	2438	0～5	12192	0～10	30480
1A	2438	0～5	2438	0～5	12192	0～10	30480
1CC	2591	0～5	2438	0～5	6058	0～10	24000
1C	2438	0～5	2438	0～5	6058	0～10	24000
10D	2438	0～5	2438	0～5	4012	0～5	10000
5D	2438	0～5	2438	0～5	1968	0～5	5000

注：5D 和 10D 两种箱型主要用于国内运输，其他四种箱型主要用于国际运输。

（四）公司标准集装箱

一些大型的集装箱船公司，根据本公司的具体情况和条件制定集装箱船公司标准，根据这类标准制造的集装箱主要在该公司运输范围内使用。例如，总统轮船公司所制定的 45ft 及 48ft 集装箱。

四、集装箱的运用与管理

（一）集装箱类型的选择

要正确选择集装箱箱型，应考虑以下问题。

1. 货物特性、种类和货名

货物特性决定了运输要求，如危险品、易碎品、鲜活品等货物，对箱型的选择也就不同。同时，为了保证运输货物安全无损，应进一步了解货物种类、货名、包装形式、有无气味等，只有这样才能满足货物运输要求，合理选择集装箱。

2. 货物包装尺寸

由于我国货物运输包装目前尚无通用的标准尺寸系列，包装规格繁多，要选择相应的集装箱型号必须了解货物包装尺寸，以便选择合适的配置方法，充分利用箱容容积。

3. 货物重量

任何集装箱可装货物的重量都不得超过集装箱的载重量，有时货物重量虽小于载重量，但由于该货是集中负荷而可能造成箱底强度不足，这时就必须采取措施，利用货垫使集中负荷分散。

4. 集装箱运输过程

整个运输过程应考虑由哪几种运输工具运送、是否转运和换装作业、采用何种作业方式、运输过程中的外界条件如何，是否高温、多湿等。运输过程不同，箱型也应不同。因此，箱型选择还应遵循如下原则：一是货物外部尺寸与集装箱内部尺寸相适应，以成公倍数为最佳；二是按货物比容选择最有利比容（或地面）的集装箱；三是优先选择自重系数较小的集装箱；四是集装箱外部尺寸与运输工具尺寸相适应，以成公倍数为最佳。箱型选择后还应计算集装箱的数量，对于重货即货物单位体积重量大于集装箱有效容积的单位容重，则用货物重量除以集装箱的额定载重量，即得需要的集装箱数；对于货物单位体积重量等于集装箱的有效容积的单位容重，则无论按重量计算或按体积计算都可以求得集装箱的需要数量；对于暂不能判定是重货还是轻货的，可先按容积计算，求出每个集装箱可能装运的货物件数，再用货物件数乘以每件货物重量，并与集装箱的最大容重比较；如果货物重量小于集装箱最大载重量，那么就按货物总体积除以集装箱容积计算所需集装箱数；反之，则按货物总重量除以每个集装箱的最大载重量，计算所需集装箱个数；对于拼装货物，应当轻、重货物搭配。为使配装效果较好，配装货物的品种宜少，以一种重货与另一种轻货配装为有利。拼装货物应是发至同一到达站的货物。同时，必须使所装货物的加权平均单位体积重量等于或接近集装箱的单位容重，从而使集装箱的容积装满，标记载重量也得以充分利用。

5. 装卸机械设备

有些货物只能使用机械设备装卸，而在拆箱地点没有装货平台时，就需要使用开顶集装箱，利用起重机进行装载。

（二）集装箱货物的装载和固定

集装箱货一般分为整箱货和拼箱货。由于装箱货物的种类、卸货地点不同，在装箱前，应根据具体条件来把握货物的装载方法和固定方法。通常，应注意以下问题。

1. 重量的配置要均衡

在装箱时尽可能使重量均匀地分布于集装箱底板上，以免底板集中受力或偏心受力。在同一集装箱中配载不同货物时，应注意货物的性质、重量、包装对其他货物的影响，并做到货重在箱内均匀分布。

2. 装载要适当考虑拆箱卸货的便利性

有时在装箱地由于有较高的技术和良好的机械设备，货物能很顺利装入箱内，但在偏僻地区拆箱卸货时，既没有装卸经验，又没有良好装卸设备，货物难以取出。

3. 固定货物时要考虑拆卸固定用具的便利性

装货时要周密、细致地考虑卸货地的具体条件和卸货地固定用具拆卸的便利性。

4. 固定货物的强度要满足要求

对于运输时间长、外界运输环境差的货物，要考虑箱内会不会发生水滴而产生水湿事故，固定货物的强度是否满足运输方式的技术要求。

（三）集装箱的管理

为了随时能够掌握和控制集装箱使用的各种状态，目前，广泛采用了高效率的集装箱管理信息系统进行集装箱的管理。集装箱管理信息系统是用来对集装箱进行自动识别，将集装箱运输中的相关信息记录到箱体的集装箱电子标签中，使集装箱成为集装箱运输信息的载体，实现对运输过程中的集装箱实行货物状态和运输信息的有效监控和实时管理。集装箱管理系统主要有以下几种。

1. 集装箱编目控制系统

集装箱编目控制系统是将有关集装箱的固定特征，如箱号、箱类、箱型、尺寸、购（租）箱、地点、日期等资料事先储存在计算机中，而集装箱的日常动态信息则使用特定的代码随时输入计算机，通过编目控制不仅能够掌握及跟踪分布在国内外集装箱码头堆场、集装箱货运站、内陆货站、货主仓库及运输途中的有关集装箱地理位置和使用状态变化的动态信息，而且还可对各个运输环节的箱子需求情况做出预测。此外，还可以汇总、统计、分析有关集装箱管理方面的各项经营指标。

2. 集装箱电子封条监管系统

它是在设备的外部和内部均使用或者加装多个主动射频自动识别产品，包括一张电子封条（即电子标签），一张传感器封条，这些标签可以贴在运输货物的集装箱上，而这些标签能够随时将集装箱的一些关键信息如位置、安全状况、灯光、温度和湿度等货物状态和运输信息的变化传送给读取器网络，现场负责人实时管理当地读取器网络，收集、过滤获得 RFID 的信息，并将有效信息输送到 TSS（Transportation Security System）运输安全管理系统。发货人通过 TSS 系统，不用开箱就可以实现货物的追踪查询，了解货物的及时方位、状态和安全状况。

3. 集装箱自动识别系统

基于电子标签的集装箱自动识别系统主要由标签、地面识别设备和中央处理设备组成。其中，标签安装在被识别的集装箱上。地面识别设备主要由天线、RF射频装置和读出计算机组成，分别安装在铁路出入口、公路出入口以及起重机、叉车和机动清点车上，当集装箱无论从轮船、火车、汽车上到达或发出货场时，各识别设备均能对该集装箱进行自动识别，并将识别信息与EDI系统联网，从而实现集装箱的动态跟踪和管理，提高集装箱运输效率。

该系统的工作原理是标签在接收地面读出设备发出的载波信号后，被查询信号激活，在4ms内进入工作状态，将标签内编好的识别信息反射回地面读出设备，被读出设备读出，其载波频率在902～928MHz和2400～2500MHz两个频段范围之内。

RF射频装置是微波产生、发射和接收的设备。它产生的载波信号经过功率放大器放大，通过天线发射出去，同时接收由标签反射回来的信号，经射频接收器进行收发分离。然后，进入检波解调，再通过前置放大器放大，送至读出计算机进行处理。RF射频装置主要由射频振荡器、功率放大器、射频接收器、检波解调器及前置放大器等部件组成，在计算机控制下自动进行工作，当集装箱接近天线时，读出计算机控制RF射频装置开始工作；当集装箱离开后，读出计算机则控制RF射频装置停止工作，使该系统对外界空间干扰降到最小。

该系统具有数据交换准确、快捷，抗干扰能力强的特性，标签编码安全可靠，适应能力强。集装箱自动识别系统的应用为提高集装箱利用率、周转率，实现全球集装箱信息管理网络化奠定了基础。

五、集装箱装卸搬运机械系统

集装箱运输是一种先进的运输组织方式。不同装卸搬运工艺、作业场所需配备不同的装卸搬运机械系统。

（一）集装箱装卸搬运机械系统的类型与组成

集装箱装卸搬运机械系统按作业场所和装卸搬运工艺，常分为集装箱船装卸机械系统、集装箱堆场装卸机械系统、集装箱货运站装卸机械系统。

1. 集装箱船装卸机械系统

该系统主要实现船岸交接，对停靠的集装箱船舶进行装卸作业，一般情况下，常采用岸边集装箱装卸桥。在多功能综合码头上较多采用多用途桥式起重机、多用途门座起重机、高桥轮胎式起重机等。

2. 集装箱堆场装卸机械系统

该系统主要对集装箱进行分类堆放，实现集装箱搬运、堆垛作业，所采用的机械设备主要有集装箱跨运车、集装箱牵引车和挂车、叉式装卸车、正面吊运车、轮胎式龙门起重机等。水平运输可采用不同的机械组成不同的装卸机械系统，如跨运车系统、轮胎式龙门起重机系统、轨道式龙门起重机系统、叉车系统等。

3. 集装箱货运站装卸机械系统

该系统主要用于对一般杂货的拆装箱工作，一般配备拆装箱和堆码用的小型装卸机械，如1~2t的小型叉式装卸车。

（二）岸边集装箱装卸桥

1. 岸边集装箱装卸桥的概念、特点与结构

它是集装箱码头前沿进行集装箱船舶装卸的专用机械。由于具有效率高、车船作业简便、适用性强的优点，因此，在集装箱专用码头上大都安装有岸边集装箱装卸桥。

岸边集装箱装卸桥主要由带行走机构的门架、承担臂架重量的拉杆和臂架等几个部分组成。臂架可分为门中臂架、海侧臂架、陆侧臂架三个部分。门中臂架是专门用于连接海侧和陆侧臂架的。臂架的主要作用是承受带升降机构的小车重量，而升降机构又是用来承受集装箱吊具和集装箱重量的。海侧臂架一般设计成可以俯仰的结构，以便集装箱装卸桥移动时与船舶的上层建筑不会发生碰撞，其外型如图16－10所示。

图16－10　岸边集装箱装卸桥外型结构

工作时，门架沿着与岸边平行的轨道行走，走行小车沿着臂架上的轨道往返于海陆两侧吊运集装箱，进行装船和卸船作业。

2. 岸边集装箱装卸桥性能参数的选择

在运用岸边集装箱装卸桥时，要选择和确定合适的性能参数。

（1）起重量。指额定起重量加集装箱吊具的自重。由于集装箱装卸桥的吊具种类繁多，自重的大小不一，以及受作业条件的影响，世界各国岸边集装箱装卸桥起重量并不一致。确定起重量一般需考虑如下作业条件：一是起吊集装箱船舱盖板的需要；二是考虑装卸非国际标准箱的需要。非国际标准箱的最大总重量可达38t；三是采用同时起吊两个20ft的集装箱的作业方式，两个20ft的集装箱最大总重为40.64t；四是兼顾装卸其他重大件货的需要。目前，世界各国主要岸边集装箱装卸桥的起重量为45t、40.5t、37.5t、26.3t，相应的额定起重量分别为35t、30.5t、30.5t、20.3t。我国集装箱码头采用的岸边集装箱装卸桥，其起重量一般为40.5t，额定起重量为30.5t。

（2）起升高度。它由两部分组成，即轨道面以上的高度和轨道面以下的高度。它取决于集装箱船的型深、吃水、潮差、甲板面上装载集装箱层数、码头标高等因素。在确定起升高度时，应保证船舶轻载、高水位时能通过甲板上三层集装箱，并能堆高到四层；在满载、低水位时，能吊到船舱底最下一层集装箱。目前，岸边集装箱装卸桥一般轨道面上起升高度都为25m，轨道面下起升高度为12m。

（3）外伸距和内伸距。外伸距是指集装箱装卸桥海侧轨道中心线向外至集装箱吊具铅垂中心线之间的最大水平距离。内伸距是集装箱装卸桥内侧轨道中心线向内至吊具铅垂中心线之间的最大水平距离。一般外伸距为35m、内伸距为11m即可满足使用要求。

（4）工作速度。选择应根据下列原则，并进行技术经济分析确定。一是应满足整个集装箱码头装卸工艺效率的要求。岸边集装箱装卸桥是码头装卸工艺系统的关键设备，其生产效率高低决定着集装箱码头的能力。系统中装卸搬运机械的能力应与岸边集装箱装卸桥的能力相匹配；二是对各机构工作速度进行合理的分配；三是岸边集装箱装卸桥的小车行走速度的提高会增加吊具的摆动引起对口困难，因此，应采取减摇装置等技术措施，保证工作速度提高；四是与工作速度有关的装置应尽可能与装卸机械通用，以便于维修。

此外，还要合理选择基距、轮压等性能参数。

（三）集装箱跨运车

1. 集装箱跨运车的功用和特点

集装箱跨运车是一种应用于集装箱码头和集装箱中转站堆场，具有搬运、堆垛、换装等多功能的集装箱专用机械。在集装箱码头上可完成如下的作业：岸边集装箱装卸桥与前方堆场之间的装卸和搬运；前方堆场与后方堆场之间的装卸和搬运；后方堆场和货运站之间的装卸和搬运；对底盘车进行换装。

集装箱跨运车的主要优点：可一机多用，减少码头作业机械的种类和数量，便于组织管理；机动性好，作业灵活，取箱对位快，装卸作业效率较高。

主要缺点：结构复杂、维护保养较困难、初始投资高、行走稳定性较差、堆场利用率较低。

2. 集装箱跨运车组成

集装箱跨运车主要包括车架、吊具与升降系统、动力及传动系统、转向及行驶系统、制动系统及液压系统、电控系统等，如图 16－11 所示。

3. 集装箱跨运车的使用要求与技术性能选择

（1）通用性和专用性。集装箱跨运车有专用和通用两种。通用型是指跨运车既能适应 20ft 的集装箱，又能适应 40ft 集装箱的装卸；专用型是指只能适应 20ft 或 40ft 一种集装箱的装卸。

标准集装箱码头所装卸的集装箱既有 20ft 的又有 40ft 的，如采用专用型的跨运车，配机台数要比通用的多一些。而通用型的跨运车造价高些。

（2）堆垛能力。跨运车种类很多，有的能堆二层，有的能堆三层，甚至四层。选用时，要与整个集装箱码头的堆存面积大小结合起来考虑。堆箱层数多，能提高单位面积堆有量，缩短搬运距离，但层数增多会增加倒箱率，增加提箱时找集装箱的困难。目前，采用跨运车方式的集装箱码头堆场通常只堆两层，即要求跨运车能吊着集装箱跨越二层集装箱。

图 16－11　集装箱跨运车外型结构

（3）视野要求。跨运车视野要求关系着跨运车的安全性、迅速性和机动灵活性。对跨运车视野有如下三点要求：一是在搬运途中要能看到前方和后方、前车轮的外侧和司机室对面的车体外侧（借助于反光镜）；二是通过箱位弄时，要能看到车体和集装箱之间的空隙和箱位弄的前方和后方；三是在场地作业时，要能看到集装箱的型号、所装卸的集装箱和集装箱吊具的位置线。

（4）起重能力。对于标准集装箱码头，集装箱跨运车的额定起重量按 ISOIAA 型 40ft

集装箱的最大总重量为30.5t计算。此外，还要考虑货物装卸过程中的偏载。箱内所装货物的允许偏心率为10%。货物偏载时要增加旋锁装置一端所受的力。

（5）跨运车的工作周期。采用跨运车系统的集装箱码头，跨运车来往于码头、场地的过程有两种形式：单循环和往复循环工作过程。单循环工作过程是指跨运车从码头前沿搬运重箱至场地，卸下集装箱后从场地空车返回码头。往复循环工作过程是指跨运车从码头前沿搬运重箱至后方场地，卸下重箱后从后方场地空车行驶至前方场地，并从前方场地搬运重物箱至码头前沿。

不同的工作过程有不同的工作周期。跨运车的工作周期取决于跨运车的搬运距离、行走速度和装卸集装箱的时间。跨运车的行走速度一般为23km/h。

跨运车回转时的行走速度和跨运车的回转半径有关。回转半径小，回转时车速要降低一些；回转半径大，车速也可相应增加。此外，车速还与稳定性有关，车速过高，跨运车回转时有倾覆的危险。跨运车倾覆的极限速度一般为额定速度的1/3～1/2。

由于跨运车的起升高度不大，升降时间通常仅占整个工作周期的15%～20%。因此，跨运车集装箱吊具的升降速度通常仅取150～200mm/s。

（四）轮胎式集装箱龙门起重机

轮胎式集装箱龙门起重机是集装箱装卸、堆垛的高效专用机械，如图16－12所示。它的金属结构是由两条箱形主梁和两个Ⅱ形（箱形断面）支腿构成的龙门架，支承在橡胶充气的轮胎上在货场上行走。装有集装箱吊具的起重小车沿主梁轨道行走，用以装卸底盘车和进行堆垛作业。起重机运行机构安装在支腿的下横梁。

图16－12 轮胎式集装箱龙门起重机外型结构

轮胎式集装箱龙门起重机的驱动形式有两种：内燃机—电力驱动、内燃机—液压驱动。目前，世界各国采用内燃机—电力驱动较为普遍。这种驱动方式是以柴油机带动直流发电机发电，发出的电再供给各机构直流电动机，驱使各机构工作。其特点是操作性能较好，受气温影响小，维修保养方便，但动力装置重量较大。

轮胎式集装箱龙门起重机的机构部分主要有起升、小车运行和大车运行机构，并设有吊具减摇装置和回转装置。回转装置使吊具能在水平面内小范围回转（通常为±5°），以便吊具对准集装箱锁孔。轮胎式集装箱龙门起重机采用了机械液压装置或无线电感应装置，保持在货场上直线行走，并可作90°直角转向，从一个货场转移到另一个货场，一般不载重箱行走。

轮胎式集装箱龙门起重机的起升机构是由直流电动机通过减速器驱动起升转筒，从而实现吊具升降的。在转筒的一端装有限位开关，以控制其起升最高位置和下降的最低位置。

轮胎式集装箱龙门起重机在货场上只能直线行走，当需要从一个堆场转移到另一个堆场时，必须转向行驶。但由于其跨距大，如按照一般车辆进行任意转向，转弯半径则很大，需占用相当大的堆场面积，因而，在集装箱专用码头均采用90°直角转向方式。仅在货场相当宽敞的内陆集装箱中转站采用定轴转向方式。对于跨距小于10m 的轮胎式集装箱龙门起重机，在货场条件允许的情况下宜采用自由转向方式。

轮胎式集装箱龙门起重机与轨道式集装箱龙门起重机相比较，轮胎式集装箱龙门起重机具有机动性能好、不受轨道限制的优点，所以，广泛用于集装箱堆场的堆垛、装卸作业。目前，常用的轮胎式集装箱龙门起重机起重量为40t，跨度为23.47m、起升高度为12.22m、满载起升速度为9～13.5m/min、空载起升速度为16～27m/min、小车运行速度为35～70m/min、大车满载运行速度为25m/min、大车空载运行速度为90～134m/min。

(五) 轨道式龙门集装箱起重机

轨道式集装箱龙门起重机也是对集装箱进行装卸、堆垛的一种高效专用机械。它由两片双悬臂的龙门架组成，两侧门腿用下横梁连接，龙门架通过大车运行机构在地面铺设的轨道上行走，起重小车运行在龙门架的轨道上，小车上有回转机构，它可以做不大于270°的回转运动。在回转盘上安装有起升机构，通过钢丝绳、导向滑轮组和集装箱吊具进行装卸作业。

集装箱专用码头货场上轨道式集装箱龙门起重机的工作速度应与码头前沿岸边集装箱装卸桥的生产率相适应，以保证码头前沿不停顿地进行船舶装卸作业。对于标准集装箱码头，在一个泊位配备2台岸边集装箱装卸桥的情况下，货场一般配备3台跨度为30～60m 的轨道式集装箱龙门起重机，其中2台供前方船舶装卸作业，1台供后方进箱或提箱用。

轨道式集装箱龙门起重机较轮胎式集装箱龙门起重机跨度大、结构简单、操作方便、易于实现自动化控制，同时，还具有堆垛层数多，可以充分利用堆场面积，提高堆场的堆存能力。

(六) 集装箱牵引车和挂车

集装箱牵引车是专门用于拖带集装箱挂车或半挂车，两者结合组成车组，长距离运输集装箱的专用机械。它主要用于港口码头、铁路货场与集装箱堆场之间的运输。

集装箱牵引车具有牵引装置、行驶装置，但自身不能载运货物，其内燃机和底盘的布置与普通牵引车大体相同，只是集装箱牵引车前后车轮均装有行走制动器，车架后部装有连接挂车的牵引鞍座。

集装箱牵引车可按驾驶室的形式分为长头式和平头式。长头式集装箱牵引车的发动机布置在司机座的前方，司机受发动机振动的影响较小，比较舒适，发生碰撞时也较安全。此外，打开发动机罩检修也比较方便。但这种车头较长，因而整个车身长度和转弯半径较大。平头式集装箱牵引车的发动机在司机座位下面，舒适感较差。但牵引车的驾驶室较短，视线较好，轴距和车身全长比较短，转弯半径小，应用日益广泛。在司机座后面可加一张小床，以便长途行车时司机换班休息。

集装箱挂车按拖挂方式不同，分为半挂车或全挂车两种，其中以半挂车最为常用。半挂车是挂车和货物的重量一部分由牵引车直接承受，不仅牵引力得到有效发挥，而且拖车车身较短，便于倒车和转向，安全可靠。半挂车装有支腿，以便与牵引车脱开后能稳定地支承在地面上。全挂车是通过牵引杆架使牵引车与挂车连接，牵引车身亦可作为普通货车单独使用，但车身较长，操作比半挂车要稍难些。

集装箱牵引车和半挂车可装两个 20ft 集装箱和一个 40ft 集装箱。它由车架、支腿、行走装置、制动装置和集装箱锁定装置组成。车架四角装有旋锁装置，可与集装箱的角配件锁定。车架下部前方装有支腿，有单脚或双脚之分。当半挂车和牵引车分离后，必须使用支腿才能稳定地停住。车架和车轿之间采用钢板弹簧悬架。车轮制动器采用气制动，以便与牵引车的制动系统连接或分离。对于 20ft 和 40ft 集装箱兼用的半挂车，除了在车架四角装有旋锁件之外，还在车架中部装有四个起伏式旋锁件，当搬运 40ft 集装箱时可将中部旋锁件伏下不用。

（七）集装箱叉车

集装箱叉车（又称叉式装卸车）是集装箱港站上常用的一种装卸设备，如图 16－13 所示。主要用于在操作量不大的综合性港站上进行集装箱的装卸、堆垛，短距离的搬运和车辆的装卸作业，也可用于集装箱堆场的辅助作业。集装箱叉车是一种多功能的机械。

图 16－13 集装箱叉车

【实验报告】

集装箱应用实验

一、实验目的

1. 掌握集装箱的基本性能和结构；
2. 熟悉集装箱的配置和选型；
3. 掌握集装箱配载的基本原则；
4. 掌握多式联运的基本硬件设备要求。

二、实验内容

根据实际模拟操作掌握集装箱的基本性能参数，通过变更装载对象等分析集装箱配载的基本原则；通过实验分析集装箱多式联运的基本要求，配置基础的硬件设备。

三、实验器材

各式集装箱模型若干个，不同种类纸箱、周转箱若干，集装箱装卸搬运设备一套（以能完成集装箱在口岸以及货场完成集装箱装卸作业为准），集装箱运输车、集装箱运输船、集装运输火车若干，集装箱电子锁系统一套，飞机模型一个，配合相关的集装箱视频若干。

四、实验步骤

1. 利用给定的货物集装箱内部完成配置方案的设计。
2. 利用模拟设备完成集装箱在港口、货场的基本作业。
3. 通过模拟更换运输设备，熟悉多式联运对集装箱作业的基本要求。
4. 分析集装箱海运条件，对集装箱的基本性能要求进行了解。

五、实验报告题目

1. 表16－3为拟用集装箱运输的货物，出发港口为上海，最终目的地为新加坡，采用的集装箱规格为1AA，请制定适当的配载方案，并说明采用的基本原则。

表16－3　　集装配载货物属性表

货物名称	单位	重量（kg）	几何尺寸（m×m×m）	数量	所属公司	备　注
A1	箱	60	0.6×0.7×0.6	100	华新	
B1	箱	40	0.8×0.5×0.6	150	鑫达	不可承重
C1	箱	50	0.6×0.65×0.5	120	中发	
D1	箱	45	0.6×0.5×0.4	90	宇通	

续 表

货物名称	单位	重量(kg)	几何尺寸(m×m×m)	数量	所属公司	备 注
E1	箱	56	0.5×0.5×0.5	90	华大	
F1	箱	22	0.4×0.3×0.35	100	新宇	
G1	箱	2	1.2×0.8×0.7	220	顺昌	
A2	箱	34	0.6×0.5×0.3	230	中发	
B2	个	50	0.5×0.5×0.4	320	宇通	不可承重
C2	箱	30	0.6×0.55×0.35	560	华大	
D2	箱	45	1.5×0.5×0.40	800	新宇	
E2	箱	34	0.6×0.5×0.40	200	顺昌	
F2	箱	53	1.5×0.5×0.35	340	中发	
G2	箱	23	0.6×0.5×0.45	560	宇通	
A3	箱	15	0.45×0.4×0.4	120	华大	
B3	箱	18	0.6×0.5×0.45	90	新宇	不可承重
C3	箱	20	0.5×0.5×0.4	450	华宇	
D3	箱	46	0.6×0.5×0.4	120	鑫达	
E3	箱	80	0.5×0.5×0.3	150	诚峰	
F3	箱	34	0.6×0.5×0.25	1200	星创	
G3	箱	9	0.6×0.2×0.35	350	银创	
A4	箱	64	0.6×0.5×0.65	600	华通	
B4	箱	5	1.3×0.56×0.15	400	顺昌	不可承重
C4	箱	25	1.6×0.78×0.45	30	中发	
D4	箱	34	0.5×0.5×0.35	12	宇通	
E4	箱	23	0.6×0.5×0.4	20	华大	
F4	箱	10	0.5×0.52×0.2	60	华宇	
G4	箱	8	0.45×0.3×0.25	100	鑫达	

2. 如果采用1AA类型的集装箱装载托盘形式的货物，当货物缺乏必要的防治塌垛的防护措施时，分析可以采用的辅助保护措施。

3. 利用模拟运输船进行运输模拟，分析海运过程中可能遇到的影响集装箱内部货物质量的影响因素，并说明可采取的必要防护措施。

4. A工厂以生产欧美国家用的装饰用油漆为主，出口全部采用海运集装箱方式，说明在设计产品包装时应考虑的基本因素。

5. 结合实验操作说明港口作业过程中所采用的集装箱作业设备配置应考虑哪些主要因素。

6. 分析采用海陆联运过程中除运输工具外应使用的集装箱作业设备有哪些，对其基本性能有何要求。

7. 结合实验分析说明飞机的内部结构以及其他特征，若采用集装箱进行运输作业应如何满足其特征需求。

8. 分析集装箱锁的作用，并说明采用电子锁的优势。

9. 结合实验分析集装箱货场的装卸搬运效率的影响因素。

10. 结合实验分析集装箱货场中集装箱堆放确定位置时应考虑的主要因素。

11. 分析集装箱联运过程中不同运载工具对集装箱外形尺寸等参数的要求。

12. 结合实验分析集装箱货场选用集装箱叉车作为作业工具的优势。

13. 案例分析。

甩挂运输

甩挂运输（Drop and Pull Transport）是带有动力的机动车将随车拖带的承载装置，包括半挂车、全挂车甚至货车底盘上的货箱甩留在目的地后，再拖带其他装满货物的装置返回原地或者驶向新的地点。这种一辆带有动力的主车，连续拖带两个以上承载装置的运输方式被称为甩挂运输。

山东京博物流中心有限公司是滨州市的一家物流企业，是甩挂运输首批试点企业之一，公司的一项业务是在沾化港接卸纸浆，运到200km外位于博兴县经济开发区的黄海纸业公司，生产高档纸品。港口和生产车间均未建设纸浆仓储设施，把车辆作为仓库使用，京博物流为此投入了20辆车。

京博物流副总经理韩春生介绍，纸浆接卸过程较为复杂，平均接满一车需要四五个小时，在车间使用纸浆也需要较长时间，两头都需要车辆原地等候。实施甩挂运输后，牵引车把纸浆拉到黄海纸业公司，不再原地等待，而是与原挂车分离，拉上已经使用完纸浆的挂车到港口接货，周而往复。“通过实施甩挂运输，‘两头等’变成了‘一路跑’，驾驶员也减少了一半，运营成本大幅下降。”韩春生说，甩挂运输使公司车辆和人力资源得到充分利用，车辆互相甩挂，形成了货物高效循环运输。

据介绍，按每辆牵引车购置费用和人工、维修、管理等日常成本总共30万元计算，全省甩挂运输共节省牵引车购置费用3.15亿元，平均单位运输成本下降10%～20%。其中，仅鲁花集团一家每年就节约运输成本1720万元。

发展甩挂运输使运输效率显著提高。如京博物流公路与铁路之间换装，牵引车单运次平均换装等待时间由25小时降低至0.8小时；荣庆物流公司运输效率和劳动生产率提高了35%。与此同时，节能减排取得明显成效。鲁辽滚装甩挂比陆路运输节省里程960km，累计比陆路绕行山海关节省燃油折合标准煤2万多吨。

此外，为加强甩挂运输企业间的协作，山东、辽宁、吉林、黑龙江、河北、内蒙古、天津等省区市签署了环渤海湾甩挂运输联盟协议，同时又签署了山东省甩挂运输联盟协议。通过组建甩挂运输联盟引导运输企业之间加强合作，有效整合物流资源，推进集约化经营。运输企业自身也在组建联盟。烟台打捞局已带动发展甩挂运输企业23家，组织整合50余家大型生产厂家和货站加入甩挂联盟，使常年稳定从事甩挂运输的车辆达到400余辆。

（案例来源：徐州运友物流网）

问题分析：

请结合实验和案例分析采用甩挂运输需要添加哪些基本设备。

实验十七　无线射频技术应用实验

【实验准备知识】

一、无线射频技术原理

（一）无线射频技术的概念和分类

无线射频识别（Radio Frequency Identification，RFID）技术的基本原理是利用空间电磁感应或者电磁传播进行通信，以达到自动识别目标信息的目的，其作用是利用无线射频方式进行非接触双向通信，以达到识别和交换数据的目的。

RFID 识别系统的基本工作方法是采用粘贴、插放等方法将 RFID 标签安装在被识别对象上，利用专用的 RFID 阅读器接近被识别对象，当距离达到可识别范围时，二者之间采用无线通信方式进行数据的相互传输，可以将标签内的存储数据通过阅读器解码后传递给控制用计算机，便于后期的处理分析。

（二）无线射频识别技术的特点

1. 识别范围大

无线射频识别技术属于无接触式识别，最大识别距离可以达到几十米，使用方便，同时可以识别高速运动物体。无线射频识别采用无线电波来传递信息，因此不受非金属障碍物影响，没有传输屏障。

2. 识别效率高

无线射频识别技术可以同时识别多个标签。

3. 体积小

无线射频识别技术的标签可以制作得很小，形状不受限制，且并不影响识别效果。

4. 可靠性好

射频识别设备可以使用几十年，而且对外界环境干扰不敏感。

5. 储存量大

目前的射频标签的储存量以兆字节为基本单位，且可以更新，适合在数据容量大且信息需要变更的情况下使用。

6. 准确性好

射频识别设备的信息读取精度高，误差小。

7. 安全性好

射频标签的存储信息可以进行保密，难以伪造。

二、无线射频设备的分类、应用与选型

（一）无线射频识别设备

无线射频识别系统的组成包括阅读器、标签以及数据管理系统。

1. 阅读器

阅读器也称为读写器，是联系标签以及数据管理系统的接口，其主要作用是完成标签信息读出或者写入，阅读器和计算机之间可以通过标准接口进行通信；阅读器具有防冲撞功能，能够一次性地读取多个标签信息，并具有纠错功能，对标签信息进行校验，并能够进行更正。

阅读器按照使用方式可以分为以下几种：

（1）固定式阅读器。固定式阅读器具有识别效率高、距离远的特点，适合于使用地点相对固定、频率高的场合。

（2）手持式阅读器。手持式阅读器是一种便携式的识别装置，自身具有信息处理功能，一般配有显示装置和操作键盘，可完成一定的信息处理任务，适合于盘点、拣选等作业选用。手持式阅读器可以和计算机相连，并可以集成条码扫描功能，形成复合式识别装置。

（3）读卡器。主要用于射频卡的识别操作，具有发射功率小，识别距离短的特点，适合公共交通缴费等情况下使用。

阅读器按照使用环境可以分为商用读卡器、工用读卡器以及军用读卡器等。一种典型的阅读器如图 17－1 所示。

图 17－1　一种典型的阅读器

2. 标签

标签是信息的载体，一般情况下射频标签是由标签天线和标签芯片构成，可以完成信息的发射传输和存储，射频标签内的存储信息还可以进行修改、编程，便于进行信息管理。标签的外形很小并可以任意改变，适合印制在包装上，使用非常方便。

标签可以分为以下几种：

（1）按照供电形式分类。包括有源标签和无源标签，有源标签内置电池，可以提供更多的附加功能。

（2）按照信息处理方式分类。包括只读标签、可读可写标签，其中只读标签信息是固化的，不可改变。

（3）按照信号感应形式分类。包括主动式标签和被动式标签，主动式标签使用自身的能量将数据信号传输给阅读器，而被动式标签必须依靠阅读器相互感应才能正常工作。一种典型的电子标签如图 17－2 所示。

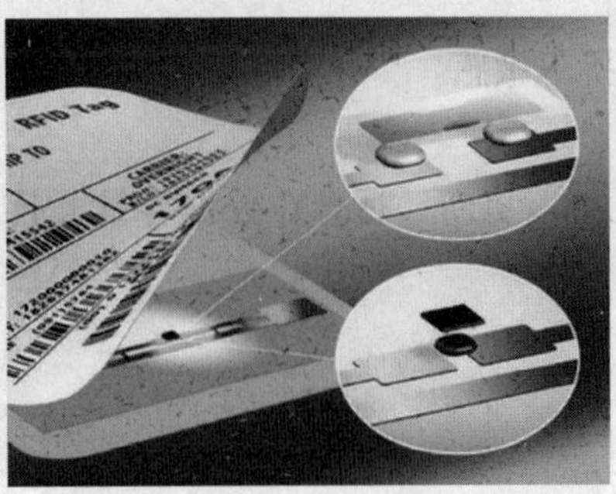

图 17－2　一种典型的电子标签

（二）无线射频技术的应用

射频识别技术被广泛应用于工业自动化、商业自动化、交通运输控制管理等众多领域，如流水线生产自动化、邮政分拣、超市货物管理、仓储管理、车辆防盗等领域。

1. EAS 系统

主要用作仓库、商店以及图书馆的防盗器件，需要对货物或者图书添加电子标签，在出口可以影响接收器对发射器信号的接收，减少盗窃情况的发生。

2. 商业应用

利用无线射频技术可以实现机动结算，顾客可以通过设置的固定识别设备直接确定购买商品的总额，而不必采用专用的条码扫描设备，极大地提高了效率。

3. 运输管理

目前广泛使用的射频识别乘车卡具有交易便捷、快速通过、可靠性高的特点；在高速公路利用射频技术可以实现自动收费。

4. 仓储管理

利用带有自动射频识别功能的读取器获得射频标签的数据，并可以将数据暂时存放或者直接传送给信息管理系统，用此技术可以实现仓库的高效管理，有效地解决货物的动态信息管理问题，用于实现自动化的货物存取和库存盘点，增强作业的准确性和快捷性，提高管理质量，降低劳动强度。

5. 定位跟踪系统

射频标签可以存储信息，可以实现商品的信息化管理，对于危险品或者集装箱等通过自动识别可以跟踪记录其运输过程以及使用情况，便于管理。

6. 射频技术在军事物流中的应用

美国和北大西洋公约组织（NATO）在波斯尼亚的“联合作战行动中”，不但建成了战争史上投入战场最复杂的通信网，还完善了识别跟踪军用物资的新型后勤系统，这是吸取了“沙漠风暴”军事行动中大量货物无法跟踪造成重复运输的教训，无论货物是在定购之中、运输途中，还是在某个仓库存储着，通过该系统，各级指挥人员都可以实时掌握所有的信息。该系统途中运输部分的功能就是靠贴在集装箱和装备上的射频识别标签实现的。RF 接收转发装置通常安装在运输线的一些检查点上（如门柱上、桥墩旁等），以及仓库、车站、码头、机场等关键地点。接收装置收到 RF 标签信息后，连通接收地的位置信息，上传至通信卫星，再由卫星传送给运输调度中心，送入中心信息数据库中。

（三）无线射频设备的选型

无线射频技术在选型时应该重点考虑以下技术参数：

1. 识别距离

物流管理中识别距离越大使用越方便，比如车辆的运输管理，在无线射频系统中可以通过选配天线增加识别距离。

2. 存储容量

识别标签的存储容量越大，可存储的货物的信息就越多，方便进行管理。

3. 通信性能

无线射频识别的实质是数据的传递，因此必须保证通信的可靠性，要选择合理的通信模式，以保证一定的数据传输速度，满足实际使用需要。

4. 最大识别数量

最大识别数量是指一次可以最多识别的标签数量，最大识别数量直接影响识别的效率。

5. 能量供应模式

无线射频技术按照能源形式分类可以分为有源系统、无源系统以及半有源系统。有源系统由内部电池供电，系统识别距离长，但体积大，成本高；而无源识别系统体积小、重量轻、寿命长，成本低廉，但是识别距离短；半有源系统标签带有电池，但是只限于标签内部电路使用，并不用于标签发射识别信号。

6. 标准化

目前使用的射频识别设备还没有统一的标准，因此无法一体使用，特别是设备使用的频率等，因此在选用的时候应尽量地选用同一种标准，便于系统集成。

7. 系统性

射频识别设备的应用必须考虑整个系统的情况，是否能够和物流系统中的其他环节相配合，否则系统无法形成一个有机的整体，比如库存管理中的自动化系统必须考虑和机械设备、信息管理系统的配合。

8. 经济性

射频技术目前没有被大量地采用，其中主要的原因就是成本过高，高于条码 10 倍以上，因此在使用过程中必须综合考虑经济性、效率等多方面的因素，才能确定最优方案。

【实验报告】

无线射频技术应用实验

一、实验目的

1. 了解无线射频技术的基本原理；
2. 掌握无线射频设备的性能和选型方法；
3. 熟悉典型无线射频系统设计方法。

二、实验内容

通过无线射频设备进行电子标签的识别和读取，测试无线射频设备性能，得出其性能评价指标；实验中通过电子标签标识货物，并进行信息的读取；采用射频标签对存储介质标识，并进行信息的读取；实验通过射频标签完成出入库等物流作业，并进行对比分析。

三、实验器材

货架一套，模拟货物一套，电子标签打印机一台，电子标签设备一台，托盘若干，计时仪器若干，金属以及塑料材质的干扰板若干，基于电子标签的自动定位系统一套、自动防盗系统一套、食堂用结算系统一套（也可以选择其他类型的系统模拟物流运作）、存储货架一套。

四、实验步骤

1. 利用阅读器读取不同频率的电子标签，总结设备的性能参数，并建立其评价体系。
2. 使用不同的干扰板重复步骤1，对其干扰效果进行评价。
3. 利用电子标签进行货物标识，货物包括箱式货物、形状不规则货物等，总结货物自身特征对标识的影响。
4. 将电子标签引入物流作业，结合基于电子标签的自动定位系统、自动防盗系统以及食堂用结算系统进行实际应用，分析水、食物等对信息识读的影响。

五、实验报告题目

1. 结合实际应用操作说明不同频率标签的性能区别。

2. 结合物流作业要求列举典型的货物标识信息，通过相应设备修改标签存储信息的格式和位数等，验证其满足需求的程度。

3. 分析包括金属、塑料、纸板等在内的干扰板的干扰效果，并分析其可能对物流作业带来的影响。

4. 采用电子标签对纸箱、衣物等典型货物进行标识，并总结货物物理属性和化学属性对标识的影响。

5. 采用电子标签对周转箱、托盘、货架等典型货物进行标识，并总结存储介质物理属性和化学属性对标识的影响。

6. 利用电子标签识读设备进行电子标签信息读取，说明识读设备的基本性能参数。

7. 选择污染、磨损等处理方法进行干扰实验，对使用电子标签作为存储信息介质所面临的主要影响因素进行分析。

8. 利用电子标签与货架等组合使用，提出技术方案，实现防盗、自动盘点等方面的功能。

9. 通过采用电子标签的自动定位系统进行物流人员定位，分析安装方式、作业环境、设备性能等对定位的影响。

10. 通过采用电子标签的自动防盗系统进行物流货物防盗模拟，分析安装方式、作业环境、设备性能等对定位的影响。

11. 通过采用电子标签的食堂用结算系统进行食堂经营模拟，分析安装方式、作业环境、设备性能等对定位的影响。

12. 为完成出入库等作业的自动识别，分析其运行速度对系统的影响。

13. 结合实验说明利用电子标签完成超市等自动收费功能的方案。

14. 结合实验提出利用电子标签完成高档商品的防伪功能的技术方案。

15. 案例分析。

RFID 技术在物流配送中心的应用

针对传统物流配送中心存在的问题，在配送中心应用 RFID 技术越来越广泛。

（1）入库和检验。当贴有射频标签的货物运抵配送中心时，入口处的阅读器将自动识读标签，根据得到的信息，管理系统会自动更新存货清单，同时，根据订单的需要，将相应货品发往正确的地点。这一过程将传统的货物验收入库程序大大简化，省去了烦琐的检验、记录、清点等需要大量人力的工作。

（2）整理和补充货物。装有移动阅读器的运送车自动对货物进行整理，根据计算机管理中心的指示自动将货物运送到正确的位置，同时将计算机管理中心的存货清单更新，记录下最新的货品位置。存货补充系统将在存货不足指定数量时自动向管理中心发出申请，根据管理中心的命令，在适当的时间补充相应数量的货物。在整理货物和补充存货时，如果发现有货物堆放到了错误位置，阅读器将随时向管理中心报警，根据指示，运送车将把这些货物重新堆放到指定的正确位置。

（3）订单填写。通过 RFID 系统，存货和管理中心紧密联系在一起，而在管理中心的订单填写，将发货、出库、验货、更新存货目录整合成一个整体，最大限度地减少了错误的发生，同时也大大节省了人力。

（4）货物出库运输。应用 RFID 技术后，货物运输将实现高度自动化。当货品在配送中心出库，经过仓库出口处阅读器有效范围时，阅读器自动读取货品标签上的信息，不需要扫描，可以直接将出库的货物运输到零售商手中，而且由于前述的自动操作，整个运输过程速度大为提高，同时所有货物都避免了条码不可读和存放到错误位置等情况的出现，准确率大大提高。

目前 Epicor 宣布其集成化完整的配送解决方案软件支持 RFID 技术。这种软件同时支持进货型和出货型 RFID。进货型 RFID 功能是指在接受订购的货品时只需读取 RFID 标签即可完成收货任务，不必再需要高级电子发货通知（Advanced Ship Notifications，ASN）。出货型 RFID 功能，可以对 RFID 标签进行写入操作，此项操作由系统的仓库管理和数据采集模块在按订单发货时完成。货品的 EPC 数据写入 RFID 标签，同时储存在配送系统内，需要对货品进行跟踪时很容易调出。EPC 数据在箱装和盘装货品的标签上面可以读出，这个数据同时也包含在电子发货清单上面。这种软件可以帮助企业在物流和配送网络作业过程中提高效率。

上海联华便利配送中心无线条码数据终端系统是一个典型的 RFID 与条码结合的物流系统模型。联华便利配送中心解决方案采用 WMS（仓库管理系统）实现整个配送中心的全电脑控制和管理，以无线数据终端并依靠条码自动识别技术，在各个物流环节以条码为载体进行实时物流操作，以自动化流水线来输送，以数字拣选系统（DPS）来拣选。配送中心进货后，立即由 WMS 进行登记处理，生成入库指示单，同时发出是否能入库的指示。工作人员用手持终端对该托盘的条码进行记录。在货品传输时，根据输送带侧面安装的条码阅读器对托盘条码进行确认，计算机立即对托盘货物的保管和输送目的地发出指示。货物在下平台前，由入库输送带侧面设置的条码阅读器将托盘条码输入计算机，系统根据该托盘情况，对照货位情况，发出入库指示。整个系统以条码为主线贯穿物流全过程，达到了非常高效可靠的程度。5500 数据终端，作为既可以读取 RFID 信息又可以扫描条码的新一代数据终端，它在整个物流运作过程中起到不可或缺的作用。5500 手持无线数据终端通过 RFID 与条码系统来完成。其中，可以反复使用的托盘和笼车上贴有 RFID 标签，以实现大量商品的快速进出库管理；而商品上有条码，可以满足销售的需要。入库时，用 5500 手持终端设备对托盘上的 RFID 标签写入承载物品信息及进货品种、数量、保质期等数据进行进货登记输入；然后由输送带侧面安装的 RFID 读取装置对托盘上的标签进行确认，由系统安排货位，再由叉车作业者根据 5500 手持终端指示的货位号将托盘送入指定货位，经确认后，在库货位数将自动更新。出库时，工作人员在空笼车上的塑料袋里插好出库单，将楼层号和商店号等信息写入笼车上的 RFID 标签，并将空笼车送到仓库；做好以上准备后，拣选人员在确认笼车内 RFID 标签上的商店号码与商店号码显示器显示的一致后，开始进行拣选工作。最后，工作人员根据散货笼车上的 RFID 信息，快速确认内容商品的属性，将不同商店分散在多台笼车上的商品归总分类，附上交货单，依照送货平台上显示器显示的商店号码将笼车送到等待中对应的运输车辆上。电脑配车系统将根据门店远近，合理安排配车路线。

（案例来源：中国安防展览网）

问题分析：

（1）请结合实验和案例分析选用 RFID 的技术优势。

（2）请结合实验和案例分析配送中心选用 RFID 技术还可以用于哪些环节以提高物流效率。

实验十八 行业物流实验——鲜活农产品物流实验

【实验准备知识】

一、农产品物流

传统农产品物流只涉及流通领域的销售物流，现代农产品物流意义广泛：既包括产前的供应物流，产中的生产物流，又包括产后的销售物流及废弃物回收物流等，是物流、商流、信息流及资金流的统一体，其通过有效克服流通中的时间和空间阻碍，提供高质高效的运输服务来创造更大的农产品价值。

长期以来，人们将农产品物流简单地视为农产品运输、储存和装卸，这种认识是具有片面性的，不利于农产品物流持续有效地发展。结合现代物流理论和农业经济理论，可以认为农产品物流是指为了满足用户需求，通过创造农产品时间价值、空间价值和潜在属性价值来完成从产前到产后的一系列供应链环节的实体性或虚体性流转。具体而言，包括农产品生产、收购、运输、储存、装卸、搬运、包装、配送、流通加工、信息活动等一系列环节，是与农产品相关的若干领域经济活动系统的、集成的、一体的现代概念。

二、真空预冷技术

（一）冷却技术背景简介

在我国果蔬类食品的销售环节一般是采摘后直接上市销售，然后由消费者买回家中处理干净再食用，而剩余的不可食用部分再集中运输处理，这种消费方式不仅费时费力，增加重复运输处理，而且污染环境，又不符合食品卫生要求，很显然这与现代化、快节奏、高度文明、发达的社会越来越不相适应。

20世纪70年代发达国家就已实现工厂化加工水果、蔬菜，到20世纪80年代初已经发展到规模化生产。采收后的水果、蔬菜经挑选、去根蒂叶、清洗、预冷、包装、冷藏运输进入超级市场的冷藏货架，消费者买回置入冰箱冷藏，食用时可直接烹调，无须清洗等环节，这种消费方式与我国传统消费方式相比无疑具有许多优点。

工厂化的集中处理必然给农业带来一场深刻变革，农副产品加工必然朝着工厂化、规模化、标准化方向发展；可以向消费者提供完全符合食品卫生标准的农副产品，鲜度大大提高；大大减少城市垃圾，减少环境污染；减少重复运输；消费者省时省力，满足快节奏的生活方式要求。

我国政府一向大力提倡“菜篮子”工程，特别是在我国经济发展时期，水果、蔬菜的工厂化加工已经受到各级政府的高度重视，净菜上市销售已成为必然趋势。在近几年内必将有较大的发展。此外，由于新鲜水果、蔬菜的出口受到预冷保鲜技术制约，已越来越不能满足日益增长的国际贸易要求。

预冷与冷却的概念不同。所谓预冷是指食品从初始温度（30℃左右）迅速降至所需要的终点温度（0℃～15℃）的过程，冷却以及快速冻结前的快速冷却工序；而冷却则是将食品温度降至高于冻结温度的过程，冷却主要应用于以下几种类型。

冷却储藏：用于水果、蔬菜等食品的高温冷藏（保鲜冷藏），目的是为了保鲜和延长其储藏时间。

纯冷却：完全用于某些液体需要的某一温度。在纯冷却时，流体温度下降而不发生状态变化，也就是只吸收本身的潜热，如冷却啤酒、调料、牛奶、水、葡萄酒、氢氧化钠溶液、盐水等。

析出冷却：一般是针对多相液体而言，即在冷却时一种或多种液体成分固体化并析出。如处理油、石蜡、锌钡石、二氧化硫、制药厂回收丙酮、冷冻浓缩海水、果汁、盐水、葡萄酒等，沉淀酒石和某些化学处理方法等。

凝固冷却：凝固冷却是指一种物质以液态到固态的转变，如人造黄油、植物油、动物油、棕榈油、巧克力、硬脂精、凝胶等。

水果蔬菜采收后由于受环境温度的影响，一般表面温度比较高，加之其较强的呼吸作用，在成分不断发生变化的同时，释放的热量也不断地增大，温度会持续升高，而较高的温度又促使其呼吸加快连续释放热量，水分大量蒸发，自身的营养和水分持续消耗，迅速萎蔫，鲜度降低，使货架期大大缩短。

为了延长水果、蔬菜的货架期，减少其干耗和流通中的各种损耗，使消费者获得高鲜度又洁净的水果、蔬菜，就必须在工厂进行一系列采收后的加工处理，如挑选、去蒂根皮叶、清洗预冷、滤水、包装等，而预冷工艺更是必不可少的。

（二）真空预冷方法原理

常见的预冷方法有空气预冷、水预冷、冰水预冷和真空预冷方法。在常压下将水加热到100℃开始沸腾，温度降至0℃时结冰。压力降低时水的沸点为也降低，613.28Pa时沸点为0℃。依据水随压力降低其沸点也降低的物理性质，将预冷食品置于真空槽中抽真空，当压力达到一定数值时，食品表面的水分开始蒸发。真空预冷方法的优点如下。

食品表面含有大量的水分，由于其温度较高因而其水蒸气压力也发生了变化。在大气压力下水分蒸发比较缓慢，在真空状态下由于阻力减少蒸发速度加快，因此食品冷却速度快。食品初温为35℃，降至3℃时约需20min；在真空槽内由于各点压力均匀，所以食品预冷均匀；冷却能力大，包括装卸时间每小时可以运行两次；预冷清洁卫生，无交叉污染。

（三）真空预冷装置

真空预冷装置分间歇式、连续式、移动式和喷雾式4种。间歇式真空预冷装置用于小规模生产，连续式真空预冷装置用于大型加工厂，移动式真空预置由于其一体化，组装在汽车上机动灵活，可以异地使用，喷雾式装置用于表面水分较小的果实类、根茎类食品预冷。目前真空预冷装置主要由真空槽、捕水器、真空泵、制冷机组、装卸机构、控制柜等部件组成。

1. 真空槽

真空槽一般采用不锈钢制作。对于小型真空槽采用圆筒形，并加装加强筋增强，所有焊口均采用坡口焊，并进行 X 光探伤检验。采用 Q235B 材质时，内侧应进行防腐处理，外侧喷涂高强度防锈材料。槽体门应用电动或手动门，加工、精洗系统密封性能好。真空槽底部设有轨道机构，以便于装卸物料。真空槽设有排水装置和清洗系统，以保证内部清洁卫生。

2. 捕水器

捕水器又称冷槽，与真空冷冻干燥装置中的捕水器具有相同的作用，即用于浓缩空气中的水分，以防止水分进入真空泵而乳化润滑油损坏真空泵组件，间歇式真空预冷装置的捕水器一般设计成圆筒形结构。

3. 真空泵

真空泵为真空系统的关键部件，选用时应根据不同规格的真空预冷装置及具体情况进行确定，如旋片真空泵组、水环增压泵组、水蒸气喷射泵组等。

4. 制冷机组

对于小型间歇式或连续式真空预冷装置制冷机组应选择水冷或风冷氟利昂冷凝机组，大型装置则采用氨系统。对于较热的气候一般选择氟利昂水冷机组，制冷机组与真空泵组、控制柜等组装在一个公用底盘上。

5. 装卸机构

装卸机构应视用户装卸方式确定，单个包装装卸应采用传送带或轨道，整体装卸采用电瓶叉车或液压推进器。控制系统配有手动和自动系统工程，任何一个系统出现故障时，由另一系统运行。

三、POS 机的运用

（一）POS 机的概念

POS 是英文 Point of Sale 的缩写，是指销售点终端。POS 机通过采用数据传输协议 PPP（Point to Point Protocol）与硬件技术结合进行开发终端消费设备。它配有条码（Bar Code）或 OCR 码（光字符码）终端阅读器。POS 机也称为收银机、收款机、电子收款机。POS 机广泛用于零售业和服务业的交易处理和记录，如在银行、百货商场、超市、服装行业、医疗行业（医院、药店）、娱乐等产生消费的场所都需要用到 POS 机，它使得企业可以简化供应链、促进自助式交易并且降低部署和维护零售环节基础设施的成本，是终端的零售商家不可缺少的收款设备。

（二）POS 机的特点

POS 机是一种终端设备，具有以下特点：

1. 效率高

POS 机是一种典型的专用设备，采用了专用的外设，比如收银设备等，以提高操作效率。

2. 功能全面

POS 机不但具有信息采集功能，还可以对录入的信息进行存储和处理，比如完成货物初步的数量和价格统计，并可以将数据传输给物流管理系统，作为决策分析的原始基础数据，还可以实现电子货币的实时转账。

3. 专用性

POS 机与普通计算机结构相似，但是为了提高作业效率、降低成本，只能作为简单的终端使用，因此具有很强的专用性。

4. 适应性强

POS 机可与多种设备相联接，还可以采用联网结构，所以系统的实时性加强。

5. 使用方便

POS 机是开放的系统，组件是相对独立的，所以维修相当方便。

6. 经济性好

POS 机价格比较低廉，性能价格比高。

（三）POS 机的功能

1. 结算功能

POS 机具有商品结算功能。使用 POS 机进行收款可以使用现金、信用卡、购物券、会员卡等多种方式。POS 使用简单方便，具有重复商品输入、数量乘商品输入、增加商品输入等多种信息输入方式，可以实现大量同种货物信息的快速输入。可以实现销售信息的合计和小计操作；折扣输入分折扣率和折扣额，且可以多次进行；收款信息的在线接收及新增商品的接收，并可以提供与销售有关的报告。

2. 盘点功能

POS 收款机可以实现盘点的功能，在停业盘点时可以利用条码识别设备读入商品信息，或者输入商品编码找到商品，然后可以统计相应的商品数量，并将信息传递给仓库管理系统进行盘点作业。

3. 到货确认功能

当商品入店时，POS 收款机可以实现到货输入的功能，可以利用条码阅读器读入商品信息，然后输入商品数量，收款机将这些数据传到后台进行到货处理。

（四）POS 机的基本组成

POS 机的基本结构包括主机与外部设备，其中主机的结构和普通电子计算机类似，POS 机的主要外部设备包括条码识别设备、票据打印机、顾客显示屏、显示器、专用机箱、编程键盘、磁卡阅读器以及收银钱箱，如图 18－1 所示。

1. 票据打印机

票据打印机是打印收款小票的打印设备，由于小票打印内容简单，打印质量要求不高，且颜色种类单一，因此只对打印速度有一定的要求，目前使用的主要是针式打印机和热敏打印机两种，针式打印机与常用的计算机打印设备原理相同，这里不再介绍。

热敏式票据打印机小巧轻便，易装纸结构，结构合理，使用维护简便；打印质量高，低噪声、高速打印；内置数据缓冲器（打印时可以接收打印数据）；具有温度过高时，自动中断打印的保护功能；同时能够提供串口、并口的选择，功耗小，运行成本低，如图 18－2 所示。

图 18－1　POS 机基本组成

图 18－2　票据打印机

2. 顾客显示屏

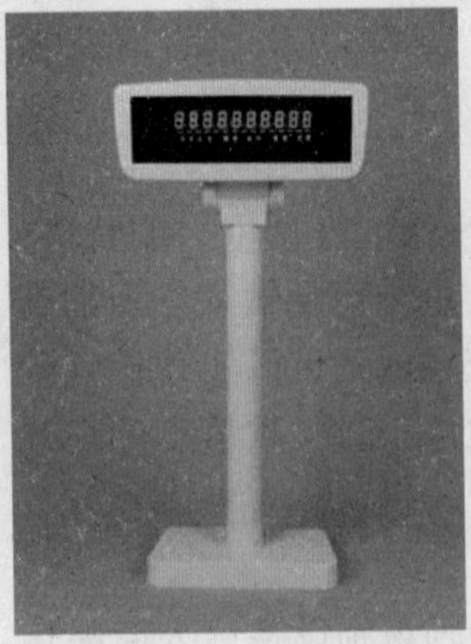

图 18－3　顾客显示屏

顾客显示屏是顾客观察相关信息的显示设备。由于 POS 机只要求显示价格、数量等常用信息，因此没有图形显示要求，对显示装置的显示面积也没有特殊要求，如图 18－3 所示。

常用顾客显示屏一般是由 10 位 VFD 真空管显示，并提供多谢惠顾、动态线、单价、总计、收款、找零等多种中文彩色字符显示，接受指令后可向钱箱输出驱动指令打开钱箱，并可以上下前后左右调节，为顾客提供舒适的视觉角度，适合商场、超市、医院、机场、车站，邮电、水电、银行等收费窗口使用。

3. 识别设备

（1）条码识别设备。POS 机常用的条码识别设备有激光或 CCD 型手持条码阅读器和激光卧式条码阅读器两种。对于作业不频繁的场合可以选用成本比较低的激光或 CCD 型手持条码阅读器。

（2）磁卡阅读器。用于读取磁卡上的信息，可以实现实时查询。磁卡阅读器可读两轨或三轨的数据。

（3）IC 卡及 IC 卡阅读器。可以记录几十 kB 的信息，并且可以实时修改信息；IC 卡阅读器可以读入 IC 卡上的信息，并将新的信息写到 IC 卡上，或利用 IC 卡上存储的运算式进行运算。

（4）与银行联网的授权机。通过读入由银行发行的各种信用卡的卡号，实时查询银行系统，以得到银行的授权。

（五）通信设备

通信设备实现 POS 机与外部设备的信息通信，目前主要是通过网络实现，常用的通信设备包括通信网卡、MODEM 以及无线网络设备等。

（六）POS 系统

POS 系统即销售时点信息系统，POS 系统的组成包括前台 POS 系统和后台 MIS 系统。POS 系统属于分门别类管理，可以自动读取销售时点信息，进行集中信息管理，是连接供应链的有力工具。

POS 系统的结构包括硬件部分和软件部分，其中硬件部分包括前台收款机、网络和硬件平台，软件系统完成日常销售统计、交班结算，并支持各种付款方式。

（七）POS 系统的运行

POS 系统的运行一般是按照以下环节顺序进行。

1. 商品信息化

将销售商品都贴有表示该商品信息的条码或光学识别（OCR）标签，以便于 POS 机识别。

2. 信息采集

在顾客购买商品结账时，收银员使用扫描读数仪自动读取商品条码标签或 OCR 标签上的信息，通过店铺内的微型计算机确认商品的单价，计算顾客购买总金额等，同时返回给收银机，打印出顾客购买清单和付款总金额。

3. 信息传递

各个店铺的销售时点信息通过 VAN 以在线联结方式即时传送给总部或物流中心。

4. 信息分析

在总部，物流中心和店铺利用销售时点信息来进行库存调整、配送管理、商品订货等作业。通过对销售时点信息进行加工分析来掌握消费者购买动向，找出畅销商品和滞销商品，并以此为基础，进行商品品种配置、商品陈列、价格设置等方面的作业。

5. 信息利用

在零售商与供应链的上游企业（批发商、生产厂家、物流业者等）结成协作伙伴关系（也称为战略关系）的条件下，零售商利用 VAN 在线联结的方式把销售时点信息即时传送给上游企业。这样上游企业可以利用销售现场的最及时准确的销售信息制订经营计划、进行决策。

只有详细了解 POS 系统的运作过程才能在分析系统使用要求的基础上，进行设备的合理配置。

POS 系统最早应用于零售业，以后逐渐扩展至其他如金融、旅馆等服务行业，利用 POS 系统的范围也从企业内部扩展到整个供应链。

使用 POS 系统提高了作业水平，使收银台业务更省力，商品检查时间缩短，输入商品数据的出错率大大减低，同时店铺作业更加合理，效率更高，并直接带动了企业经营管理水平的提高，便于把握顾客购买动向。并可以基于销售水平制订采购计划，进行有效的店铺空间管理。

四、GPS 系统的运用

（一）GPS 技术的概念

全球定位系统（Global Positioning System，GPS）是美国从 20 世纪 70 年代开始研制，历时 20 年，耗资 200 亿美元，于 1994 年全面建成，具有在海、陆、空进行全方位实时三维导航与定位能力的新一代卫星导航与定位系统。

全球定位系统是利用导航卫星进行测时和测距，使地球上的任何用户都能确定自己所处的方位，是由一系列卫星组成的，它们24小时提供高精度的世界范围的定位和导航信息。

GPS工作原理为采用全球性地心坐标系统，坐标原点为地球质量中心，利用高空轨道上运行的人造卫星所发射出来的信号，以三角测量原理计算出收信者在地球上的位置。

（二）GPS技术的特点

1. 全球、全天候工作

能为用户在全球范围内提供连续、实时的三维位置、三维速度和精密时间服务，不受天气、地点的影响。

2. 定位精度高

单机定位精度优于10米，采用差分定位，精度可达厘米级和毫米级。

3. 自动化程度高

GPS技术是在计算机集中控制下工作，不需人工干预，自动化程度高。

4. 功能多，应用广

随着人们对GPS认识的加深，GPS应用领域不断扩大，已经成功地应用于大地测量、工程测量、航空摄影测量、运载工具导航和管制、地壳运动监测、工程变形监测、资源勘察、地球动力学等多种学科。

（三）GPS功能

1. 定位功能

当GPS能够收到4颗及以上卫星的信号时，它能计算出本地的三维坐标：经度、纬度、高度；若只能收到3颗卫星的信号，它只能计算出二维坐标：精度和纬度。GPS的水平精度在50～100米，视接收到卫星信号的多少和强弱而定，如图18－4所示。

图18－4　定位系统工作界面

2. 路标功能

GPS可以将选定的地点作为路标，还可以给它选定一个图标来表示。路标是GPS数据核心，它是构成"路线"的基础。标记路标是GPS主要功能之一，通过路标可以从地图上读出一个地点的坐标，一般GPS能记录500个或500个以上的路标。

3. 路线功能

路线是GPS内存中存储的一组数据，包括一个起点和一个终点的坐标，还可以包括若干中间点的坐标，常见GPS能存储20条线路，可以根据路线确定运输的路径，如图18－5所示。

图18－5　路线功能工作界面

4. 前进方向

GPS 没有指北针的功能，静止不动时它是不知道方向的。但是一旦动起来，它就能知道自己的运动方向。GPS 每隔一秒更新一次当前地点信息，每一点的坐标和上一点的坐标一比较，就可以知道前进的方向，通过确定前进方向可以判断运输方向正确与否，如图18－6 所示。

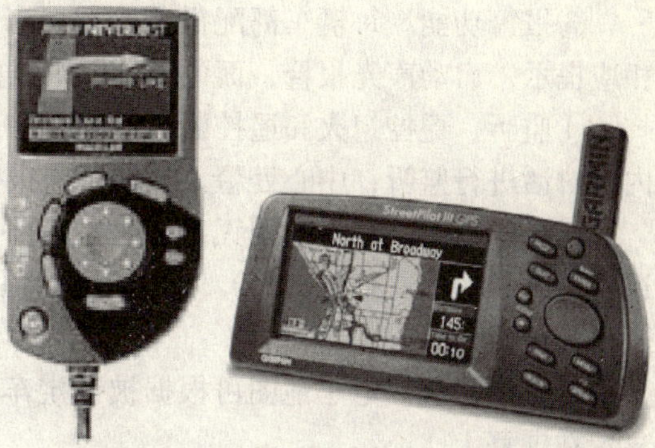

图 18－6 前进方向功能工作界面

5. 导航

导航是一个技术门类的总称，它是引导飞机、船舶、车辆以及个人（总称作运载体）安全、准确地沿着选定的路线，准时到达目的地的一种手段。导航是人类从事政治、经济和军事活动所必不可少的信息技术。今天，随着人类活动的发展，对导航的要求越来越高。

（四）GPS 接收器设备

GPS 接收器同时收听 3～12 颗卫星的信号，从而判断地面上或接近地面的物体的位置，还有它们的移动速度和方向等，不停地发送回精确的时间和位置。

GPS 接收设备最基本的功能是在地图上指出当前的位置，目前最主要的应用领域为航空、航海、通信、测绘、车辆导航、户外娱乐、军事等。通常，GPS 接收器可以按照应用方式分为以下几种：轿车中提供的导航系统、安装在计算机上的 GPS 附件以及自助旅行或野外探险者使用的单独的 GPS 设备。

1. 车载终端

GPS 车载终端又有车载机、车机、车载终端等不同叫法，具体是指具有 GPS 卫星定位功能且具有通信功能的一种 GPS 设备，它通常安装在车、船等移动目标上，对移动目标进行监控调度和管理。车载 GPS 终端与普通 GPS 手持机和 GPS 导航仪的核心区别就在于它具有通信功能，能把自身的 GPS 位置信息通过特定的通信方式发送到指定的系统。车载 GPS 终端的基本结构可分为 GPS 模块和通信模块两部分，GPS 模块负责采集 GPS 信号，通信模块负责与 GPS 平台进行通信。根据车载终端的功能不同还有 LCD 显示模块、通话手柄、图像采集器和各类专用传感器，如图 18－7 所示。

图 18－7 GPS 车载终端

（1）GPS 车载监控系统功能特点。

①车辆监控功能。监控中心实时显示各车辆状态，包括位置、速度、运动方向、故障等。

②通信功能。负责整个系统各部分间的数据传送，监控中心可以通过服务器向车载终端发出信息，并可将服务器的文字调度信息显示在通话手柄

的 LCD 屏上。

③报警功能。每辆车都配报警按扭，当遇到警情时，向中心报警。中心接到报警作相应提示，启动声光报警，而电子地图则以醒目的颜色显示报警车辆位置及其详细资料。

④监听、遥控熄火和遥控断油功能。中心可向报警车辆发送监听命令，实现对该车内部对话进行监听；中心处警人员还可向报警车辆发送熄火、断油命令。

⑤电子地图。电子地图无级放大、缩小，也可分块、分层显示，还可与其他图（如遥感图、航拍图、扫描图等）复合使用以提供更翔实的信息。电子地图可视用户的需要进行详细设计。

⑥自动漫游。电子地图可根据被锁定车辆轨迹进行单独自动漫游，以确保该车始终显示在屏幕上。

⑦自动存档功能。数据处理机可对车辆的各种信息进行自动存档，实行循环更新存储。

⑧复现功能。历史轨迹上传及轨迹回放。车载终端上存储的历史轨迹记录可以由管理中心通过无线方式按照时间段提取后存储于管理中心，轨迹点可以在管理中心电子地图上回放以重现车辆的行驶过程。

⑨系统自检功能。系统定时检测整个系统的运行状态。

⑩越界、超速报警。由管理中心系统下发速度的上限值到车载终端并由车载终端保存该设置，在行驶过程中若判断实际行驶速度超出速度上限值立即执行向监控中心上报超速报警信息的动作；中心系统亦可下发活动区域的属性数据到车载终端并由车载终端保存该设置，在行驶过程中若判断出不在活动区域内则立即执行向监控中心上报越界报警信息。

（2）GPS 车载终端技术参数包括以下几个方面。

①数字信号传输指标。包括信号使用频段，主要包括 900MHz/1800MHz 两种，并支持话音和数传。

②支持协议类型。支持协议类型是指数据传输所使用的传输协议，主要包括 PPP 协议、IP 协议、ICMP 协议、UDP 协议、TCP 协议、SNTP 协议，以及 TFTP 协议等。

③工作电压。工作电压是指工作状态的允许电压值，一般工作电压为 7～36V，极限电压为 40V。

④工作电流。工作电流是指工作状态的允许电流值，工作状态电流一般为 60～120mA。

⑤定位精度。定位精度是指系统计算位置与实际位置之间的差值，定位误差一般小于 6 米。

（3）车辆 GPS 监控、管理系统应用。车辆 GPS 监控、管理系统是利用目前国内使用最广泛的 GSM、GPRS 或短信息移动通信网络来进行移动数据服务，车辆移动目标的数据（定位信息、求助信息、报警信息等）是用移动数据通道进行传输的，下行数据（查询指令、调度信息等）也是利用这种方式发送，从而实现运输车辆的定位、调度、服务和管理。

监控平台通过 Internet 网络相连接，以保证大数据量的传输，利用有线和无线相结合的解决方案具有成本低、接入数量不受总控中心端口限制、无须自建网络等益处。通信网络接入方式如图 18－8 所示。

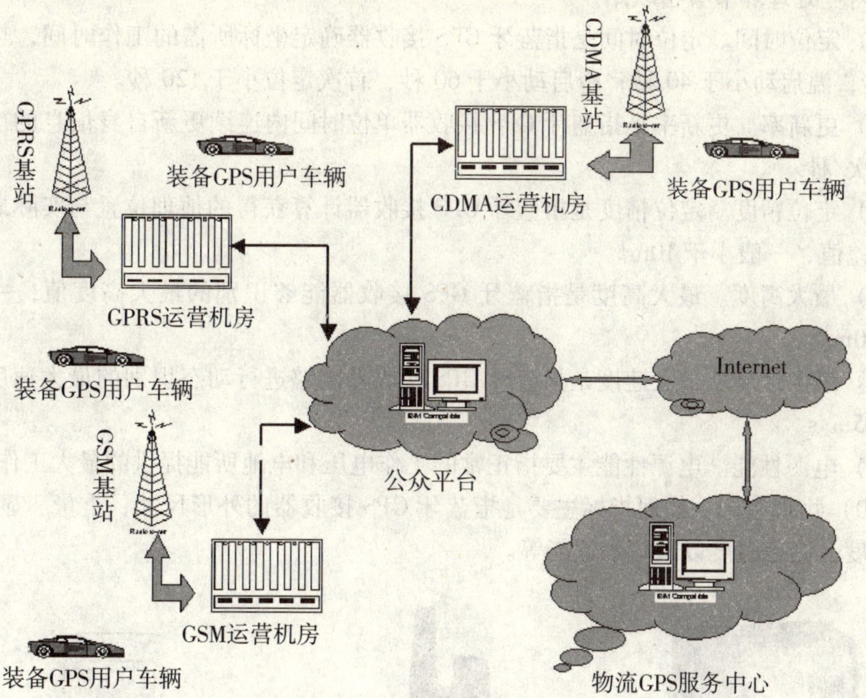

图 18－8　通信网络系统构架

应用领域包括以下方面。

①车队管理：高速公路路政大队、公安局警车管理、团体车队等。

②营运车辆监控调度：客货运公司、物流公司、出租车公司、公交公司。

③特种车辆监控调度：运钞车、救护车、危险品运输车、紧急抢修车等。

④内河船舶监控调度：船舶进港调度、船舶航行监控等。

2. 蓝牙 GPS 接收器

蓝牙 GPS 接收器是采用蓝牙接口的 GPS 接收器，它只是一个接收 GPS 信号的装置，不具备像手持机或车载机一样的显示屏。蓝牙 GPS 接收器一般由自身带的锂电池供电，通过蓝牙接口与具备蓝牙接口的装置连接。蓝牙 GPS 接收器本身不在扩展口，蓝牙 GPS 接收器不具备地图存储功能，所有地图都安装在与之连接的装置内。蓝牙 GPS 接收器具有体积小，使用方便，价格低廉，兼容性高，可以和计算机直接相连等优点，应用范围包括汽车导航、车队管理、个人导航，如图 18－9 所示。

以下是常用的蓝牙 GPS 接收器的主要技术参数。

（1）预设航线数。预设航线数是指蓝牙系统可以预先存储的航线数量，预设航线数越多，可参考的信息就越多，一般的蓝牙 GPS 接收器可以有 60 个预设航线，每条航线可包含 50 个航点，并支持智能查找功能。

（2）内存容量。内存容量是指蓝牙 GPS 接收器一般可记录的航路点数，一般不少于 3000 个航路点。

（3）通信模式。通信模式是指蓝牙 GPS 接收器与外界的数据传递方式。支持 RS232 串口和远程 MODEM 数据传输，可以非常方便地进行数据下载和远程传输，从而将外业采集和内业处理环节紧密联结。

（4）定位时间。定位时间是指蓝牙 GPS 接收器确定坐标所需的工作时间，热启动小于 10 秒，温启动小于 40 秒，冷启动小于 60 秒，首次定位小于 120 秒。

（5）更新率。更新率是指蓝牙 GPS 接收器单位时间内连续更新自身信息的次数，一般为 1 次/秒。

（6）定位精度。定位精度是指蓝牙 GPS 接收器计算获得的地理位置与实际地理位置时间的差值，一般小于 10m。

（7）最大高度。最大高度是指蓝牙 GPS 接收器能够识别的最大高度值，一般不高于 18000m。

（8）最大速度。最大速度是指蓝牙 GPS 接收器能够进行动态识别的最大速度，可以达到 505m/s。

（9）电源性能。电源性能主要指正常的工作电压和电池所能提供的最大工作时间。

（10）物理指标。物理指标主要是指蓝牙 GPS 接收器的外形尺寸、重量、显示效果、工作温度、储存温度以及防水性能等。

图 18－9　蓝牙 GPS 接收器

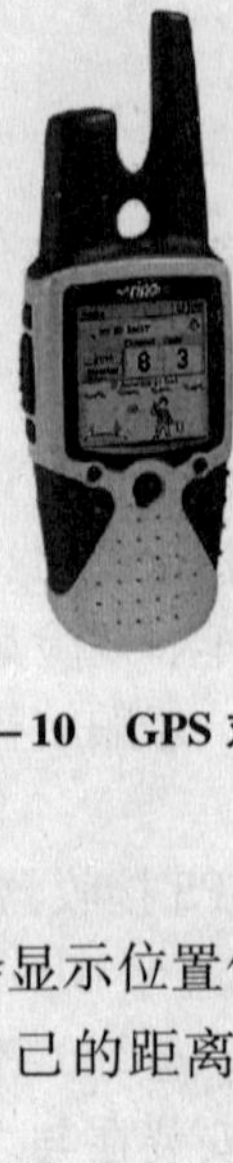

图 18－10　GPS 对讲机

图 18－11　诺基亚 N95GPS 手机

3. GPS 对讲机

该机有 GPS 功能，当定位后，会显示位置信息和定位误差，在通话过程中会同时显示出对方的名字、经纬度位置、距自己的距离及方位等。同时具有运动路径显示功能，如图 18－10 所示。

4. GPS 手机

GPS 手机是指配有 GPS 功能的移动通信设备，以内部集成的 GPS 部件为基础，结合手机的显示装置等硬件设备实现 GPS 功能，如图 18－11 所示。

GPS 手机使用方便，灵活性好，但是定位精度不如专用设备。

五、GPS 的物流功能及其在物流领域中的运用

（一）GPS 的物流功能

1. 实时监控功能

在任意时刻通过发出指令查询运输工具所在的地理位置（经度、纬度、速度等信

息）并在电子地图上直观地显示出来。

2. 双向通信功能

GPS 的用户可使用 GSM 的话音功能与司机进行通话或使用本系统安装在运输工具上的移动设备的汉字液晶显示终端进行汉字消息收发对话。监督员可在网络 GPS 工作站的显示屏上确认驾驶员工作的正确性，了解并控制整个运输作业的准确性（发车时间、到货时间、卸货时间、返回时间等）。

3. 动态调度功能

调度人员能在任意时刻通过调度中心发出文字调度指令，并得到确认信息。可进行运输工具待命计划管理，操作人员通过在途信息的反馈，运输工具未返回车队前即做好待命计划，可提前下达运输任务，减少等待时间，加快运输工具周转速度。可进行运能管理，将运输工具的运能信息、维修记录信息、车辆运行状况登记处、司机人员信息、运输工具的在途信息等多种信息提供给调度部门决策，以提高重车率，尽量减少空车时间和空车距离，充分利用运输工具的运能。

4. 数据存储、分析功能

实现路线规划及路线优化，事先规划车辆的运行路线、运行区域，何时应该到达什么地方等，并将该信息记录在数据库中，以备以后查询、分析使用。

可进行可靠性分析，通过汇报运输工具的运行状态，了解运输工具是否需要较大的修理，预先做好修理计划，计算运输工具平均每天差错时间，动态衡量该型号车辆的性能价格比。

（二）GPS 在物流领域中的运用

1. 汽车自定位、跟踪调度

GPS 车辆定位监控管理系统是采用全球定位系统对移动车辆及移动目标进行实时定位，利用移动通信网络进行实时数据传输，以电子地图和空间信息系统为支撑平台等各种技术手段，实现定位跟踪、监控报警、反劫防盗、指挥调度和信息查询管理一体化功能的高科技技术体系和完整的系统。

系统效率高、速度快、容量大、实时性强、运行稳定，可有效地对车辆及其他类型的移动目标进行定位、监控和指挥调度，为特种车辆及普通用户提供监控报警、信息查询、反劫防盗等服务，系统可同时监控大量多种类型的车辆目标、随时获取车辆的位置和状况、快速处理报警和异常突发事件，广泛适用于公安、消防、公共交通、商业、旅游、工程抢险、救灾等各个应用领域。

2. 铁路运输管理

可以通过 GPS 和计算机网络实时收集全路列车、机车、车辆、集装箱及所运货物的动态信息，可实现列车、货物追踪管理。只要知道货车的车种、车型、车号，就可以立即从近 10 万千米的铁路网上流动着的几十万辆货车中找到该货车，还能得知这辆货车现在何处运行或停在何处，以及所有的车载货物发货信息。铁路部门运用这项技术可大大提高其路网及其运营的透明度，为货主提供更高质量的服务。

3. 军事

全球卫星定位系统首先是因为军事目的而建立的，在军事物流中，如后勤装备的保障等方面，应用相当普遍。尤其是在美国，其在世界各地驻扎的大量军队无论是在战时还是在平时都对后勤补给提出很高的需求。

4. 货物配送

由于货物配送过程是实物的空间位置转移过程，所以在货物配送过程中，对可能涉及的货物的运输、仓储、装卸、送递等处理环节，对各个环节涉及的问题如运输路线的选择、仓库位置的选择、仓库的容量设置、合理装卸策略、运输车辆的调度和投递路线的选择都可以通过运用 GPS 的导航功能、车辆跟踪、信息查询等功能进行有效的管理和决策分析，这无疑将有助于配送企业有效地利用现有资源，降低消耗，提高效率。具体体现在以下方面。

（1）货物配送路线规划功能，包括自动线路规划和人工线路设计。自动线路规划是指由驾驶员确定起点和终点，由计算机软件按照要求自动设计最佳行驶路线，包括最快的路线、最简单的路线、通过高速公路路段次数最少的路线等。而人工线路设计是指由驾驶员根据自己的目的地设计起点、终点和途经点等，自动建立线路库。线路规划完毕后，显示器能够在电子地图上显示设计线路，并同时显示汽车运行路径和运行方法。

（2）话务指挥。指挥中心可以监测区域内车辆的运行状况，对被监控车辆进行合理调度。指挥中心也可随时与被跟踪目标通话，实行管理。

（3）紧急援助。通过 GPS 定位和监控管理系统可以对遇有险情或发生事故的车辆进行紧急援助。监控台的电子地图可显示求助信息和报警目标，规划出最优援助方案，并以报警声、光提醒值班人员进行应急处理。

5. 作业管理

物流公司借助 GPS 系统实现了实时动态的现代化管理体系，从而改变了原来电话呼叫货运司机才可了解车辆行驶情况的被动管理模式。其主要表现在以下几方面。

（1）物流公司管理部门足不出户，就可以全面掌握所有外出行驶的货运车辆的位置信息以及货运情况，从而实现统一调度管理。

（2）通过掌握行驶中货运车辆的速度、时间以及目标的距离，判断货运车辆到达的时间，通知接收单位提前做好接车准备，节约时间成本，大大提高了工作效率。

（3）通过监控中心将最新的市场信息反馈给运输车队，实现异地配送，从而使销售商更好地服务客户、管理库存，加快物资和资金的运转，降低各环节的成本，增强物流企业的市场竞争力。

（4）物流公司可通过监控中心的数据库准确地查询到货运车辆的出发时间以及装载情况，并根据实际情况及时做出调整和有效的管理方案，有利于降低运营成本。

（5）GPS 监控系统同 Internet 网络的结合可以实现用户网上查询货运车辆详细信息的功能，为用户提供高质量的服务。

（6）对于路面发生故障或有紧急情况的车辆，监控中心可通过监控大屏掌握第一手资料，迅速采取措施，从而增强快速处理突发事件的能力。

（7）安装了报警开关的货运车辆可以在遇到险情或特殊情况时按动开关，通知监控中心，保障行车安全。

【实验报告】

行业物流实验——鲜活农产品物流实验

一、实验目的

1. 了解鲜活农产品物流系统的基本构成；
2. 熟悉蔬菜流通过程中的典型物流作业方法；
3. 熟悉新鲜猪肉流通过程中的典型物流作业方法；
4. 掌握可追溯物流系统的基本构成；
5. 掌握GPS系统、POS机系统的性能和应用方法；
6. 了解蔬菜等在运输中由于装载条件等造成的影响。

二、实验内容

通过实验室构建的模拟环境，进行蔬菜流通全过程的物流作业模拟，熟悉相关物流设备的基本功能；通过实验室构建的模拟环境，进行新鲜猪肉流通全过程的物流作业模拟，熟悉相关物流设备的基本功能；通过GPS系统进行物流作业控制，熟悉设备的功能，并进行系统的功能配置；利用POS机系统进行零售数据采集并进行分析统计，同时熟悉设备的功能，并进行系统的功能配置；实验中可以利用已有技术完成可追溯系统的构建，并掌握系统具体的基本功能和作用。

三、实验器材

GPS系统一套，POS机系统一套，条码打印机一台，条码识读设备一台，RFID标签若干，RFID识读设备一台，模拟货物若干（包括新鲜蔬菜、肉类），真空预冷设备一套，物流环境模拟系统一套（可以模拟温度、湿度等物流环境特征），农产品流通模拟沙盘一套（需包括农户、经销商、运输商、超市、配送中心、消费者等角色），农药残留检测设备一套（可自行选定测试对象），激光喷码机一套，激光喷码识读设备一台，运输状态模拟设备一套，一种带有用户身份验证功能的配送箱。

四、实验步骤

1. 将新鲜的蔬菜一部分进行真空遇冷处理，将其置于物流环境模拟系统中，进行温度、湿度、风等外部物流环境特征的转变，然后将未作处理的新鲜蔬菜做同样的对比实验，观察其效果。

2. 对上述实验环节下的各个等时间间隔点进行蔬菜农药残留量测量并进行计量，并对菜品的重量、质量等进行测量和评价。

3. 利用条码技术和RFID技术对新鲜蔬菜进行标识，通过读取设备进行信息读取，然后利用农产品流通模拟沙盘进行模拟，说明各个角色所关心的信息，并进行实际采集。

4. 根据实验步骤1~3所示对新鲜肉类进行同样的操作，并记录实验结果。

5. 利用激光喷码机进行新鲜猪肉的标识，并与上述标识方式进行对比实验。

6. 利用 GPS 系统对车辆的实际运行数据进行记录，并进行运行效果评价。

7. 开展实地调研活动，记录企业实际的运作数据，并与实验结果进行比对，找出其中的差异点并进行分析。

8. 通过模拟设备模拟运输条件，调整装载特征参数等分析其对运输质量造成的影响，并进行适当的防护措施设计。

9. 利用实验提供的具有身份验证功能的配送箱进行实地操作，了解人员身份、地点等配送要素的验证方法。

五、实验报告题目

1. 结合实验和调研说明新鲜蔬菜从农户到消费者的整个物流过程中影响菜品质量的外部环境条件和物流运作的因素主要有哪些。

2. 分析新鲜蔬菜的哪些物流属性或者化学属性影响对其进行自动标识的方案设计，并说明各种标识方案的优点和缺点。

3. 对新鲜蔬菜进行可视化追溯，在设定追溯码的过程中应考虑哪些因素，请结合实验说明拟采用的方案。

4. 分析新鲜肉类的哪些物流属性或者化学属性影响对其进行标识，并说明各种标识方案的优点和缺点。

5. 对新鲜肉类进行可视化追溯，在设定追溯码的过程中应考虑哪些因素，请结合实验说明拟采用的方案。

6. 结合实验说明车辆运输过程中应提取哪些车辆运行数据，并说明数据的具体应用。

7. 结合实验说明 POS 机系统对各种标识方案的适用性，并说明 POS 机为实现供应链优化应如何利用该类数据。

8. 结合实验说明 GPS 设备选型应考虑哪些因素，并设定哪些基本功能。

9. 结合实验说明供应链可视化的具体内涵，并对其可视化程度进行评价。

10. 结合实验说明可追溯系统的具体功能，并定性分析其成本构成。

11. 分析蔬菜在售卖过程中应采用何种包装形式以提高蔬菜保鲜效果。

12. 分析蔬菜运输过程中由于运输条件或者装载条件影响所造成的损坏，并说明可采用的保护措施。

13. 如果采用电子商务模式进行客户直接订购蔬菜，请问采用的配送类设备应包含哪些，并应如何选型，重点解决身份验证和保护食品安全的问题。

14. 为提高蔬菜的流通质量，应在流通环节的哪些关键点进行控制，并检查哪些主要参数。

15. 案例分析。

日本全农果菜中心——高效农产品物流

全农果菜中心是日本全国农业合作联合会的园艺直销业务于2006年独立出来后设立的专业公司，主要从事日本国产农产品的产地直销贸易，主要为生活协同合作社会员和超市配送农产品。其所服务的生活协同合作社会员来自神奈川县、静冈县、山梨县3个县所属范围内的6个生活协同合作社（CO－OP、海员生协、CO－OP神奈川、CO－OP静冈、市民生协山梨、富士胶片生协）组成的“UCO－OP事业联合公司”，该组织会员人数迄今已超过177万人，规模之大在日本屈指可数。

全农果菜中心提供的服务项目主要为“上门CO－OP”业务，即送货上门的农产品配送服务。其中，“水灵灵送货”服务（清早采摘的蔬果第二天即配送到户，通过缩短物流时间保证消费者对农产品“鲜度”的高要求）已成为“上门CO－OP”的重要服务项目。据悉，“上门CO－OP”业务提供的生鲜商品品类达到1800种，针对每户家庭的订货，每周一次送货上门，如今客户已超过50万户。

伴随着日本社会中双职工家庭的增加和老龄化趋势，以及近年来消费者对食品安全的要求越来越严格，“上门CO－OP”业务量逐年攀升，并且显现出越来越快的发展趋势。

“UCO－OP”开展农产品配送大约始于2001年，最初，在业务高峰期处理的货物数量只有2500万件，但随着消费者需求的提升，到2007年，高峰期货物处理量提高到2001年的1.6倍，突破了4000万件。货物处理量的激增，使得原来承担物流配送任务的町田物流中心（位于东京）的操作空间达到了极限，尤其是入库和加工的区域。同时，由于当时采用的是“数字拣货系统”，补货需要人工完成。因此，町田物流中心不得不配备更多的操作员工，并且需要设法增加足够的补货工作空间。但即使解决了上述问题，物流中心还面临着更多的新问题，比如不能准确地把握补货时间等。

现实情况是，货量增加带来的诸多问题已经累积到相当程度，仅仅依靠升级原物流中心已经无法解决，全农果菜中心不得不考虑建立一个全新的、拥有先进技术的、可满足今后几年发展需求的新物流中心。2009年2月，由日本大福公司规划并集成的全农果菜中心的新物流中心——爱川物流中心正式投入运行。据大福公司的技术人员介绍，该中心每天能够处理订单数高达7万张。

新物流中心占地面积10844m^2，建筑面积11297m^2，工作区面积增加到旧物流中心的1.5倍，分为两层。一层为入货和出货区、带泥土蔬菜加工区等；二层为不带泥土的蔬菜加工区、集货区、拣选区等。在管理上，为保证产品的高质量和新鲜度与以后发展需要，新物流中心彻底实现了温度的管理，确保了足够的工作空间，完善了收货体制，并设计了将来物流量增加的应对措施；在物流设备方面，配备了最新技术的预先拣选和带自动补货功能的“数字拣选系统”，大大提升了处理能力，节约了人力，并加强了商品追踪的功能，以保障把蔬菜果品的“鲜嫩度”送上家门的承诺。

爱川物流中心的运营管理方式从一个侧面影射出日本农产品物流的突出特点。

（1）农产品标准化程度高。在日本市场流通的农产品，几乎都是经过加工后符合一定标准的农产品。在爱川物流中心，产品在从产地送达前，已经根据产品品质进行了初步的分拣和包装，产品入库后，还要按一定的标准进行严格的筛选和分级。蔬菜水果大多是以一定的数量作为计量单位，比如梨、苹果等多以个为计量单位。等级外的产品不能进入下一步物流环节，直接退货。

(2) 鲜度管理严格。为了保障产品的新鲜度，爱川物流中心实行全程冷链。该中心的工作区分为两层。一层包括入货和出货区、带泥土（如土豆）的蔬菜加工区，周转冷藏箱存放区，以及包装箱处理室；二层为不带泥土的蔬菜加工区和集货区等。中心内，除了入库区和泥土蔬菜加工区温度控制在20℃～22℃外，其他工作区温度都控制在15℃～17℃。

(3) 产品损耗率低。生鲜农产品在物流过程中的损耗往往不可避免，但损耗率直接与成本挂钩，因此，损耗率直接体现出物流运作水平：据介绍，爱川物流中心的损耗率平均约为5%。夏季因为天气炎热，货物易腐易坏，损耗比较大，但仍可以控制在10%～15%，在冬季，产品的损耗则很小。相比我国动辄20%～30%，甚至更高的损耗率，二者之间的差距是显而易见的。

(4) 产品追溯功能全面。先进的信息中心配合高度自动化的物流设备，不但大大提高了爱川物流中心的效率，还实现了产品的主动追溯。据介绍，物流中心由于实现了全程信息化管理和自动化操作，在进行配送时，哪些货物在何时送到何地都可以通过条码随时被企业掌控，因此不会等到出现问题时再被动地追溯产品。

此外，日本的农产品物流一般由高度组织化的农协负责。在日本的农产品物流运转过程中，全国农业合作联合会是最重要的角色。该联合会是根据1974年日本国会通过的《农业协同组织法》，由农户自愿联合组织起来的群众经济组织，是一个拥有强大经济力量的、遍及全国的“民办官助”农民经济团体。该协会为会员农户提供服务，比如农资购买、技术培训、销售推广等。可以说，该协会在农产品流通的各个环节，如组建批发市场和物流配送中心，组织物流、商流、信息流及协调结账等方面发挥了举足轻重的作用。

爱川物流中心每周运转5天，从周日到下周四，切整、分级拣选以及小规格单元化包装等加工作业从早9点到晚6点，向“UCO－OP”的37处前端配送网点的出货是从晚6点到第二天早上5点。下面以爱川物流中心为例，说明日本农产品物流中心的典型流程。

首先，员工进入物流中心前要梳洗更衣，以自身的清洁确保产品的洁净。在梳洗间里，员工要戴头套，换工作服和鞋，并洗手消毒。为了确保清洁到位，物流中心对洗手的步骤与消毒的方式都做了细致的规定，并以图文形式贴于墙面。

物流中心运转的第一步是收货入库。为了保证公司的主打服务项目——“水灵灵送货”，收货时间通常都在上午7点到9点，以方便隔天出货。当然，也有少部分货物在下午或深夜送到。

货物的来源主要有两类，一类是直接来自JA全农，占到一半左右，另一类来自其他零散的供应商。货物主要是蔬果，从采摘到货物送达所需的时间，根据产地远近和处理情况有长有短，但基本上在3天左右。其中，蔬果在产地要进行预冷保鲜，这个过程需要半天到一天的时间。总的来说，只要有条件，货物都会尽量做到当天采摘当天入库。

货物入库前要进行检查，检查的项目主要是商品名、商品种类、重量、新鲜度等是否合格，比如新鲜度的检查，蔬菜要看叶子黄了没有，水果要看有没有破损等。入库检查主要是产品质量和数量的例行检查，其他特别检查如农药残留，要送到专门的检测场所去进行。

大部分货物入库后，直接或者在物流中心一层清理完泥土后上到二层，然后进行分级再包装。

在这里，员工首先对货物进行分级拣选，对货物品质进行再次确认，将卖相或者品质有欠缺的货物挑选出来，比如表面有污点的水果、带黄叶的蔬菜等。有明显品质问题的货物会退货给供应商，问题不严重的与卖相不好的货物将折价处理到水果店或其他地方销售，只留下品质完全合格并且卖相良好的货物配送给客户。

分级拣选后，货物要根据客户的需求重新进行不同的小规格单元包装，比如一袋一棵生菜。在此环节，物流中心充分发扬并贯彻了低碳环保理念，找到了很多包装的小窍门。比如两个一袋包装的丰水梨，其中只有一个梨包着泡沫保护网，既能保护货物，又减少了泡沫网的用量。

分级拣选区旁边的区域是加工区，被塑料层从上至下封闭起来。员工在里面对货物进行简单加工，如萝卜切片等。塑料层的作用在于防止粉尘进入从而污染货物。

包装完的货物成筐送到备货区，并生成条码，条码中包含商品名、产地、数量等货物来源信息。在物流中心接受订单后，会再打印出货物去向信息的条码。

紧临备货区的是补货拣选区，这是整个物流中心技术最先进的区域。

在补货区，当信息中心收到订单并定时分类汇总后，发送指令到补货区，员工收到指令后，把对应数量和品种的货物放上传送带。传送带上设有自动识别装置，通过扫描条码确认补货品种、数量是否正确，正确时，指示灯为绿灯，货物可以通过，否则亮红灯，货物停止，并发出报警。货物进入补货区后，由堆垛机作业，运送货物到达信息中心分配的拣选货架上的指定位置。一般情况下，一种货物占据一个位置，但也可能有量大的货物同时占据两到三个位置。

在发送补货指令时，信息中心为每张订单分配了不同的周转箱，并且为每个周转箱打印并粘贴条码，包含客户情况、货物品种数量、去向等信息。周转箱分为两种，一种是稍大规格的白色箱，用于固定的量大的客户，另一种稍小规格的粉色箱，用于量小或不固定的客户。在进入拣选区前，周转箱里事先已铺上了干净的塑料薄膜以便盛放货物。

货物到达拣选货架后，由员工负责配货。一名员工负责20个货位，一次为6个周转箱进行拣选。当这6个周转箱的订单中有此员工负责货位上的货物时，周转箱送转到这名员工的区域后自动停下等待拣选，员工根据面前的作业屏指示的品种和数量，依次拣出货物放到对应的周转箱里，比如第一箱需要1根胡萝卜，第二箱需要2棵生菜，完成一次拣选后按下对应的任务完成按钮。6个周转箱的拣选全部完成后，周转箱自动流转到下一个需要拣选货物的员工所在的位置。

为了充分利用等待周转箱的时间，在每个员工工位里，周转箱上方有对应的6个临时预放台，在周转箱还没到之前，员工得到指令，先拣出货物放到预放台里，等周转箱到达就可以直接将货物放入周转箱。

拣选完毕后，员工将周转箱进行封闭，有的需要添加干冰盒进行低温保鲜。干冰盒为容量800克的规格，可保持24小时有效。另外，周转箱和干冰盒都是需要回收的容器。

出货区目前有5条流水线，并且还预留了一条流水线的位置。周转箱通过输送线从二层送到一层出货区，由码垛机器入自动码放在托盘上，员工根据输送线末端的电子屏指令，将托盘货物装入指定车辆。配送车辆再将货物分拨配送到37个前端的小型配送网点。

据介绍，在日本，农产品物流中心数量很多，但大多数仍以人工搬运为主，达到爱川物流中心这样的自动化程度的物流中心屈指可数。在爱川物流中心的物流系统中，全农果菜中心首次采用了带临时预放台且具有节拍输送功能的多订货式组合数字拣选系统（Combination Digital Pick System，C－DPS）和自动补货系统。C－DPS以6个周转箱为一个区间单位进行运送，在运送的间歇将待拣货物放入冷藏箱材质的临时预放台，因此临时预放台上总能保持有等待拣选的6批订货。凭借临时预放台，物流中心每天最大可处理25万次的拣选作业。如此操作保证了更加准确的配货，并大幅度地减少了作业的等待时间。

在自动补货系统里，物流中心共有两个补货通道，每个通道配置了两台堆垛机，达到了每小时500箱/通道的处理能力。由于采用了高速堆垛机与重力式货架，配以信息中心高速计算后发出的自动补货指令，实现了快速的订单处理，并使补货作业变得简单，且保证了"零差错"。

在分拣出货系统里，由于采用了滑块式分拣系统（JSUS）和码垛机器人等高度自动化设备，使得流水线需要的员工人数减少了约20%，大大缩减了人力成本。

全农果菜中心营业开发部部长近冈吉郎先生介绍说，"上门CO－OP"业务量正呈现不断增加的趋势，2008年高峰期货物处理量为4200万件，2009年达到5000万件。新物流中心的运营及时解决了货量激增带来的物流需求，使全农果菜中心大大提高了竞争力。在满足基本物流需求的同时，新物流中心实现了彻底的温度管理，保证了蔬果的品质，更完善了产品追溯的功能。今后，全农果菜中心将利用现有的先进物流设施为更多的会员客户提供更优质的产品和服务。

（案例来源：万联网，有部分删改）

问题分析：

（1）请结合实验和案例分析说明该公司的农产品物流与国内的区别，以及对物流作业带来的影响。

（2）请结合实验和案例分析说明减少农产品物流损耗可以改进哪些环节。

实验十九　瑞士柏中（BOSSARD）公司智慧存储盒应用实验

【实验准备知识】

一、公司简介

BOSSARD（柏中）是一家瑞士公司，总部设在瑞士 ZUG，始建于 1831 年。BOSSARD 是现今世界规模最大的紧固件（即标准件）供应商，也是紧固件技术方面的专家。BOSSARD 在世界上设有 75 个分支机构，1600 名员工，年销售额近 6 亿瑞士法郎（约 6 亿美元）。公司于 1999 年正式进入中国市场，总部设在上海，在北京、深圳、苏州、天津、青岛、大连、杭州、重庆、广州和南京设有 12 个办事处。柏中公司一直致力于向全球性工业客户提供高质量产品及服务，帮助客户降低生产成本，实行技术革新。虽然客户类别不同，但柏中公司能够帮助他们在全球范围内不断提高服务质量及竞争力。公司通过高质量的全球采购体系，以及对质量的特殊关注，保证了供应链的高效及高质。遍布全球的分销网络，能够保证向客户提供最优的质量、最好的价格、最佳的应用。巨大的供应商资源确保了产品供应，近 60000 种产品应用于工业生产，充足的库存储备和技术水准能够满足当前客户的应用。

二、公司紧固件产品的管理策略

在新产品开发最初阶段，柏中技术人员能够帮助客户降低生产和装配成本，通过提出最优化选型建议来减少零配件的数量、种类，从而使得装配和生产更加方便和高效。

公司遵循 15－85 理论提供服务。紧固件的购买成本只占紧固部件相关成本的一小部分，大部分成本用于前期准备工作及装配工序。15% 的成本用于紧固部件的购买，85% 的成本用于技术和物流支持以便完成紧固件的按时装配。这表明采取正确的紧固件技术是十分重要的。

公司通过客户的设计人员与柏中技术人员的密切合作，采取最佳设计方案，能够实现装配和生产的最优化；同时协助选择正确的紧固部件，可以确保最终成品的安全使用。公司协助完成最优化的库存准备，可在不同应用环境使用多功能紧固部件，能够降低工程技术成本和物流成本，从而降低整体采购成本。

柏中公司提供管理仓库等在内的物流服务，能够帮助客户降低整体采购成本，优化价值链。根据客户的要求，提供相应物流管理系统，从而简化采购流程、降低库存成本、提高供应链效率，避免事故发生。柏中公司多年来研发和使用了多种物流系统，很好的满足客户需求。柏中物流系统已经成为工业客户物流系统的行业标准。

三、VMI 管理

（一）VMI 的概念

所谓 VMI（Vendor Managed Inventory）是一种以用户和供应商双方都获得最低成本为目的，在一个共同的协议下由供应商管理库存，并不断监督协议执行情况和修正协议内容，使库存管理得到持续改进的合作性策略。这种库存管理策略打破了传统的各自为政的库存管理模式，体现了供应链的集成化管理思想，适应市场变化的要求，是一种新的、有代表性的库存管理思想。目前 VMI 在分销链中的作用十分重要，因此被越来越多的人重视。

对于供应商管理的库存（VMI），因为有最低与最高库存点，按时交货可通过相对库存水平来衡量。例如库存为零，风险很高；库存低于最低点，风险相当高；库存高于最高点，断货风险很小但过期库存风险升高。这样，统计上述各种情况可以衡量供应商的交货表现。根据未来物料需求和供应商的供货计划，还可以预测库存点在未来的走势。

VMI 管理模式是从 QR（快速响应，Quick Response）和 ECR（有效客户响应，Efficient Customer Response）基础上发展而来，其核心思想是供应商通过共享用户企业的当前库存和实际耗用数据，按照实际的消耗模型、消耗趋势和补货策略进行有实际根据的补货。由此，交易双方都变革了传统的独立预测模式，尽最大可能地减少由于独立预测的不确定性导致的商流、物流和信息流的浪费，降低了供应链的总成本。

该模式具有很多特点，首先是信息共享。零售商帮助供应商更有效地做出计划，供应商从零售商处获得销售点数据并使用该数据来协调其生产、库存活动及零售商的实际销售活动。同时供应商完全管理和拥有库存，直到零售商将其售出为止，但是零售商对库存有看管义务，并对库存物品的损伤或损坏负责。

实施 VMI 有很多优点。首先，供应商拥有库存，对于零售商来说，可以省去多余的订货部门，使人工任务自动化，可以从过程中去除不必要的控制步骤，使库存成本更低，服务水平更高。其次，供应商拥有库存，供应商会对库存考虑更多，并尽可能进行更为有效的管理，通过协调对多个零售生产与配送，进一步降低总成本。

供应商能按照销售时点的数据，对需求作出预测，能更准确地确定供货批量，减少预测的不确定性，从而减少安全库存量，存储与供货成本更小。同时，供应商能更快响应用户需求，提高服务水平，使得用户的库存水平也降低。

（二）实施 VMI 应注意的问题分析

企业实施 VMI 模式应注意以下几点问题。

1. 信任问题

这种合作需要一定的信任，否则就会失败。零售商要信任供应商，不要干预供应商对发货的监控，供应商也要多做工作，使零售商相信他们不仅能管好自己的库存，也能管好零售商的库存。只有相互信任，通过交流和合作才能解决存在的问题。

2. 技术问题

只有采用先进的信息技术，才能保证数据传递的及时性和准确性，而这些技术往往价格昂贵，利用现代信息技术将销售点信息和配送信息分别传输给供应商和零售商，利用条码技术和扫描技术来确保数据的准确性，并且库存与产品的控制和计划系统都必须是在线的、准确的。

3. 存货所有权问题

确定由谁来进行补充库存的决策以前，零售商收到货物时，所有权也同时转移了，现在变为寄售关系，供应商拥有库存直到货物被售出。同时，由于供应商管理责任增大，成本增加了，双方要对条款进行洽谈，使零售商与供应商共享系统整体库存下降。

4. 资金支付问题

过去，零售商通常在收到货物 1~3 个月以后才支付货款，现在可能不得不在货物售出后就要支付货款，付款期限缩短了，零售商要适应这种变化。

（三）运行条件

供应商管理库存（Vendor Managed Inventory，VMI），就是供应链管理这种理念要求的产物。它要求供应商对下游企业库存策略、订货策略以及配送策略进行计划和管理。所以，不同环境下采用什么模式运作 VMI 就成了当前要解决的问题。企业在实施 VMI 前，应该对自己所处的环境和自身的条件加以分析与比较。主要考虑的因素如下。

1. 供应链中地位

即是否为“核心企业”或者是否为供应链中至关重要的企业。它要求实施企业必须具备较高管理水平的人才和专门的用户管理职能部门，用以处理供应商与用户之间的订货业务、供应商对用户的库存控制等其他业务；必须有强大的实力推动 VMI，使供应链中的企业都按照它的要求来实行补货、配送、共享信息等目标框架协议。

2. 供应链中位置

VMI 一般适合于零售业与制造业，最典型的例子就是沃尔玛和戴尔集团。他们有一个共同的特点，就是在供应链中所处的位置都很接近最终消费者，即处在供应链的末端。其中有一个主要原因就是，VMI 可以消除“牛鞭效应”的影响。（营销过程中的需求变异放大现象被通俗地称为“牛鞭效应”，指供应链上的信息流从最终客户向原始供应商端传递时候，由于无法有效地实现信息的共享，使得信息扭曲而逐渐放大，导致了需求信息出现越来越大的波动）

3. 合作伙伴

VMI 在实施过程中要求零售商（在制造业为生产商）提供销售数据，而供应商要按时准确地将货物送到客户指定的地方，这一点生产商的要求尤其高。

由于核心企业在供应链中所处的位置不同，形态也有所不同，一般按核心企业的位置不同分为两类：①供应链下游为核心企业；②供应链上游为核心企业。

由于核心企业在 VMI 系统中的位置不同，导致核心企业与其合作伙伴的合作方式不同，比如核心企业在上游时它们一般选择自营物流，而在下游时可以选择自营物流，也可以选择外包物流。这会导致 VMI 运行结构的变化。下面将分别针对 A、B 两种情况提出相应的运行模式。

如前所述，在 VMI 系统中，核心企业既可以在供应链的上游，也可以在供应链的下游，而当在下游时它既可以是供应链的中间环节，也可以是供应链的末端。显然，不同情况下，VMI 的运作模式都是不相同的，主要有三种情况：供应商—制造商（核），供应商—零售商（核），核心企业（一般为制造商）—分销商（或零售商）。

（1）供应商—制造商 VMI 运作模式

在这种运作模式中，除了作为核心企业以外，一般还有如下特点。

生产规模比较大，制造商的生产一般比较稳定，即每天对零配件或原材料的需求量变化不是很大；要求供应商每次供货数量比较小，一般满足 1 天的零配件，有的甚至是几个小时；供货频率要求较高，有时甚至要求 1 天 2 ~ 3 次的供货频率；为了保持连续的生产，一般不允许发生缺货现象，即服务水平要求达到 99% 以上。

由于这种模式中的制造商必定有几十家甚至上百家的供应商为其供应零配件或原材料。如果让每一个供应商都要在制造商的附近建立仓库的话，显然是不经济的。因此，可以在制造商的附近建立一个 VMI HUB，加入 VMI HUB 具有以下效果：缓冲作用。由于一个客户要对应 N 个供应商，假如客户对供货频率要求较高，那么在可能会出现多个供应商同时将货物送达的情况，由于事先没有安排势必会出现混乱的卸货场面，严重影响生产秩序，给企业的正常工作带来不便。有了 VMI HUB，可以以专业的配送方式避免以上现象，起到了缓冲作用。同时增加了深层次的服务。在没有 VMI HUB 时，供应商彼此都是独立的，送达的货物都是彼此分开的，当有了 VMI HUB 后，它会在发货之前先提供拣货的服务，VMI HUB 会按照生产企业的要求把零配件按照成品的比例配置好，然后再发送给生产商，这样就提高了生产商的生产效率。

VMI 在正常实施的时候，不仅仅要求供应商 A 与 VMI HUB 之间交换库存信息，还包括生产计划、需求计划、采购计划、历史消耗、补货计划、运输计划、库存情况等信息。生产商 A 与 VMI HUB 之间的信息交换是完全地、实时地、自动地。

当发生需求突然变化时，比如由于生产商的销售突增，VMI HUB 中的库存不能及时满足生产商的需求时，这时 VMI 的实施结构做出了相应的改变。VMI HUB 直接把补货计划发给供应商的信息系统，这时供应商直接向生产商进行补货，从而节约了时间与成本。我们把供应商这种不经过 VMI HUB 而直接向生产商进行补货的行为称为越库直拨（Cross – Docking）。

（2）供应商—零售商 VMI 运作模式

当零售商把销售等相关信息通过 EDI 传输给供应商后（通常是一个补货周期的数据，如 3 天，甚至 1 天），供应商根据接收到的信息进行对需求的预测，然后将预测的信息输入物料需求计划系统（MRP），并根据现有的企业内的库存量和零售商仓库的库存量，生产补货订单，安排生产计划，进行生产。生产出的成品经过仓储、分拣、包装、运送给零售商。

供应商—零售商 VMI 运作模式与供应商—制造商运作模式的区别如下。

在面对比较大的零售商时，“接收货物”后，就产生了应付账款。通常大的零售商（如：Wal – Market）要求，只有当供应商的货物真正被销售以后才向供应商付款，否则不产生“应付账款”。

这种模式一般不需要建造 VMI HUB 这个中枢环节。因为对零售商来说，两个供应商所供应的产品是相互独立的，在同一段时间内它们不是同时需要的，不像生产商需要零部件或原材料对生成一个产品来说是必须同时获得的。

（3）第三方物流企业的参与模式

在实际实施过程中，有时需要第三方物流服务提供商的参与。原因如下。

在供应商—生产商模式中，不论对生产商还是供应商来说，它的核心竞争力主要是体现在其生产制造上，而不是物流配送上。显然，让供应商或者生产商去管理 VMI HUB 都是不经济的。

在供应商—零售商模式下，由于零售商的零售品范围比较广，供应商和零售商的地理位置相距较远，直接从供应商处向零售商补货的提前期较长，不利于进行准确的需求预测和应付突发状况。解决这一问题的折中方案就是供应商在零售商附近租用或建造仓库，由这个仓库负责直接向零售商供货。

基于上述原因，让一家专业化程度较高的企业来管理这 VMI HUB 或仓库是最合适不过了，而这时最理想的对象就是“第三方物流企业”。况且供应链管理强调的是，在供应链上的各个企业应该充分发挥自己的核心竞争力，这对第三方物流企业来说正好适应这种库存运作模式的要求，充分发挥其特点与优势。

（4）核心企业—分销商模式

这种模式由核心企业充当 VMI 中的供应商角色，它的运作模式与前两种大致相同，由核心企业收集各个分销商的销售信息并进行预测，然后按照预测结果对分销商的库存统一管理与配送。由于这种模式下的供应商只有一个，所以不存在要在分销商附近建立仓库的问题。核心企业可以根据与各个分销商之间的实际情况，统一安排对各个分销商的配送问题，并且，可以保证每批次都是以经济批量的方式发货，每次配送的路线都可以调整为最佳配送路线。

四、柏中 SmartBin 物流管理系统

物料存放在标准料盒里，通过下面的传感器记录下实际物料消耗量，在补货点自动产生电子订单，根据之前双方签署的框架协议进行补货。这种自动配货系统能够确保物料的安全使用。

系统的硬件主要包括物料盒、电子秤、通信系统等，其中物料盒用于放置紧固件等物料，传感器实时监控每个零件盒里面零件的重量信息，并通过网络把数据传输到服务器，服务器处理订单并通知安排补货到 SmartBin，一天两次将数据上传到柏中的服务器中。物料盒以及电子秤等如图 19－1 所示。

图 19－1　物料盒以及电子秤

柏中自行设计的 SmartBin 系统软件用来管理种类繁多的紧固件，并进行订单处理和产品数量分析。该系统主界面如图 19－2 所示。

柏中公司开发的应用软件 FT6 根据客户提供的物料清单、生产计划，可以快速有效地设计最佳供货方案。该软件物流设计界面如图 19－3 所示。

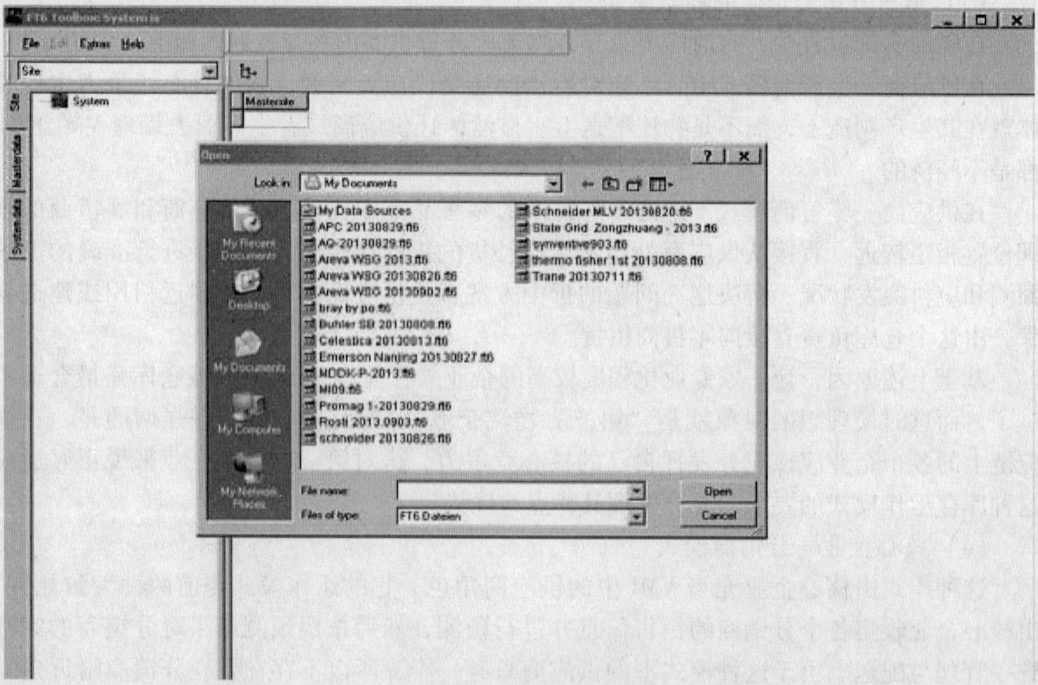

图 19 – 2　系统主界面

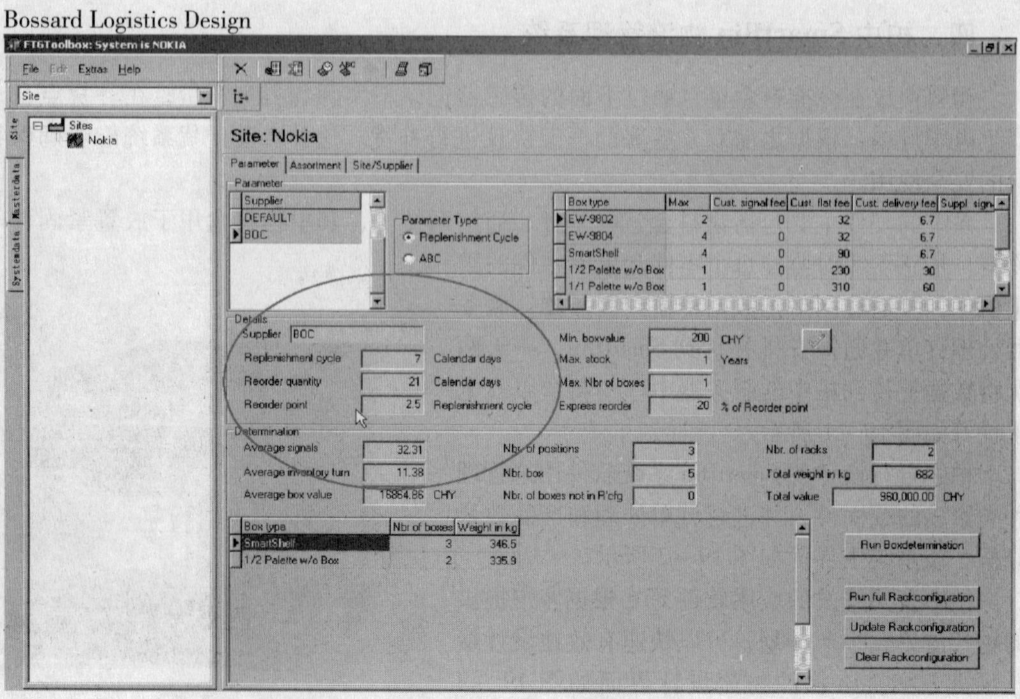

图 19 – 3　软件 FT6 物流设计界面

系统可以根据需求设定相应的参数，如图 19－4 所示。

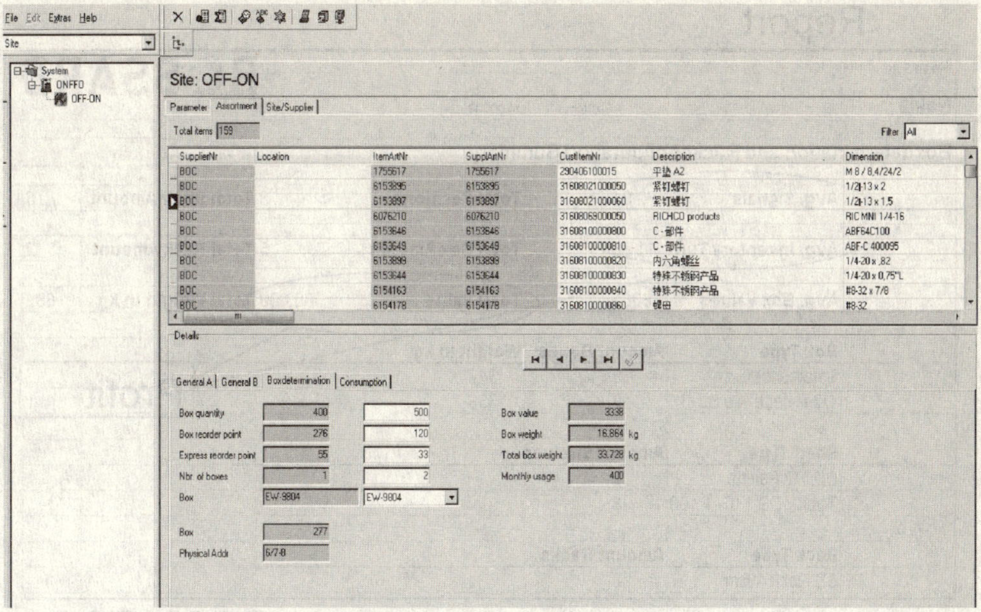

图 19－4 系统设置参数界面

可以设定的参数包括补货周期、补货量、补货点、紧急补货点、最小批次价值、最小包装量影响、最大库存等。相关的仓储设备设置界面如图 19－5 所示。

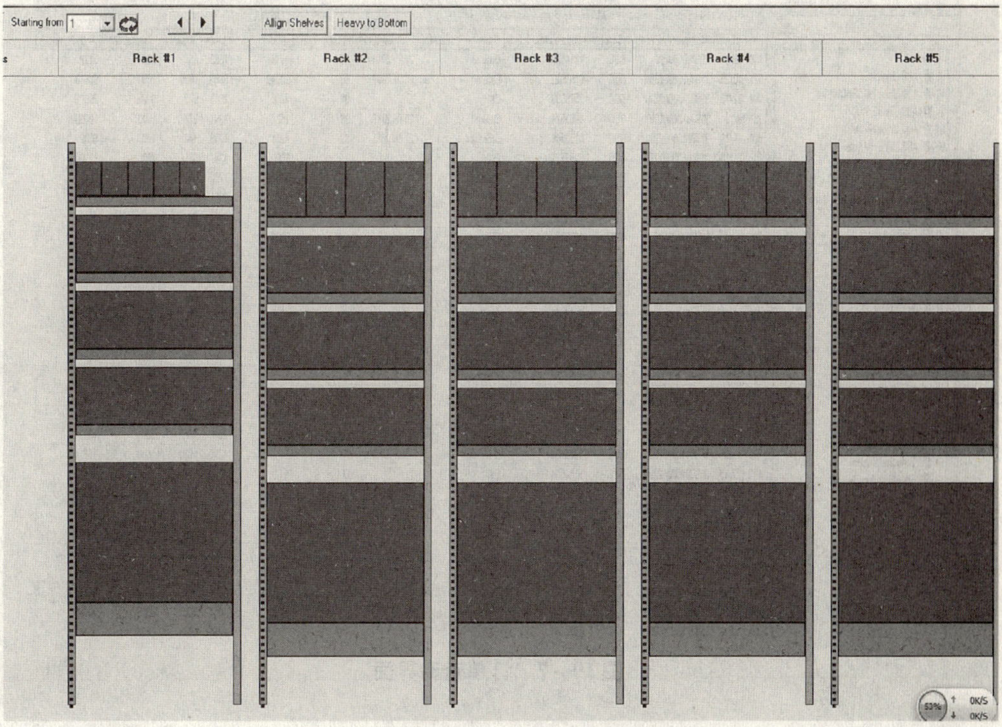

图 19－5 仓储设备参数设定界面

系统可以根据要求提供相关的数据分析报告，如图 19－6 所示。

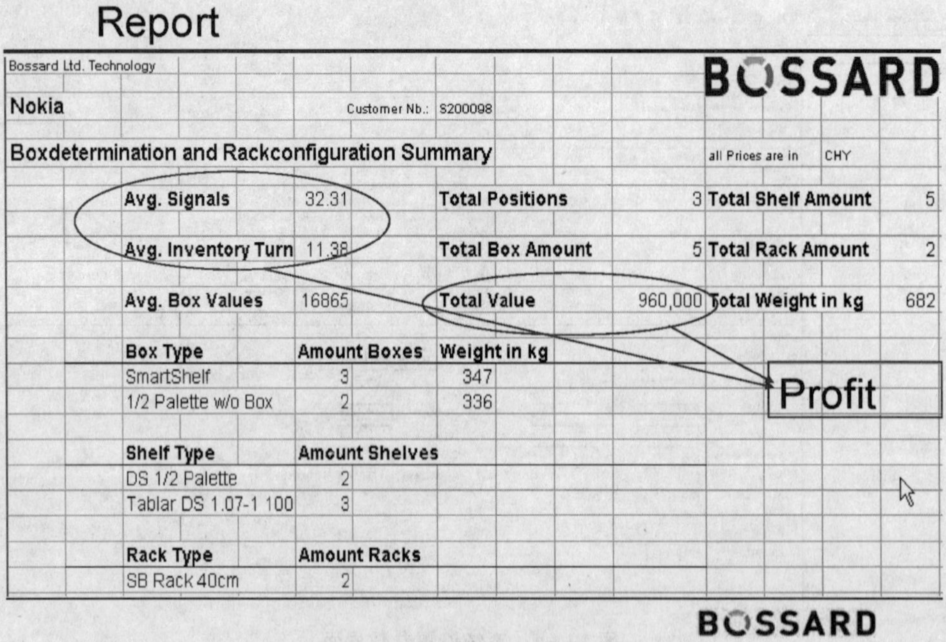

图 19－6　系统分析报告界面

通过软件提供的 Arims 系统可以查看订单状态，界面如图 19－7 所示。

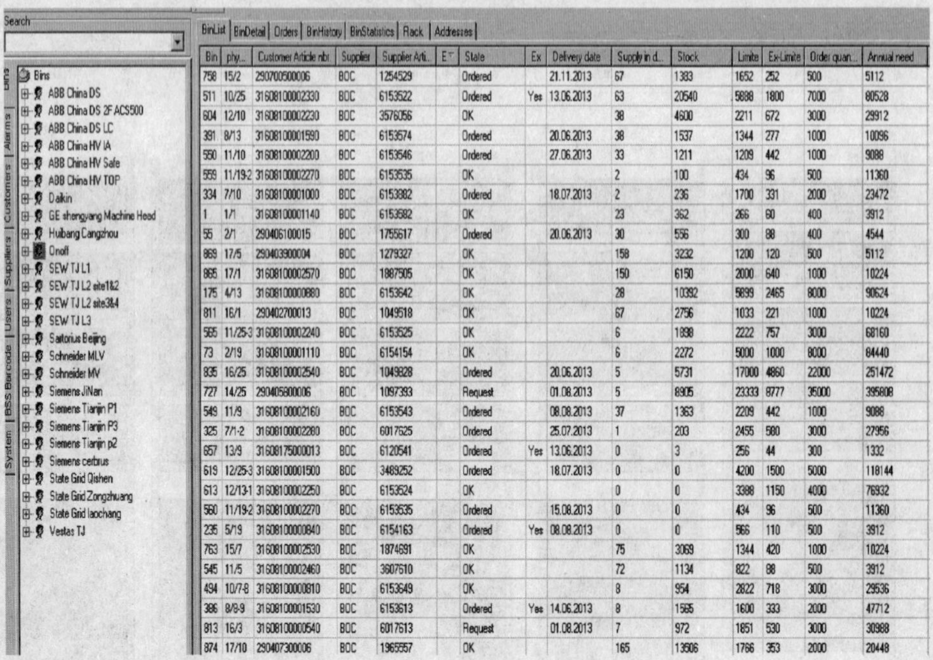

图 19－7　订单查询界面

单颗物料明细可以随时查看，界面如图 19－8 所示。

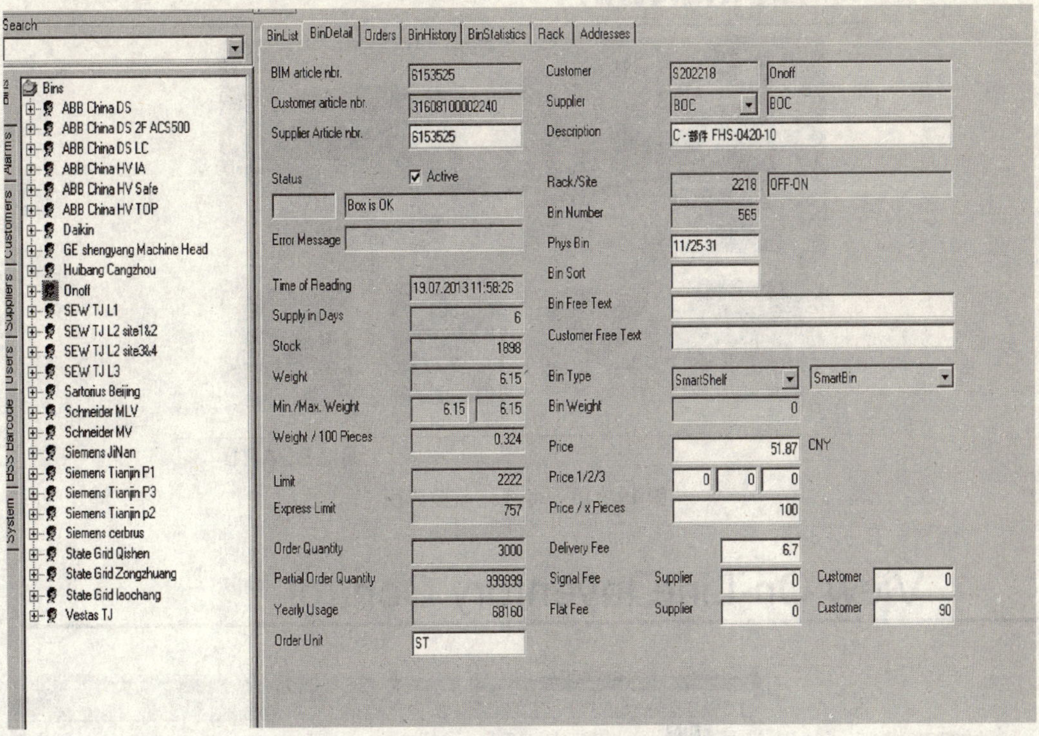

图 19－8　单颗物料明细查询界面

采用该系统能够改变原来的采购流程，对比如图 19－9 所示。

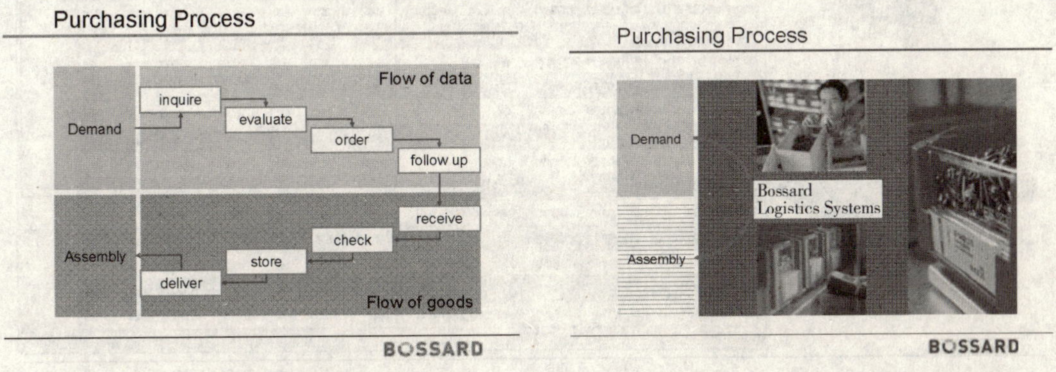

（a）改造前流程　　（b）改造后流程

图 19－9　流程改造对比

通过引入该系统可以提供良好的可视化管理，如图 19－10 所示。

系统可以完成实时的库存控制，其界面如图 19－11 所示。

通过点击界面中选择 Bossard 的左侧按钮，可以出现库存可视化界面，如图 19－12 所示。

相关的物料盒库存数据显示界面如图 19－13 所示。

图 19－10　可视化监控界面

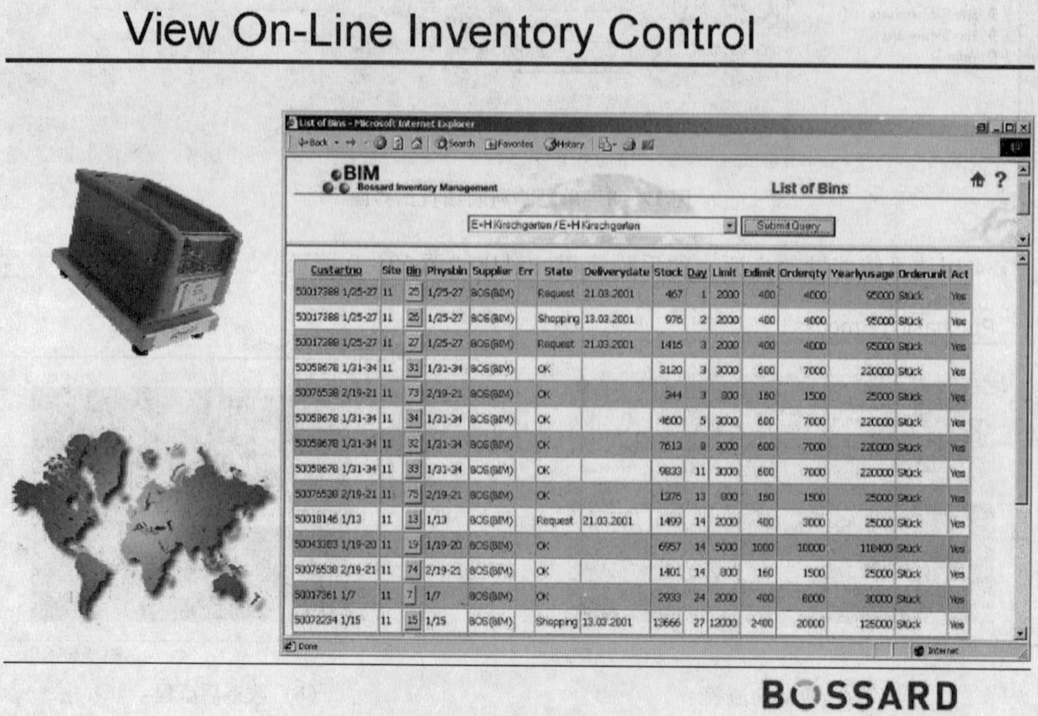

图 19－11　库存控制界面

每隔 15 秒钟，相关数据会自动更新进来：如果存在物料存取作业，直接等待十几秒就可以看到更新后的数据了。

使用该系统可以辅助企业完成 5S 改进。“5S”是整理（Seiri）、整顿（Seiton）、清扫（Seiso）、清洁（Seikeetsu）和素养（Shit－suke），使用系统的前后对比如图 19－14 所示。

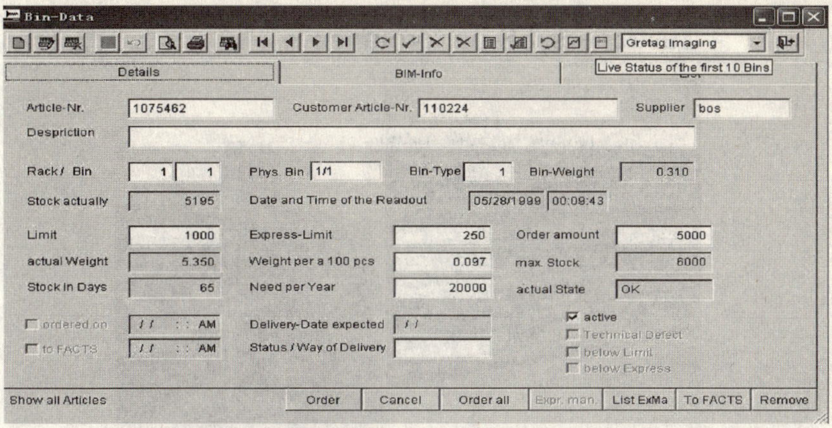

图 19－12　库存可视化界面

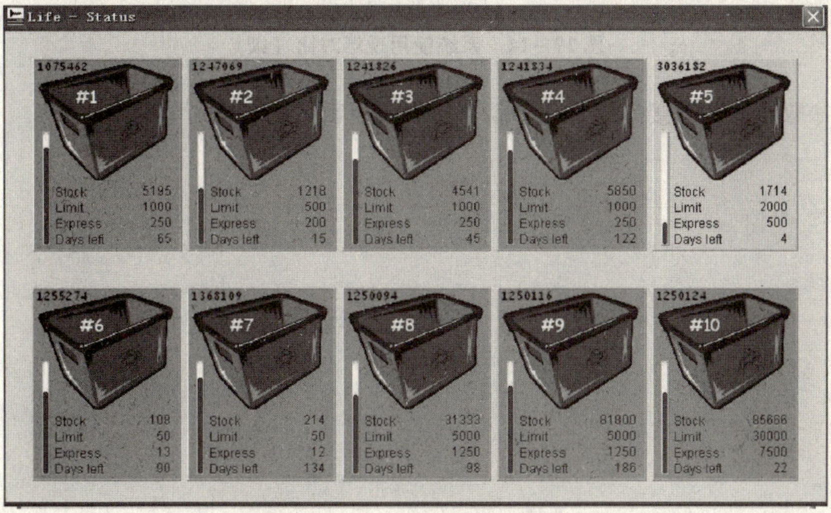

图 19－13　物料箱库存数据

（a）改造前现场

图 19－14　系统使用现场对比

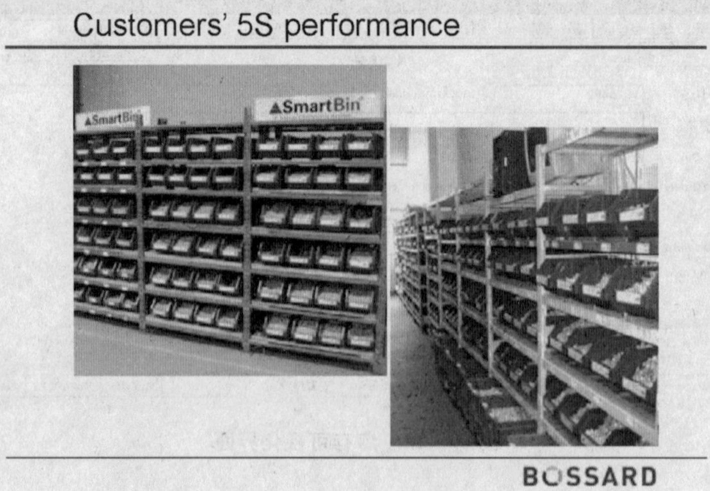

（b）改造后现场

图 19－14　系统使用现场对比（续）

如果拿取物料，直接等待十几秒就可以看到更新后的数据了。

【实验报告】

瑞士柏中（BOSSARD）公司智慧存储盒应用实验

一、实验目的

1. 了解该系统的基本工作原理和使用方法；
2. 掌握 VMI 技术实施的基本条件；
3. 熟悉典型的物联网应用。

二、实验内容

通过引入公司的实际产品进行操作，了解企业的实际应用需求和设备使用情况，了解以物联网为代表的新技术应用情况，并能够掌握具体的 VMI 实施方法。

三、实验器材

柏中公司智慧盒子设备一套、SmartBin 物流管理系统、模拟货物若干、天平一个。实验前对采购成本进行实际调研。

四、实验步骤

1. 实际操作 SmartBin 物流管理系统，掌握系统的使用方法。
2. 使用不同的物料，测试系统的适应性。
3. 添加其他类型的干扰物料，对系统的使用效果进行评价。

五、实验报告题目

1. 结合实际应用说明该系统适合的物料特点。

2. 结合实际应用说明杂质等干扰物对系统的影响。

3. 结合实际应用和调研分析流程的改变对采购成本的影响。

4. 结合实验说明液体状态的物料是否适合该系统使用。

5. 结合实验说明传感器精度的影响。

6. 结合实验说明物料盒的选取原则。

7. 结合实验说明借鉴该系统，实现 VMI 还可以测试哪些特征参数以实现物料数量的实时跟踪。

实验二十　云计算在区域物流公共服务平台中的应用实验

【实验准备知识】

一、云计算的概念

云计算是最近信息技术领域出现的新技术，目前对于云计算的定义还不统一，美国国家标准与技术研究院（NIST）定义云计算是一种按使用量付费的模式，这种模式提供可用的、便捷的、按需的网络访问，进入可配置的计算资源共享池（资源包括网络、服务器、存储、应用软件、服务），这些资源能够被快速提供，只需投入很少的管理工作或与服务供应商进行很少的交互。"云计算"概念被大量运用到生产环境中，国内的"阿里云"与云谷公司的 XenSystem，以及在国外已经非常成熟的 Intel 和 IBM，各种"云计算"的服务范围正日渐扩大，影响力也不断扩大。

二、云计算的商业模式

云计算是一个颠覆性的交付模式。在云计算时代，用户将聚焦于信息服务本身，而无须关注底层 IT 基础设施的部署与维护，用户能在最大程度上根据自己的需求定制个性化的信息服务，同时可根据实际需要动态购买所需的资源与服务，而无须为大量不需要的功能埋单。实际上，云计算所带来的商业模式的改变是其内在要求，相关技术的发展则为这种特定商业模式提供了实现的可能性。目前云计算的商业模式有三个，包括 IaaS、PaaS、SaaS。

1. IaaS 的商业模式

IaaS 是云计算一种常见的商业模式，称为基础设施服务。这里的基础设施主要是指 IT 设施，包括计算机、存储网络，以及其他相关的设施。IaaS 所指的服务是用户通过网络，按照实际需求所获得的 IaaS 云服务提供商所提供的上述 IT 设施资源服务，用户可以将自己的应用部署到上面，开展业务。随着目前虚拟化技术发展到一个新的水平，在应用服务器、数据库服务器、存储虚拟化、广域网的数据复制等层次上，技术都可以达到更高的水平。

2. PaaS 的商业模式

PaaS 被称为平台服务，它面向广大互联网应用开发者，把端到端的分布式软件开发、测试、部署、运行环境以及复杂的应用程序托管当做服务，通过互联网供给用户。PaaS 依托基础设施云平台，通过开放的架构，为互联网应用开发者提供了一个共享云计算、超大规模计算能力的有效机制。它覆盖应用程序完整的开发生命周期，为开发者提供了统一开发环境（IDE）在内的一站式软件开发服务，使得开发者可以从复杂低效的环境搭建、配置和维护工作中解放出来，将精力集中在软件编程上，从而大大提高软件开发的效率。

3. SaaS 的商业模式

SaaS 被称为平台服务。SaaS 作为一种以互联网为载体，以浏览器为交互方式，把服务器端的程序软件传给远程用户来提供软件服务的应用模式。在服务器端，SaaS 提供商为用户搭建信息化所需要的所有网络基础设施及软硬件应用平台，负责所有前期的实施、后期的维护等一系列工作；而客户则只需根据自己的需要，向 SaaS 提供商租赁软件服务，无须购买软硬件、建设机房、招聘 IT 人员。

三、云计算的应用市场分析

云计算在中国主要行业的应用还仅仅是“冰山一角”，但随着本土化云计算技术产品、解决方案的不断成熟，云计算理念的迅速推广普及，云计算必将成为未来中国重要行业领域的主流 IT 应用模式，为重点行业用户的信息化建设与 IT 运维管理工作奠定核心基础。

1. 医药医疗领域

医药企业与医疗单位一直是国内信息化水平较高的行业用户，在“新医改”政策推动下，医药企业与医疗单位将对自身信息化体系进行优化升级，以适应医改业务调整要求。在此影响下，以“云信息平台”为核心的信息化集中应用模式将孕育而生，逐步取代各系统分散为主体的应用模式，进而提高医药企业的内部信息共享能力与医疗信息公共平台的整体服务能力。

2. 制造领域

随着“后金融危机时代”的到来，制造企业的竞争将日趋激烈，企业在不断进行产品创新、管理改进的同时，也在大力开展内部供应链优化与外部供应链整合工作，进而降低运营成本、缩短产品研发生产周期，未来云计算将在制造企业供应链信息化建设方面得到广泛应用，特别是通过对各类业务系统的有机整合，形成企业云供应链信息平台，加速企业内部“研发—采购—生产—库存—销售”信息一体化进程，进而提升制造企业竞争实力。

3. 金融与能源领域

金融、能源企业一直是国内信息化建设的“领军性”行业用户，在未来 3 年里，中石化、中保、农行等行业内企业信息化建设已经进入“IT 资源整合集成”阶段，在此期间，需要利用“云计算”模式，搭建基于 IaaS 的物理集成平台，对各类服务器基础设施应用进行集成，形成能够高度复用与统一管理的 IT 资源池，对外提供统一硬件资源服务，同时在信息系统整合方面，需要建立基于 PaaS 的系统整合平台，实现各异构系统间的互联互通。因此，云计算模式将成为金融、能源等大型企业信息化整合的“关键武器”。

4. 电子政务领域

未来，云计算将助力中国各级政府机构“公共服务平台”建设，各级政府机构正在积极开展“公共服务平台”的建设，努力打造“公共服务型政府”的形象，在此期间，需要通过云计算技术来构建高效运营的技术平台，其中包括：利用虚拟化技术建立公共平台服务器集群，利用 PaaS 技术构建公共服务系统等方面，进而实现公共服务平台内部可靠、稳定的运行，提高平台不间断服务能力。

5. 教育科研领域

未来，云计算将为高校与科研单位提供实效化的研发平台。云计算应用已经在清华大学、中科院等单位得到了初步应用，并取得了很好的应用效果。在未来，云计算将在我国高校与科研领域得到广泛的应用普及，各大高校将根据自身研究领域与技术需求建立云计算平台，并对原来各下属研究所的服务器与存储资源加以有机整合，提供高效可复用的云计算平台，为科研与教学工作提供强大的计算机资源，进而大大提高研发工作效率。

6. 电信领域

在国外，Orange、O2 等大型电信企业除了向社会公众提供 ISP 网络服务外，同时也作为“云计算”服务商，向不同行业用户提供 IDC 设备租赁、SaaS 产品应用服务，通过这些电信企业创新性的产品增值服务，也强力地推动了国外公有云的快速发展、增长。因此，在未来，国内电信企业将成为云计算产业的主要受益者之一，从提供的各类付费性云服务产品中得到大量收入，实现电信企业利润增长，通过对不同国内行业用户需求分析与云产品服务研发、实施，打造自主品牌的云服务体系。

四、区域性公共物流信息平台

区域性公共物流信息平台是指利用计算机、网络和通信技术等现代信息技术对地域内物流政策、物流市场、物流作业、物流过程、物流管理和物流发展的相关信息进行采集、分类、蹄选、储存、分析、评价、反馈、发布、管理和控制的公用信息交换平台。

区域性物流信息平台正是通过公用或私有物流信息的采集和交换，达到为中小型企业提供基础支撑的物流信息的目的，以满足企业对这些公用信息的需求。同时，这些物流信息的共享，可以协助政府管理部门、相关职业部门实现对物流行业的监管与规范化管理。因此，区域性公共物流信息平台主要考虑物四个方面的应用，即物流电子政务、电子物流市场、物流资讯、物流企业配套服务。

地域性物流公共信息平台在技术上可以考虑利用物流网技术，利用 RFID 技术、传感器技术、GPS 技术以及视频监控等技术实现物流活动中各种信息的实时采集，并通过移动通信网、互联网等方式将采集到的数据准确、高效地传输出去。同时，平台通过对这些实时采集与传递信息的共享将地域内的运输、配送、仓储等物流供应链各个环节的活动有机地整合起来，实现供应链物流全程一体化管理，从而为政府管理部门及入驻企业提供各种需求信息，实现信息共享。基于物联网的区域性物流信息平台可以满足入驻用户对信息化的个性化需求，为入驻用户提供更为优质的信息化服务，推动该地域物流产业的发展，为地区带来社会与经济效益。

地域物流公共信息平台是通过公用数据的采集，为物流企业的信息系统提供基础信息，满足企业信息系统对供应信息的需求，支撑企业信息系统各种功能的实现；同时通过共享信息支撑政府部门对行业管理与市场规范化管理方面系统工作机制的建立。公共信息平台的作用主要包括以下内容。

（1）整合物流信息资源。物流公共信息平台最重要的作用就是能整合各物流信息系统的资源，完成各系统之间的数据交换，实现信息共享。物流公共信息平台可以担负信息系统中公用信息的中转功能，各个承担数据采集的子系统按一定规则将公用数据发送给信息平台，由信息平台进行规范化处理后加以存储，根据需求规划各物流信息系统的请求，采用规范格式将数据发送出去。

（2）整合社会物流资源。通过地域物流公共信息平台，可以加强该地域物流企业与上下游企业之间的合作，形成并优化供应链。当合作企业提出物流请求时，物流企业可通过地域物流信息平台迅速建立供应链接，提供相关物流服务。这有利于提高社会大量闲置物流资源的利用率，起到调整、调配社会物流资源，优化社会供应链、理顺经济链的重要作用，不但会产生很好的经济效益，而且会产生很好的社会效益。

（3）有利于物流系统的优化。通过地域物流公共信息平台，可以减少物理信息的传递层次和流程、提高物流信息利用率，以最短的流程、最快的速度、最小的费用完善物流系统的正常进行，实现全社会物流系统运行的优化，有效降低物流成本。

（4）有利于提高社会物流的技术水平。地域物流信息平台通过该地域政府和社会各界的力量，能够实现单个或几个企业所不能实现的技术，有利于推动社会物流系统先进技术的发展，尽早实现该地域与物流先进地区接轨。

（5）有利于提升地域性物流服务水平。通过地域物流公共信息平台的建设，将解决行业信息互通、企业间信息沟通以及企业与客户之间交流的问题，使物流信息增值服务成为可能，从根本上提升整个区域物流服务水平。通过开放和安全可靠的实时物流信息，物流综合信息平台可以支撑用户使用运输优化工具来支持动态的运输线路安排和实时调度等。

（6）推动电子商务的发展。地域性物流公共信息平台的建设，有利于实现与电子商务 B2C 或 B2B 系统的对接。随着电子商务交易系统建设的深入，如何为其配置电子化的物流系统已成为关键问题，而物流信息平台是解决这一问题的较佳方案。通过物流信息平台的建设，可以为电子商务提供很好的物流服务，从而促进电子商务的发展。

五、易云捷讯科技（北京）有限公司—易云云计算操作系统（EayunOS）介绍

易云捷讯科技（北京）有限公司（以下简称“易云捷讯”）致力于云计算及大数据核心技术的研究，提供完全自主开发的云计算、大数据产品及企业级解决方案。公司坚守“打造中国云计算最有价值的民族品牌”的理念，运用具有国际水平的先进技术，通过持续创新，形成自主知识产权，研发独具特色的民族品牌产品。

经过多年的自主研发，易云捷讯推出了易云™云计算操作系统、云应用平台、一体化云计算系统、云桌面系统、分布式存储系统、大数据机等系列产品。目前，产品和方案已成功应用于政府、军工、园区、学校、互联网数据中心（IDC）等多个领域。公司总部位于北京中关村核心科技园区，并在成都、包头、洛桑等地设立分支机构和研发中心，在保持技术领先性的同时为全球用户提供技术支持、应用软件定制、系统集成、培训咨询等全方位服务。

易云云计算操作系统（EayunOS）由易云虚拟化系统和易云云管理平台两部分组成，提供包括虚拟机生命周期管理、动态迁移、虚拟网络、高可用性、备份恢复、计算与存储资源动态调整等功能，适用于 IT 基础架构整合的服务器虚拟化场景。易云虚拟化系统

可以将不同品牌和配置的物理服务器进行虚拟化，易云云管理平台可以高效地管理和监控云计算数据中心的各种物理/虚拟计算、网络和存储资源。EayunOS 实现了图形化自动部署，具有部署便捷、高效节能、弹性扩展、自动管理、方便维护等特点，使整个云计算中心在备份、容灾、高可用性等方面得到极大地提升。EayunOS 从根本上实现了用户资源共享，进一步降低用户 IT 建设运维成本，保证用户数据更加安全。

EayunOS 基于 X86 硬件平台，全面支持 Xen、KVM、VMware、Hyper V 多种虚拟化技术，支持创建包括 VMware（VMDK）、Amazon 镜像（AKI、ARI、AMI）以及 VirtualBox 等多种虚拟机镜像格式的虚拟机，并支持从 VMware vCloud、Amazon EC2 等平台中迁移虚拟机镜像。因此，相对 VMware、Amazon 等业内厂商，平台的通用性更好。

EayunOS 默认采用 KVM，是与 VMware vSphere 类似的完全虚拟化技术，直接在物理主机上部署安装，无须更改虚拟机操作系统，从而直接复用了被虚拟化操作系统原有的稳定性和兼容性，同时保持高效的运行性能。相对 Xen、Hyper V 等半虚拟化技术，不会带来任何内核定制和维护开销。

EayunOS 将 CPU、内存、网络、存储等资源虚拟化，形成虚拟机计算资源池统一调度和管理。EayunOS 创建的虚拟机（也称为云主机）与物理服务器相似，每台虚拟机都是一个完整的计算机系统，它具有 CPU、内存、网络、存储、PCI、USB 和 BIOS 等，因此操作系统和应用程序在虚拟机中的运行方式，与它们在物理服务器上的运行方式完全相同，用户无须对这些操作系统和应用程序进行任何修改。

EayunOS 云操作系统允许运行 Linux、Windows 等不同操作系统的多个虚拟机在一台物理服务器上独立并行运行。每一台虚拟机独享一套虚拟硬件，可以在这些虚拟硬件中加载操作系统和应用程序。易云云计算平台使硬件管理完全独立于软件管理，硬件设备可以视为一个单独的 CPU、内存、存储和网络等资源池，可以将它随时分配给各个软件服务，也可以动态地从软件服务取消分配。该平台管理模式如图 20－1 所示。

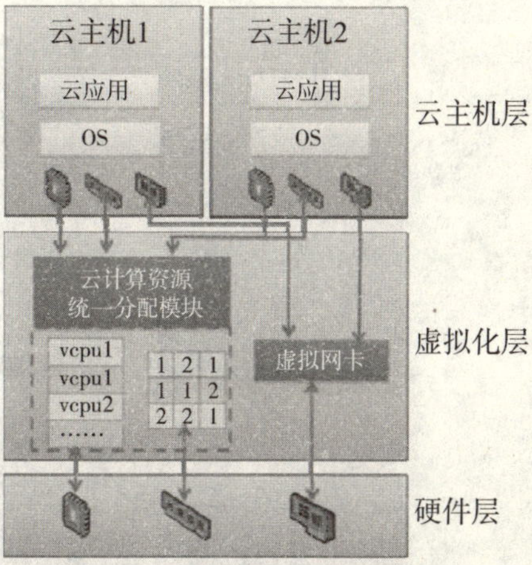

图 20－1 EayunOS 资源虚拟化

通过 EayunOS 云操作系统搭建的云计算管理平台（见图 20－2），IT 管理员可以在企业范围内从全局角度管理、分配和优化 IT 资源，用户则可以将虚拟资源视为自己的专用资源。提高企业工作效率，加快 IT 资源分配响应时间，增加 IT 资源配置灵活性，以及降低 IT 成本等。

（一）技术架构

EayunOS 虚拟化技术的软件架构如图 20－3 所示。

EayunOS 是一个集成了虚拟机监视器（VMM）的 Linux 宿主操作系统（Host OS），直接部署于物理服务器上。

虚拟机监视器是一种主机管理程序，能够允许单台计算机支持多个运行环境即客户

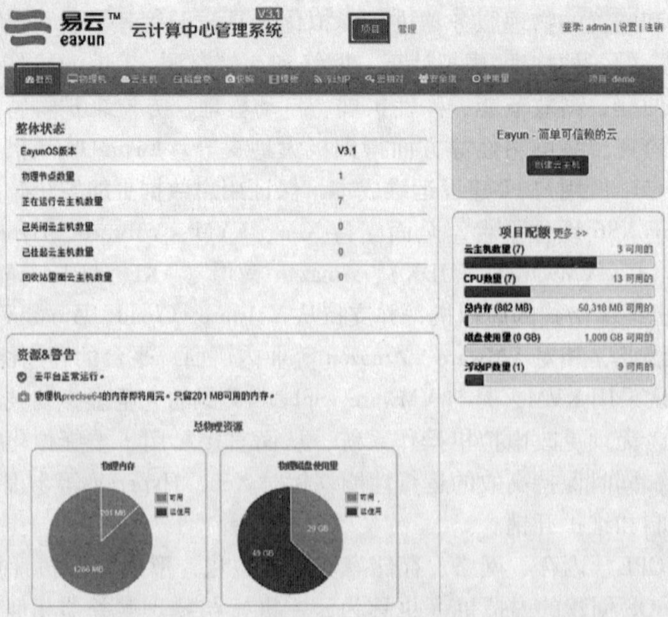

图 20－2 EayunOS 云管理平台界面

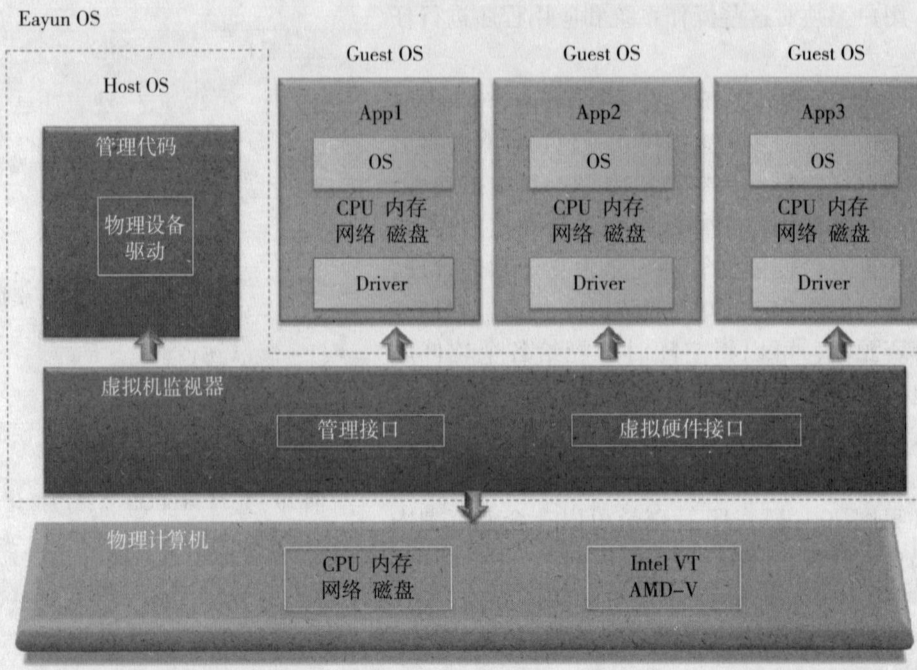

图 20－3 EayunOS 虚拟化技术实现架构

操作系统（Guest OS）。所有的运行环境将拥有完全相同的自主运行的虚拟机器。虚拟机监视器还提供管理接口（Hypervisor）由宿主操作系统来控制虚拟机的行为。

EayunOS 通过在 Linux 内核中添加 VMM，构建虚拟化能力，并作整体优化适配，形成宿主操作系统，负责控制各个虚拟机的生命周期管理以及各虚拟机的导入、导出、备份和恢复等。同时宿主操作系统对外提供管理接口，第三方可以在此基础上开发更多的管理工具或增值服务。

EayunOS 能够集中调度管理每个虚拟机的资源分配。每个虚拟机都可以看成是普通的 Linux 进程。在宿主操作系统中运行的 Linux 进程有三种模式：Kernel 模式、User 模式和新增的 Guest 模式。一些虚拟机的非 I/O 请求可以在 Guest 模式下内部处理。在 EayunOS 中，默认采用 KVM 作为 Hypervisor，此时虚拟机 I/O 相关请求通过 KVM Driver 调用 Qemu 完成 I/O。

EayunOS 采用了超虚拟化和硬件辅助虚拟化技术，是目前业内公认的高效、易扩展、稳定可靠和安全的虚拟化方式，并可为虚拟化工作负载提供接近于物理机的性能。

EayunOS 整体的软件逻辑架构如图 20－4 所示。

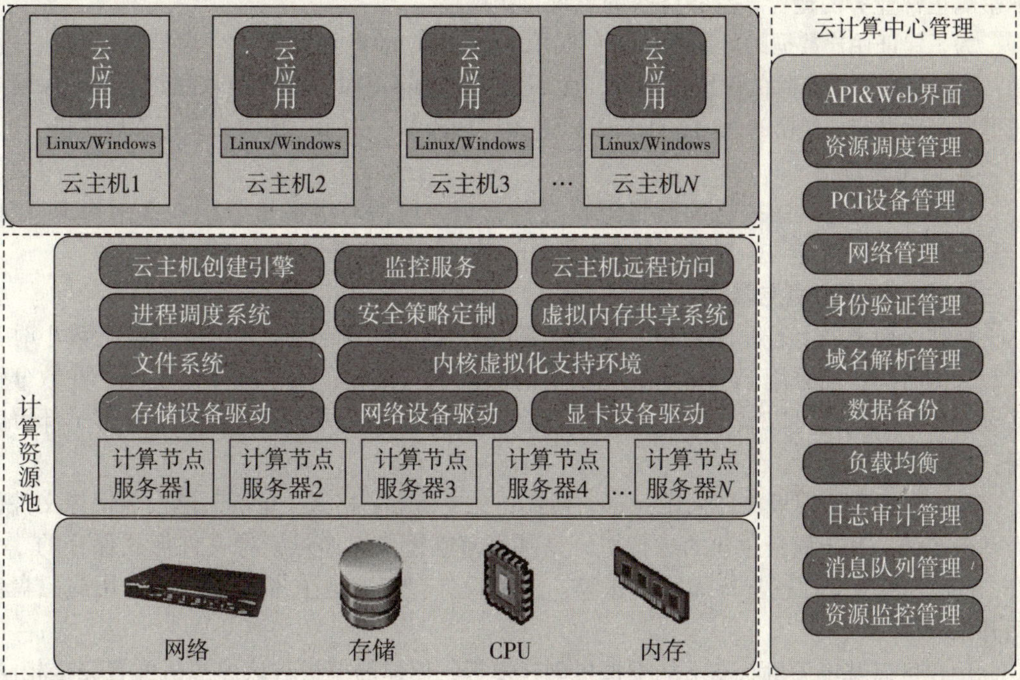

图 20－4 EayunOS 软件逻辑架构

宿主操作系统通过 Hypervisor，将 CPU、内存、网络、存储等硬件虚拟化构成资源池。然后通过虚拟资源调度层提供物理/虚拟资源监控、资源的整体调度和动态调整，以及虚拟机的生命周期管理工作。然后通过统一的 SOAP、HTTP 等主流接口对外提供开发和服务访问窗口。

EayunOS 将系统资源分为三类：计算资源、网络资源、存储资源，并通过虚拟化技术来动态分配和管理。

计算资源池主要是 CPU 和内存，计算能力的大小可以根据用户需要，按需分配和快速调整。

网络资源主要包括浮动 IP、VLAN 等。在 EayunOS 中不需要用户进行手动配置虚拟机的 VLAN，由系统自动化实现。只需要在管理界面上定义虚拟机的 VLAN 和 IP 地址池，在物理服务器连接的交换机上配置该 VLAN 即可。

存储资源主要是 NAS、SAN 和集群存储。安装 EayunOS 后，可以使用服务器本地磁盘做虚拟机的存储，也可以使用 NFS、iSCSI 等共享存储。

（二）产品特性

1. 虚拟机管理

虚拟机管理，是指创建、修改和删除虚拟机，以及虚拟机的启动、停止、暂停、恢复和重置操作。

EayunOS 支持在线添加（热添加）虚拟机的 CPU、内存和磁盘资源，实现真正的资源弹性分配。用户可以很方便地根据业务需要动态调整虚拟机的资源，且在调配资源时不影响正常业务的运行，具备优秀的系统可扩展性。

为了保证用户数据的可用性，避免误用风险，EayunOS 还交付了“虚拟机回收站”机制，可以暂存用户删除的虚拟机镜像，而不是直接删除镜像文件并回收磁盘空间。保留时间可以灵活设定。保留时间内，用户可以进入“回收站”中手工清空或者还原虚拟机。

2. 网络管理

EayunOS 支持对虚拟机的网络配置进行管理，包括对虚拟机分配外部网络 IP 地址（浮动 IP）、VLAN 定义，配置虚拟机对外开放的端口安全策略等。

3. 模板与虚拟机克隆

在裸机服务器上若要部署和配置操作系统及应用，用传统方式可能得花上数小时甚至数天的时间；而采用 EayunOS 预先安装的虚拟机为模板，用于整个资源池，在数分钟甚至数秒钟之内就可以完成标准化批量部署和配置，实现快速资源装配，节省了部署时间，提高了响应速度。

EayunOS 默认模板文件采用 qcow2 格式，也支持 raw 格式。qcow2 模板的镜像文件作为基础镜像。基于模板创建的虚拟机，是基于基础镜像以增量镜像文件形式保存的。此外，qcow2 模板文件还支持加密和压缩。这种设计，极大地节省了虚拟机占用的磁盘空间开销。

用户可以基于关机状态下的虚拟机创建模板，创建的模板与该虚拟机配置完全相同，可以用于后续创建虚拟机时使用。

EayunOS 支持两种克隆虚拟机的方式：完整克隆和链接克隆。不同于完整克隆采用完整地复制虚拟机模板形成独立文件的方式，链接克隆从虚拟机模板派生出的一个非独立的虚拟机文件，可以和源虚拟机模板共享磁盘文件，从而可以大大减少对存储空间的占用。

4. 批量操作

为了提高运维效率，EayunOS 提供了虚拟机和用户批量操作处理和接口支持，包括批量创建集群；批量开启、关闭、重置和配置虚拟机；批量创建和删除用户等。

EayunOS 的批量操作均提供丰富的开发接口，可以很方便地集成到用户数据中心的管理框架中。

5. 平滑迁移

EayunOS 提供 P2V 工具，可以帮助客户将其现有的业务系统从物理服务器平滑高效地迁移到虚拟机中，免去用户在虚拟化环境重新部署业务系统的工作。工具支持各种主流的服务器和存储设备，迁移过程迅速高效。

EayunOS 还提供虚拟机迁移机制，方便用户自主操作将虚拟机迁移到任意一台物理服务器上。

EayunOS 在实施虚拟机迁移时，首先确定源节点需要转移的服务和服务转移的目的节点，然后在目的节点上创建所述服务和虚拟网络设备，最后将源节点中所述服务的状态同步到目的节点上。

6. 高可用 HA

EayunOS 内置物理机高可用 HA 技术，通过网卡心跳方式侦测物理机运行状态，并与虚拟机迁移技术深度结合。一台物理服务器宕机后，此物理机上的虚拟机自动转移到一个可用的物理服务器上，轻松实现数据中心高可用能力。而这一切完全由虚拟化系统自动实现，无须额外采购第三方软硬件。EayunOS 使得计划外的意外停机给 IT 系统造成的停机时间降至最低，有效提高 IT 系统的可用性。

EayunOS 支持虚拟机镜像，在不同的物理机上同步运行相同的虚拟机，发生硬件故障时在两个实例之间进行即时故障切换，完全消除数据丢失或业务中断的风险。

管理员可以自主配置高可用性的策略，用于管理在服务器发生故障后虚拟机的行为。

7. 均衡负载调度

EayunOS 提供自动资源均衡调度特性。该功能能够根据预先设置的策略和方案自动平衡资源池内虚拟机的工作负载，同时在资源池范围内将处于高负载状态下的物理服务器正在运行的部分虚拟机调度到其他低负载的服务器上运行。

EayunOS 资源调度服务能够评估资源池中各个服务器的负载，如果发现服务器的性能超过设定的指标临界点值，则资源调度服务器可以将负载较重的服务器上的部分虚拟机重新定位到工作负载较轻的服务器上去。EayunOS 资源调度服务通过在各个服务器之间移动工作负载（虚拟机）来保证服务器的负载管理。

8. 资源共享

EayunOS 支持将多个物理机组成集群。内置共享集群文件系统，多个物理服务器之间可以共享一个或多个集群文件系统。支持对多台相同操作系统的虚拟机内存中的相同数据共享内存，提高内存的使用率。

9. USB 设备重新定向

EayunOS 系统内嵌 USB 设备重新定向模块，可以把物理服务器或终端上的 USB 设备（如 USBKey）加载到虚拟机中进行使用。当需要在物理服务器或终端上重新使用 USB 设备时，不需要拔出 USB 设备，通过 USB 设备重新定向模块即可把 USB 设备从虚拟机中卸载，重新加载到物理服务器或终端上供用户使用。

10. PCI 设备穿透

EayunOS 支持对物理服务器上的 PCI 设备进行穿透处理，通过操作系统提供的功能，用户可在虚拟机中动态加载/卸载物理服务上的 PCI 设备，比如 3D 显卡等。

PCI 设备穿透技术满足了用户使用虚拟机时，对物理服务器上的高端 PCI 设备进行共享的业务需求。

11. 自动化部署与升级

EayunOS 支持对物理服务器上进行自动批量安装和升级，可快速搭建和维护云计算运营平台，极大地简化了企业数据中心的部署和维护效率。

用户只需要在管理服务器节点安装部署 EayunOS 后，把其他待虚拟化的物理服务器（即计算节点服务器）连接到管理节点服务器的网络中，管理节点服务器自动通过 IP 地址搜索到新加入的计算节点服务器，并通过 EayunOS 内嵌的安装器在计算节点服务器上自动安装、升级和配置 EayunOS 操作系统。

通过自动化部署和升级技术，用户在组建云计算服务平台时不再需要进行手动安装或升级虚拟机、配置环境、初始化服务等工作，把 IT 管理员从繁重的重复工作中解放出来，大大提高了运维效率。

12. 一体化集中管理

EayunOS 内置一体化 Web 集中管理平台，以实现对多台虚拟化服务器的统一管理；提供集群划分、虚拟机管理、资源管理和监控、设备管理等丰富管理操作，为 IT 管理提供直观易用、可自动化和资源优化的集中管理平台。

集群管理方面，可以创建和维护集群，轻松集中管理数百个物理服务器以及数千台虚拟机。

虚拟机管理方面，提供虚拟机创建、删除、暂停和恢复；IP、VLAN 及安全策略管理、快照、状态恢复；模板制作/上传及管理；动态迁移等功能。

资源管理方面，定义和分配 CPU、内存、存储、IP 和 VLAN 等计算资源，并统一在线调配，提供可自定义的资源监控规则并支持报警动作。

设备管理方面，支持对物理服务器上的 USB 设备、PCI 设备进行分配管理，实现物理设备向虚拟机的映射和分配。

（三）用户收益

采用本系统可以使用户获得多个方面的收益。

1. 节省 IT 成本

安装部署 EayunOS 能够有效降低服务器硬件采购成本和空间成本，提高数据中心服务器的使用率。同时减少了机房空间、电力和制冷的开支，降低数据中心运营过程中能耗，带来多方面的效益。

2. 提高 IT 效率

通过 EayunOS 可以实现多个虚拟机和多台主机的集中管理，能够进行自动化快速部署、配置虚拟机、安装操作系统和应用。

在传统的服务器运行环境中，硬件和系统维护通常代表应用程序可用性的降低，IT 必须排定在系统最空闲的时间内将服务器关机，以便更换故障或者过时的硬件，通常这个时间至少要几个小时。EayunOS 的在线迁移功能能够提高业务连续性。管理员能够在物理服务器主机之间无缝地实时转移虚拟机，可以方便服务器维护或硬件升级，将计划内宕机的业务恢复时间降至最低。

3. 均衡负载

企业和互联网数据中心的 IT 负载会随着业务的呈现出现巨大的波动，EayunOS 环境中，可以自动检测服务器上的业务负载，根据业务负载情况动态分配虚拟机资源，从源头上控制服务器上的资源均衡，把虚拟机部署在数据中心的最优位置上。如果虚拟机在运行过程中出现性能瓶颈，可以通过虚拟机迁移，对服务器上的虚拟机进行动态调整，充分发挥数据中心资源计算能力。

4. 灵活响应业务需求

EayunOS 可以实现动态的资源部署和重新配置，从容应对不断变化的业务需求，提升了企业的核心竞争力。通过虚拟机模板、克隆和快照功能可以进行业务的快速部署和回滚。

5. 提升系统可靠性和业务连续性

传统的高可用性方案要求购置新的硬件设备，投入高而且管理和维护都很麻烦。EayunOS 内置的高可用 HA 功能，可以轻松完成灾难恢复。当灾难发生的时候，系统会自动将故障服务器上的虚拟机迁移到其他运行的服务器上，在非常短时间内让企业恢复运转。如果业务需要，企业也可以购买少量几台服务器放置在其他位置，用于异地灾难保护。

EayunOS 的在线迁移功能也能够提高业务连续性。管理员能够在物理服务器主机之间无缝地实时转移虚拟机，可以方便服务器维护或硬件升级，将计划内宕机的业务恢复时间降至最低，降低维护成本。此外，也可以将高负荷服务器上的虚拟机进行迁移，以更好地平衡可用物理服务器的工作负载。

（四）技术规格

1. 硬件兼容性

①支持采用 Inter VT/AMD－V 技术的服务器，支持 IBM、HP、DELL、联想、曙光等主流 x86 服务器；②兼容目前市场主要的存储产品，如 SAN、NAS 和 iSCSI 产品；③兼容现有市场主流的网卡和 HBA 卡产品；④兼容主流 3D 显卡。

2. 虚拟机操作系统兼容性

①虚拟机支持 32bit 及 64bit 的操作系统；②支持主流 Windows、Linux、Unix 操作系统等。

3. 技术指标

表 20－1 技术指标

指标分类	指标项	理论值
物理机	每个物理机最多支持的虚拟机个数	128
	每个物理机在线迁移虚拟机并发数	8
虚拟机	每个虚拟机虚拟 CPU 最大支持数	254
	每个虚拟机内存最大支持容量	1TB
	每个虚拟机虚拟磁盘最大支持数	30
	每个虚拟机单个虚拟磁盘最大支持存储容量	128TB
	每个虚拟机虚拟网卡最大支持数	8

续 表

指标分类	指标项	理论值
集群	可以创建的集群最大数量	128
	每个集群内物理机最大数量	256
	每个集群内可并发创建虚拟机数量	256
	每个集群内可并发启动的虚拟机数量	512

4. 部署要求

表 20－2　部署要求

服务类型	说明
管理节点	处理器：64 位的 Intel 或 AMD 处理器 内存：最少 8 GB，推荐 32 GB 及以上 硬盘：最少 100 GB，推荐 2T GB 及以上 网络：两块千兆网卡
计算节点	处理器：64 位的 Intel 或 AMD 处理器 内存：最少 16GB，推荐 64 GB 及以上 硬盘：最少 100 GB，推荐 2T GB 及以上 网络：两块千兆网卡

【实验报告】

云计算在区域物流公共服务平台中的应用实验

一、实验目的

1. 了解云计算的基本技术特点；
2. 掌握区域性物流公共平台的功能设计；
3. 掌握云计算物流服务的开发设计方法。

二、实验内容

在了解云计算技术特点的基础上，在分析物流基础的基础上利用云计算优势开展云计算在区域物流公共服务平台需求调研，总结区域物流公共服务平台功能，并能够设计具体的物流公共平台的构建模式。

三、实验器材

物流系统规划仿真软件、EayunOS 云管理平台。

实验前需进行区域物流功能的调研。

四、实验步骤

1. 掌握基本的物流系统规划仿真软件使用方法。
2. 通过调研了解设定区域的物流需求。
3. 通过分析设定云计算在区域物流公共服务平台中的基本功能。

五、实验报告题目

1. 分析企业物流规划需求的特点。

2. 以仓储设备规划为例，分析企业规划软件需要的信息是否具有标准化的特点，采用统一的格式输入完成规划是否有可能性。

3. 以仓储设备规划为例，将相关规划软件采用云计算服务平台模式是否具有可行性，面临哪些主要问题。

4. 通过调研分析物流运作中还有哪些服务适合加入区域物流公共服务平台。

5. 通过调研分析哪些区域物流公共服务平台中的服务适合开展云计算服务模式。

6. 以仓储设备规划等为例，从成本角度定量分析选用云计算优势。

7. 结合实验分析物流活动中还有哪些业务采用云计算服务模式比较适合。

实验二十一　运输单证及调度实验

【实验准备知识】

运输是指人或物借助运输工具和运输基础设施在空间产生的位移。运输是物流作业的重要环节，是实现货物从一地到另一地的必要手段。影响运输合理化的因素有运输距离、运输环节、运输工具、运输时间和运输费用等。

运输单证主要包括货物运单、货票和货运记录。

一、货物运单

货物运单，是承运人与托运人之间，为运输货物而签订的一种运输合同，运单的内容包括：

（1）托运人、收货人名称及其详细地址、邮政编码、电话号码；

（2）发站、到站及到站所属的铁路局；

（3）货物名称；

（4）货物包装、标志；

（5）件数和重量；

（6）承运日期；

（7）运到期限；

（8）运输费用；

（9）货车类型及车号；

（10）施封货车的施封号码；

（11）需要由托运人、承运人记明的事项。

货物运单规定了在货物运输过程中托运人、承运人和收货人的权利、义务和责任，并对所填记的内容负责。货物运单既是办理铁路货物运输的最原始依据，又是划清承运人与托运人、收货人之间责任的重要依据，因此，货物在运输过程中，如果发生货运事故或运输费用计算错误时，货物运单就是处理承运人与托运人、收货人间责任的依据。

二、货票

铁路货票是铁路运营的主要票据之一，是铁路部门运输统计、财务管理、货流货物分析的原始信息，也是运输指挥作业不可缺少的基础依据。在车站货票具有货物运输合同运单副本的性质，是处理货运事故向收货人支付运到逾期违约金和补退运杂费的依据；在运输过程中货票又是货物运输凭证。它跟随货物一直到达目的站。

根据不同的标准，铁路货票可以分为不同的种类。铁路货票从运输业务上分为普通、联运、军运等不同形式。铁路货票从货物运载形式上分为整体、零担、集装箱三种。

铁路货票票面是所记载的内容，基本上包括了关于货物的运输、流向、货物名称、数量、包装、重量、计费等信息。根据运单填制的货票，印有固定号码为四联复写式票据。

三、货运记录

货运记录是指货物在铁路运输过程中（包括承运前保管和交付完毕后点回保管）发生货损、货差、有货无票、有票无货或其他情况需要证明铁路同托运人或收货人间的责任时，由铁路编制的一种证明文件。

货运记录是分析货运事故发生的原因，确定责任方的根据，是承运人与托运人或收货人一旦发生经济纠纷起法律效用的证明文件，也是托运人或收货人向承运人要求赔偿货物损失的依据。

四、运输管理

运输管理包括运输路线规划和运输设备调度两方面的内容，运输单证是运输规划、调度实施的工具，不仅记录了货物运输实施的过程，而且反映了相关参与人的责权关系，并成为交易各方结算的重要依据。

【实验报告】

运输单证及调度实验

一、实验目的

1. 掌握运输作业的单证填写;
2. 掌握运输作业的流程安排;
3. 具备运输作业优化安排的技能。

二、实验内容

通过实际操作了解运输作业的基本作业方法，完成运输作业的基本流程安排，完成运输作业能力的基本评价，实验中对给定的任务进行分解，并制订详细的作业计划。

三、实验器材

运输单证管理环境模拟系统一套，包括产成品仓库2个、卡车5辆、集装箱发运铁路专用线2个、铁路货运站点2个等模拟设备及设施，提供若干种模拟货物以及模拟工作人员12个，均具备基本操作技能。提供模拟货物若干。

提供基本的运输作业管理数据，如表21-1~表21-6所示（空白处表示无具体信息）。

表21-1　××有限公司出库磅码单

客户:　品　质：9970A　2013年8月2日

序号	产品编码	净重	序号	产品编码	净重
1	130717-611-25	1151	1	130717-505-38	
2	130718-610-04	1294	2	-611-35	
3	-402-20	1233	3	-37	
4	-508-12	1201	4	130718-504-08	
5	-611-02	1243	5	130717-611-40	
6	-507-31	1230	6	-39	
7	-402-21	1200	7	130718-605-18	

续 表

序号	产品编码	净重	序号	产品编码	净重
8	-16	1206	8	-504-10	
9	-504-16	1061	9	-402-15	
10	-04	1090	10	-610-17	
11	130717-611-36	1095	11	-20	
12	130718-504-05	1151	12	-507-30	
13	-07	1058	13	-401-30	
14	130717-611-38	1141	14	-507-27	
15	-505-09	1049	15	-32	
16	-611-22	1178	16	-29	
17	-505-20	1136	17	-401-16	
18	-506-02	1110	18	130717-611-34	
19	-610-07	1215	19	-609-36	
20	130718-401-26	1309	20	-611-30	
21	-507-33	1216	21	-504-37	
22	-401-17	1219	22	-609-35	
23	-22	1305	23	-611-31	
24			24		
25			25		
合 计			46件	54.052吨	

发货人：张三　　复核：徐二　　承运人：2号　　车号：京C17376

表 21－2　　××有限公司发货单

发货单位：××有限公司　　　　NO. 0000467

日期	2013. 8. 16	品名	铝锭
车号	京 A · A2913	件数	66 件 ×44 块
发货地点	宏鑫铝厂	卸货地点	北站
业务员	李四	司机	赵六
车皮号		收货人	
承运商	宏达－奎储　80. 977 吨		

①存根（白）②仓储（红）③司机（黄）

表 21－3　　集装箱领货凭证

货物约定于　2013 年 8 月 14 日交接

货位

号码：201308RY108188

运到期限　日　　　　运单号：427882013081050445

货票号：17302

<table>
<tr><td>发站</td><td>北站</td><td>专用线名称</td><td colspan="2">铁路货场</td><td>专用线代码</td><td></td><td rowspan="2">车种车号</td><td rowspan="2"></td></tr>
<tr><td>到站（局）</td><td>邵阳北（广）</td><td>专用线名称</td><td colspan="2">铁路货场</td><td>专用线代码</td><td>35795</td></tr>
<tr><td rowspan="3">托运人</td><td>名称</td><td colspan="5">新疆星奥星物流有限公司</td><td rowspan="2">货车标重</td><td rowspan="2"></td></tr>
<tr><td>地址</td><td colspan="3">新城市北路西路 967 号</td><td>邮编</td><td></td></tr>
<tr><td>经办人姓名</td><td></td><td>经办人电话</td><td>13999980019</td><td>E-mail</td><td></td><td rowspan="2">货车施封号码</td><td rowspan="2"></td></tr>
<tr><td rowspan="3">收货人</td><td>名称</td><td colspan="5">湖南省邵东县新仁铝业有限公司（铝锭）</td></tr>
<tr><td>地址</td><td></td><td></td><td></td><td>邮编</td><td></td><td rowspan="2">货车篷布号码</td><td rowspan="2"></td></tr>
<tr><td>经办人姓名</td><td></td><td>经办人电话</td><td>13617398778</td><td>E-mail</td><td></td></tr>
</table>

续 表

<table>
<tr><td>发站</td><td>北站</td><td>专用线名称</td><td colspan="2">铁路货场</td><td>专用线代码</td><td></td><td rowspan="2">车种车号</td><td rowspan="2"></td></tr>
<tr><td>到站（局）</td><td>邵阳北（广）</td><td>专用线名称</td><td colspan="2">铁路货场</td><td>专用线代码</td><td>35795</td></tr>
<tr><td rowspan="6">选择服务</td><td colspan="3" rowspan="4">□门到门运输 □上门装车
□上门卸车
□门到站运输 □上门装车
☑站到门运输 □装载加固材料 □上门卸车
□站到站运输 □装载加固材料</td><td>取货地址</td><td colspan="4"></td></tr>
<tr><td>取货联系人</td><td colspan="2"></td><td>电话</td><td></td></tr>
<tr><td>送货地址</td><td colspan="4"></td></tr>
<tr><td rowspan="3">送货联系人</td><td colspan="2" rowspan="3"></td><td rowspan="3">电话</td><td rowspan="3"></td></tr>
<tr><td colspan="3">☑保价运输</td></tr>
<tr><td colspan="3">仓储</td></tr>
<tr><td>货物名称</td><td>件数</td><td>包装</td><td>集装箱箱型</td><td>集装箱箱号</td><td>集装箱封号</td><td>货物价格</td><td>托运人调包重量（千克）</td><td>承运人确定重量（千克）</td></tr>
<tr><td>集装箱</td><td>2</td><td>20 尺</td><td>通用</td><td>TBJU4225269</td><td>120964</td><td></td><td>54T</td><td></td></tr>
<tr><td></td><td></td><td></td><td></td><td>TBJU4171917</td><td>120965</td><td></td><td></td><td></td></tr>
<tr><td></td><td></td><td></td><td></td><td></td><td></td><td></td><td></td><td></td></tr>
<tr><td></td><td></td><td></td><td></td><td></td><td></td><td></td><td></td><td></td></tr>
<tr><td>合 计</td><td></td><td></td><td></td><td></td><td></td><td></td><td></td><td></td></tr>
<tr><td>托运人</td><td colspan="4">××铝业有限公司</td><td>承运人记载事项</td><td colspan="3"></td></tr>
<tr><td>托运人盖章签字

年 月 日</td><td>发站承运日期戳

年 月 日</td><td colspan="2">承运货运员签章

年 月 日</td><td colspan="3">到站交付日期戳

年 月 日</td><td colspan="2">收货经办人签章

年 月 日</td></tr>
</table>

表 21-4 货票

号码

运单号码

丙联 承运及收款凭证：发站→托运人

<table>
<tr><td>发站</td><td>北站</td><td colspan="2">专用线名称（代码）</td><td colspan="4"></td><td>车种车号</td><td></td><td></td><td></td><td>货车标重</td><td></td></tr>
<tr><td>到站（局）</td><td>邵阳北（广）</td><td colspan="2">专用线名称（代码）</td><td colspan="4"></td><td>承运人装车</td><td>费别</td><td>金额（元）</td><td>费别</td><td colspan="2">金额（元）</td></tr>
<tr><td>经由</td><td colspan="2"></td><td colspan="3">施封或篷布号码</td><td colspan="3"></td><td rowspan="2">运费
电化费
铁路箱使用
石长运费
到站装卸费</td><td rowspan="2">16194.00
1307.50
780.00
897.60
390.00</td><td rowspan="2">印花税
铁建基金
铁路箱清扫
发站装卸费</td><td colspan="2" rowspan="2">9.20
3876.60
10.00
390.00</td></tr>
<tr><td>运价里程</td><td colspan="5">3617/187/3405/747/3858</td><td colspan="2">运到期限</td><td>17</td></tr>
<tr><td rowspan="3">托运人</td><td>名称</td><td colspan="3">星奥星物流有限公司</td><td>经办人</td><td></td><td>电话</td><td>13999</td><td rowspan="6"></td><td rowspan="6"></td><td rowspan="6"></td><td colspan="2" rowspan="6"></td></tr>
<tr><td>地址</td><td colspan="5"></td><td>邮编</td><td></td></tr>
<tr><td>取货地址</td><td></td><td>里程</td><td></td><td>联系人</td><td></td><td>电话</td><td></td></tr>
<tr><td rowspan="3">收货人</td><td>名称</td><td colspan="3">信仁铝业有限公司（铝锭）</td><td>经办人</td><td></td><td>电话</td><td></td></tr>
<tr><td>地址</td><td colspan="5"></td><td>邮编</td><td></td></tr>
<tr><td>送货地址</td><td></td><td>里程</td><td></td><td>联系人</td><td></td><td>电话</td><td></td></tr>
<tr><td>服务内容</td><td colspan="7">站到站运输</td><td>费用合计</td><td colspan="4">￥23854.90</td></tr>
<tr><td>货物名称</td><td>品名代码</td><td>件数</td><td>包装</td><td>保价金额</td><td>托运人填报重量（千克）</td><td>承运人确定重量（千克）</td><td>计费重量</td><td>运价号</td><td>运价率</td><td>集装箱箱型</td><td>集装箱箱号</td><td>集装箱施封号</td></tr>
<tr><td>铝锭</td><td>0561027</td><td>2</td><td></td><td></td><td>54000</td><td></td><td></td><td>2</td><td>387.501.73250</td><td>T20</td><td>TBJU4225269</td><td>120964</td></tr>
<tr><td></td><td></td><td></td><td></td><td></td><td></td><td></td><td></td><td></td><td></td><td>T20</td><td>TBJU4171917</td><td>120965</td></tr>
<tr><td></td><td></td><td></td><td></td><td></td><td></td><td></td><td></td><td></td><td></td><td></td><td></td><td></td></tr>
<tr><td>合 计</td><td></td><td>2</td><td></td><td></td><td>54000</td><td></td><td></td><td></td><td>387.51.732+20</td><td></td><td></td><td></td></tr>
<tr><td>记 事</td><td colspan="12">货运一口价；站到站运输；标记总重 30 吨加价；保单号 44428 保险费 20 万元；抵扣单位××铝业有限公司</td></tr>
</table>

表 21 -5　　××省非税收入专用收据

执收单位名称：　年　月　日　（12）　　No. 0889626

付款人（单位）	星奥星物流有限公司												
项目编码	项目名称	单位	数量	标准	金额								
					百	十	万	千	百	十	元	角	分
	护路联防费	0.700	54000							2	8	0	0
合计金额（大写）	佰 拾 万 仟 币佰贰拾捌元零角零分 ￥：28.00												

收款单位（财务章）北站养路护站大队　　收款人（章）王淑湘

表 21 -6　　中国人民财产保险股份有限公司××分公司

国内铁路货物运输保险单（副本）

单证识别码：AEYDTA2008Z61　　印刷号：65001100044428

鉴于投保人已向本保险人投保铁路货物运输保险，并按本保险单约定缴纳保险费，保险人同意按照《铁路货物运输保险条款》的约定承担保险责任，特立本保险单为凭，与本保险单有关的附加条款、特约条款及批单是本保险单不可分割的组成部分。

被保险人：星奥星物流有限公司　　投保人：

起运地	北站								
货票运单号	货物名称	件数/重量	运输方式及中转地	目的地	起运日期	保险金额	保险费率		保险费
							综合险	基本险	
	铝锭	币:肆佰元整				200000	2%		400.00
保险费（人民币大写）			佰万　拾万　万　仟　佰　拾　元　角　分						
特别约定：鲜货绝对免赔—甜瓜 40%、西瓜 25%、葡萄 30%、未列明免赔率的鲜货均按 10%									
投保人申明上述所填内容属实，保险人已将《铁路货物运输保险条款》的内容和责任免除内容向投保人做了明确说明；投保人对上述的内容及保险人的说明已经充分了解。投保人签名：________									

实验前需调研分析与实验相关的各种运输成本。

某公司的运输任务资料若干。

四、实验步骤

1. 按照实验指导老师的统一安排进行运输作业的操作。
2. 熟悉基本的运输作业流程。
3. 根据给定的运输作业任务，排定运输作业计划。

4. 对完成的作业进行成本分析，对运输作业调度进行优化设计。

五、实验报告题目

1. 以货运任务单1（表21－1和表21－2）为例，进行货物出库和公路运输模拟作业演练，总结说明运输作业的基本作业步骤。

2. 对比各种运输方式的作业特性，分析采用不同种类运输设备的优势和劣势，讨论多式联运的作用和问题。

3. 以货运任务单2（表21－3）为例，进行集装箱拼箱模拟作业演练，说明影响集装箱拼箱作业质量的主要影响因素，并建立集装箱运输作业评价表。

4. 以现有的公铁联运作业系统为作业背景，说明人员设备的安排计划，并阐述该运输计划制订的基本原则。

5. 根据公铁联运作业的特点，说明需要的作业单据类型，并制定合理的运输作业单样式。

6. 总结铁路集装箱作业特征，建立集装箱拼装、运输作业看板，设计看板样式以方便人员作业安排。

7. 结合实验说明作业过程中应记录的信息，该信息将传递给作业调度控制系统以便于下一步作业开展。

8. 根据工作需要编制相应的运输管理人员和作业人员的工作责任。

9. 通过实践操作总结运输管理的基本绩效考核参数。

实验二十二　快递作业模拟实验

【实验准备知识】

一、快递基本概念

快递（Express），又名速递（Courier），兼有邮递功能的门对门物流活动，即指快递公司通过铁路、公路和空运等交通工具，对客户货物进行快速投递。2012 年 5 月 1 日起施行《快递服务》，快递行业停止使用“先签字后验货”的行规。

快递在中国，开展快递即速递业务的企业有中国邮政旗下的中国邮政速递物流有限公司，及其他的民营企业。无论是国有的企业还是民营企业，在快递服务品质上各有优劣。

速递业者可以以不同的规模运作，小至服务特定市镇，大至区域、跨国甚至是全球服务。现时主要的全球性速递公司包括敦豪航空货运公司、联合包裹服务公司、联邦速递和 TNT。以上四家被称为全球快递行业的四大家族。随着中国邮政速递物流有限公司的成立，以及接下来的上市，邮政速递有望跻身全球速递行业排名前十位的行列。

作为邮政业的重要组成部分，快递具有带动产业领域广、吸纳就业人数多、经济附加值高、技术特征显著等特点。它将信息传递、物品递送、资金流通和文化传播等多种功能融合在一起，关联生产、流通、消费、投资和金融等多个领域，是现代社会不可替代的基础产业。

二、快递业务管理

为提高快递的服务质量，对快递应加强管理。需主要注意的问题如下。

（1）包装基本的要求是箱子内要实，不能有空隙，标准是无晃动声并用力摁箱子的接缝口而不至于胶带脱落，同时要考虑到从 2m 高度自然坠地确保不至于损坏。

（2）涉及空运的物品的包装要特别加强，因为公路运输一般就 1 ~ 2 次装卸，而空运则可能会有 6 ~ 7 次的装卸过程。

（3）单件重量不超过 50kg；标杆类货物的单件长度不得超出 180cm；板类货物长宽相加不得超出 150cm；对于过小的物品最小包装不能小于运单大小。

（4）严格禁止子母包发运（指 2 个独立的物品通过简单捆绑、缠绕方式组合到一起成为一件物品）。

（5）一般不怕摔和软质的物品（衣物、包、毛绒玩具）可以采用塑料袋（PAK 袋）包装方式降低运输成本，但是要注意封口。

（6）所有的内件物品先用塑料薄膜或塑料纸做一层包装。

（7）对于本来带有销售包装的物品，一般商家都已考虑到运输的风险，可以在外面加包 1 层发泡薄膜后再加 2 ~ 3 层牛皮纸并用胶带反复缠绕即可。

（8）自己包装时可以根据内件物品的不同情况选择 3 层或 5 层箱，为了降低成本可以通过团购的方式定制一批不同规格的纸箱。

(9) 对于自己包装的一般物品，可以准备些废旧报纸撕开揉碎了在箱内做垫充（当然用海绵或泡沫塑料碎片更好）。

(10) 圆筒状物品的外包装不得短于内件，尺寸较长且易折断的物品应内衬坚实圆棍或硬质塑料的圆桶作为外包装物。没有严格的按照包装要求的标准做将有可能会导致得不到赔偿，需要根据不同快递公司规章制度行事。

三、快递管理的实名制

中国拟实施寄快递实名制已在浙江绍兴试点，2011 年杭州快递爆炸事件发生之后，中国就在酝酿实行寄快件实名制，公安部已经在浙江绍兴进行了试点。而在上海世博会期间，也在上海试行过一段时间。一旦正式开始试行，客户寄快件时需要出示身份证，快递公司业务员要开包检查、核实寄递物品，还要将这些信息登记输入电脑，而收件人也必须出示身份证接收快递。业内人士表示，这能够在一定程度上增加快递安全系数。

快递实名制不但有利于保证收件人、快递人员以及快递公司三者的安全，还有利于规范快递市场。不过，快递公司因此而增加的成本，则有可能由消费者自己来埋单。

采用实名制，对企业的实际操作有难度。“客户选择快递就是图便捷，如果验证身份，程序就烦琐了。让客户出示身份证明需要信任，快递员要与客户沟通，加之公司也需要投入人力物力去检验客户身份的真实性。”上述快递员还表示，即使客户相当配合出示身份证，一旦身份证有假，快递员也很难识别。因为如果要实名制，快递员应该携带专业的身份证识别器，但这方面条件似乎还达不到。

此外，让很多快递公司为难的是，分辨是否是危险品，有时候需要很强的专业知识，而这对一线的快递业务员来说是不可能的。“即使我们对快递员进行培训，但还是有局限的，不可能让所有快递员都成专家。”一位快递公司的工作人员无奈地说。

而实名制给快递企业带来的最大弊端就是增加工作强度。以往，快递员上门取件，只需让客户填写快递单就够了；实名制后，快递员还要负责核对客户的身份信息，18 位数字，一位也错不得。据媒体报道，早在去年已试点实名制的浙江绍兴县，有快递员诉苦“以前一天能收 50 个件，现在最多收 40 个”，快递公司也坦言，实名制后，需要增加更多的人手，人力成本会相应提升。

采用实名制市民担心个人信息被泄露。“如果人不在寄件地，让朋友代寄，怎么办？如果寄快件时身份证需要时时带在身边，也是一种不便。”市民张先生还表示，快递员变更频繁，如果我把身份信息交给他们，能放心吗？就怕寄完快递，骚扰电话就来个没完。

此外，也有淘宝商家表示，每天要寄出几百个快件，寄件人是用店铺名字代替，邮寄的人是不同的工作人员，如果每个单子都要查验身份证的话，一是不方便，二是泄露了工作人员的隐私。

政策法规方面，国家邮政局要求切实加强快递服务监督管理。国家邮政局 2012 年 12 月 31 日发出通知，要求各省（区、市）邮政管理局切实加强对快递服务的监督管理，提高快递服务质量。通知指出，有媒体先后对部分快递企业发生内件丢失、野蛮分拣、霸王条款等违规行为进行了报道，引起了社会公众的高度关注。针对报道中涉嫌违规的快递企业，有关省（市）邮政管理局要进行约谈和依法严肃处理。通知要求，各地邮政管理部门要采取措施督导辖区内快递企业严格执行有关法律法规和《快递服务》标准、《快递业务操作指导规范》等规定和要求，认真履行服务承诺，努力提升服务质量。有关省（市）邮政管理局要督导快递企业总部加强自身品牌网络的管理工作，在所属公司和营业网点中要严格执行统一的服务标准、操作规范和操作流程，严禁出现野蛮分拣和抛扔、踩踏快件等违规行为。通知指出，要结合开展快递服务质量专项整治活动，严肃查处快递企业损害消费者合法权益的行为。对消费者申诉中反映快件延误、快件丢失短少、快件损毁、收投服务等突出问题，以及媒体曝光的典型案例进行重点查处，要充分发挥专项整治活动的作用，推动企业加强管理，改善服务，提高服务质量。对未经许可违法经营快递业务，以及通过加盟、委托、承包等形式超出许可范围违法经营快递业务的行为，要依法严厉查处。要加强对快递企业持续符合经营许可条件的检查，要综合运用许可变更、年度报告、市场退出等手段，对不能持续符合许可条件、快递服务质量低劣、严重损害消费者利益的快递企业，依法予以处理。通知要求，各地快递行业协会要积极发挥行业自律作用，切实落实行业自律公约。要通过树立典型企业、解剖问题企业，引导快递行业加强自律，推动快递企业强化管理。

2012 年 5 月 1 日起施行的《快递服务》国家标准明确叫停了“先签字后验货”的规定，一直被消费者所诟病的“先签字后验货”行为有望终结。

于 2012 年 5 月 1 日起实施的《快递服务》国家标准规定，快递公司收派员将快件交给收件人时，应告知收件人当面验收快件。对于代收货款快件，网络购物、电视购物和邮购等快件，收件人可先验收内件再签收。验收时，可对内件外观和内件数量进行清点，但不能对内件进行试用或进行产品功能测试。这一规定意味着，快递公司将无权要求消费者“先签字后验货”。

2012 年 5 月 28 日起，网上购物遭遇送货难，节假日上门送货不准点，超 3 天未送达每件快递最高赔 10 元。由中国快递协会牵头，全国 9 大快递企业与国内最大电商网购平台天猫签署战略合作协议，共同打造电商社会化物流新标准。

2012 年 5 月 28 日，签署战略协议的包括国内 EMS、顺丰、申通、圆通、中通、韵达、宅急送、百世汇通、海航天天，基本上全面涵盖了国内物流的一线阵营，其快递业务量占整个国内网购快递市场份额超过 90%。协议包括即日起开通的超过 5000 多条城市间线路的“次日达”与近 4000 条的“1～3 日限时达”服务。如未送达，将补偿消费者 5～10 元快递费。

四、典型快递公司的单据汇总

从事快递行业的若干公司，结合自身的业务需要制定了本公司的业务单据（见图 22－1、图 22－2 和图 22－3）。

图 22－1　顺丰速运单

图 22－2　韵达快运单

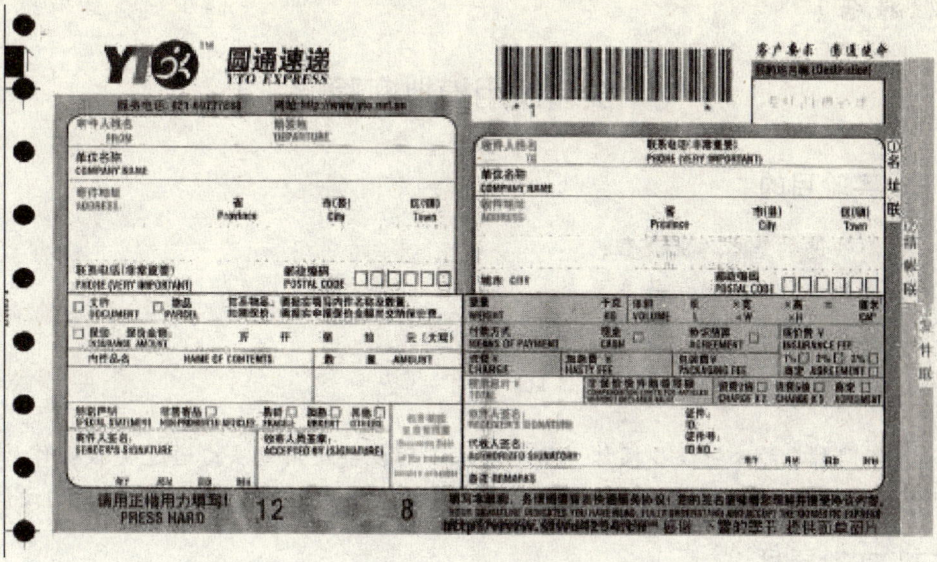

图 22－3　圆通快递单

【实验报告】

快递作用模拟实验

一、实验目的

1. 了解快递的基本作业流程；
2. 熟悉快递作业包装的基本要求；
3. 掌握目前典型快递问题的解决方法。

二、实验内容

通过不同种类的冷链设备操作，熟悉其基本的设备使用方法；通过实验操作总结分析不同种类冷链物流运输需求的特点，结合冷链物流的实际要求进行保温方案的设计。

三、实验器材

不同种类的模拟货物若干、不同快递公司的包装若干、智能终端一台、快递单据若干。

实验前以学校为主要背景，进行相关的需求分析，完成货物属性的特征分析。

四、实验步骤

1. 通过实际分析快递物流物品的基本属性。
2. 根据物料的特点分析设计不同种类的包装形式。
3. 根据不同的需求，总结快递单据的特点，提出快递单据的基本内容设定原则。
4. 分析快递过程中可能存在的破坏情况，分析快递过程中的安全措施和培养责任的认定。
5. 分析客户的查询需求，分析应提供的可视化管理系统框架。
6. 分析快递终端功能，并提出优化的改进建议。
7. 对快递的配送需求进行分析，提出相关的设备选型原则。

五、实验报告题目

1. 总结说明物流物品的重量、尺寸等特征对物流作业的影响。

2. 说明快递应注意的危险物品种类及其危害。

3. 根据物料的特点分析设计不同种类的包装形式。

4. 总结快递单据的功能需要，提出快递单据的基本内容设定原则。

5. 总结快递过程中可能存在的破坏情况，提出快递过程中包括的措施，提出界定责任的相关条款。

6. 根据实验和调研的基本情况，查询相关法律规定，提出和快递相关的规定，并制定相关的免责条款。

7. 总结分析客户对快递的查询需求，提出快递公司应提供的可视化管理系统框架。

8. 根据实验和调研的基本情况分析快递终端的基本功能，并提出优化的改进建议。

9. 根据调研的基本情况分析城市快递的配送需选择的配送车辆类型。

10. 请分析不同的人群对快递可接收时间的特点以及对快递作业的影响。

11. 案例分析。

快递的最后100米

学校是快递业务集中的区域，学生和教师由于学习工作的特点，接收快递有特殊的要求，每到集中的休息时间，就会有快递公司集中进行送货，具体场景如图22－4所示。

由于不能满足特定的需求，教师和学生对快递服务存在较多的意见。

问题分析：

请结合实际分析为满足教师和学生对接收和发送快递的需求应采取哪些措施。

图 22－4　学校快递接收场景

实验二十三　穿梭车应用实验

【实验准备知识】

近年来，自动化物流系统在烟草、机电、医药、食品、军队等领域的应用日益广泛，相关物流装备趋于多元化，其技术性能和水平不断提高。在自动化物流系统中，物料输送主要采用链式、辊道、带式输送机等通用设备，一般均固定在地面上。将上述设备装上走行轮，沿固定路径移动，就成为穿梭车。穿梭车具有动态移载的特点，能使物料在不同工位之间的传送及输送线布局更加紧凑、简捷，从而提高物料的输送效率。因此，穿梭车在自动化物流系统中应用较为普遍。

一般来说，沿固定轨道行走的输送设备称为穿梭车（RGV），无轨的称为自动导引车（AGV），在空中输送的称为悬挂小车（EMS）。从轨道形式上，穿梭车可分为往复式直行穿梭车和环行穿梭车，环行穿梭车能在同一轨道上运行多辆车体，可大大提高搬运能力，是穿梭车的发展趋势。目前，国内穿梭车的速度一般为 120 ~ 200m/min，在国外机场行李分拣系统中，采用无接触能量传输技术的穿梭车最高走行速度可达 600m/min。

一、往复直行穿梭车

往复直行穿梭车也称为直线穿梭车，是一种用于自动化物流系统中的智能型轨道导引搬运设备。在电控系统控制下，通过编码器、激光测距等认址方式精确定位于各个输入、输出工位，接受物料后进行往复穿梭运输，主要应用于自动化物流系统中单元物料高速、高效的平面自动输送，具有高度的自动化和灵活性，如图 23 – 1 所示。

图 23 – 1　往复直行穿梭车设备

（一）结构组成

往复直行穿梭车主要由车体系统、输送装置、认址装置、导轨系统、报警装置、电气装置等组成。

1. 车体系统

车体系统主要由车架体、行走驱动装置、装饰罩组成。车架体是承载其他部件的主体，主要由型钢焊接而成。行走驱动装置主要由传动轴、驱动轮及电机等组成。行走驱动装置的走行轮采用高科技聚氨酯材料，既提高了轮子耐磨性，又大大减少了轮子与走行轮间的摩擦力，这样可以延长轮子的使用寿命。此外，车体可根据总体工艺流量需要设计成双车体，以适应双工位的需求，可提高设备总体输送能力。

2. 输送装置

输送装置是物料输送部分，安装于车体上，框架采用钢结构。根据物料的形式，可选择辊道输送、链式输送、皮带输送等输送形式，同时可根据总体工艺流量需要设计成双输送装置，以适应双工位输送的需求，可大大提高总体输送能力。

3. 认址装置

认址装置是穿梭车出入库站台的定位信号装置。认址装置有链条式、同步带式、摩擦轮式编码认址，以及激光认址、条码认址等多种方式，根据不同的电控模式进行选择。认址装置的精确性和可靠性直接影响穿梭车的定位精度及运行的平稳性，因此要根据设备的运行能力要求及投资成本选择不同的认址方式。

4. 导轨系统

导轨系统由导轨部分和停止器组成，是承载穿梭车的基础和行走的导向。导轨有外购轻型钢轨、专用铝型材导轨两种形式。两种轨道都配置停止器，包括缓冲器和支架等，安装在轨道两端，防止穿梭车在意外情况下冲出轨道。轨道类型根据设备的运行能力要求及投资成本进行选择。

5. 电气装置

电气装置一般由 PLC、变频驱动器、光电开关、编码器、条码识别器等组成。不同的走行速度配置不同的电控模式，目前较为通用的行走速度为 180m/min 的往复式穿梭车，其电控模式采用的是速度及位移双闭环控制。供电模式主要有柔性拖缆供电、滑触线供电、无接触供电三种模式。

(二) 技术参数

目前通用的车载输送机输送速度为 12～24m/min，穿梭车走行速度为 120～250m/min；定位精度：±3mm；最大载重量：1200kg。

(三) 应用特点

进行物流系统总体方案设计时，要从整个系统的能力指标、功能要求、总体布局出发。在选型时，首先要提供系统要求处理的流量、路线布局图，经能力仿真和计算后，才能确定采用的模式。比如，根据能力不同，在相同的速度、控制模式下可选单工位往复式直行穿梭车、双工位往复式直行穿梭车、一轨双车双工位往复式穿梭车；此外，物料大小、形状也比较重要，决定了移载、输送的形式。

二、单轨环行穿梭车

单轨环行穿梭车系统是为适应现代化物流系统的快速发展而开发的智能型单轨道导

引搬运设备。在电控系统控制下，通过编码器或条码认址精确定位于各个输入、输出工位，接收物料后进行环形单向运输。

（一）结构组成

单轨环行穿梭车主要由机械和电气两大部分组成，机械部分由穿梭车、单轨轨道系统和维修车等组成，电气部分由单机控制系统、轨道电源供给系统和计算机调度管理系统组成，如图 23－2 所示。

图 23－2　单轨环行穿梭车设备

1. 单机结构

行走装置用于实现穿梭车在单轨上直行或转弯走行，由前驱动部件（含走行轮和电机）、后驱动部件（含走行轮和电机）、2 个万向轮、2 组限位导向轮等组成。该装置是本机的关键技术部分，前后驱动装置与输送装置之间用可旋转的连接件连接，在转弯时保证可靠、平稳、连续。万向轮为两组，分别装于车体另一侧的地上行走部位，并与其上的立柱固定连接，万向轮与地面接触。输送装置由链条、链轮、左右框梁和输送减速电机组成，采用导向辊子导向，导向可靠。单轨环行穿梭车的走行轮同样采用聚氨酯材料。

2. 单轨轨道系统

利用导向轮在轨道上导向，穿梭车就沿着轨道运行。轨道采用专用铝型材，直线度好、承载能力高，还可用于安装电器各类辅件。轨道分为直行段和转弯段两种轨道，其中直行段采用分段设计，以便于安装，转弯段最小转弯半径一般为 800mm。

3. 维修车

在某一台穿梭车发生故障时，故障穿梭车可离开主线，整个系统并不停止运行，其他穿梭车仍然继续工作。如果维修车不在主线上，互锁装置将启动，使其他穿梭车停下来，需要维修的穿梭车可安全地移载到拆装轨道上。

4. 电气部分

（1）单机控制系统。输送和走行均采用变频控制缓起缓停，以缓和对搬运货物的冲击，防止货物在搬运过程中溃散；与各站台的接口处设有输送过渡装置，使输送过渡平稳，防止货物在搬运过程中溃散。

（2）编码器认址方式定位。编码器使速度控制及停止位置控制简单化。采用认址控制后，系统的可维护性得到很大的改善，在系统中增加小车及站台数量也非常简单。

（3）走行装置。变频器控制小车的加速或减速，以避免货物从小车上掉落，使用内部微处理器实现了最优化速度控制（加速及减速）和排队方式起停。

（4）轨道电源供给系统。供电方式采用安全滑触线或无接触能量传输方式。

（5）轨道通信系统。基于 Profibus 的轨道通信系统可实时显示每辆穿梭车的运行状态（装货/卸货、穿梭车的位置），针对每辆穿梭车发来的搬运请求给予最优化的任务分配，运行可靠，信号不易丢失。

（6）计算机调度管理系统。采用 Microsoft Visual Basic 开发的调度管理系统，任务分配更合理、更优化。

(7) 可用遥控器模式操作。当使用遥控器将穿梭车切换到本地模式后，穿梭车不再受上位计算机控制。此时，只能使用遥控器操作穿梭车的动作。在此状态下，穿梭车可完成多段速前进、后退、送货和取货操作。

(二) 技术参数

该类设备目前通用的车载链式输送机的输送速度为 12 ~ 24m/min，穿梭车走行速度为 120 ~ 250m/min；定位精度：±5mm；最大载重量：1200kg；最小转弯半径为 800mm。

(三) 应用特点

在系统处理能力为 100 ~ 200 次/小时、输送路线不在一条直线、输送物料需要排序且转送站台较多的情况下，一般采用单轨环行穿梭车来进行系统总体平面布局。该系统原则上可替代直行穿梭车，可实现单轨双向运行。

【实验报告】

穿梭车应用实验

一、实验目的

1. 了解环行穿梭车的功能、结构以及应用；

2. 了解直行穿梭车的功能、结构以及应用；

3. 掌握不同种类穿梭车的调度原则；

4. 熟悉不同种类穿梭车与其他物流设备的匹配原则。

二、实验内容

熟悉不同种类的穿梭车的功能、结构以及应用，通过设定的不同的调度策略提出基本的优化调度策略，总结穿梭车与其他物流设备的匹配原则。

三、实验器材

环行穿梭车一套，直行穿梭车一套，模拟货物一套，带式输送机、辊子输送机等传输设备。

四、实验步骤

1. 通过环行穿梭车实际运行，了解环行穿梭车的基本功能、结构。

2. 通过直行穿梭车实际运行，了解直行穿梭车的基本功能、结构。

3. 设定不同的调度指令，对比不同种类穿梭车的调度原则效果，理解适用性。

4. 通过更换带式输送机、辊子输送机等传输设备与不同种类穿梭车的配合，熟悉不同种类穿梭车与其他物流设备的匹配原则。

五、实验报告题目

1. 绘制环行穿梭车的结构简图，并简要说明各组成部分的主要功能。

2. 绘制直行穿梭车的结构简图，并简要说明各组成部分的主要功能。

3. 说明穿梭车采用的定位方法及其适用性。

4. 说明穿梭车可能出现的安全隐患，说明防止的措施。

5. 说明为提高环行穿梭车的效率，应采用的调度策略。

6. 说明为提高直行穿梭车的效率，应采用的调度策略。

7. 说明穿梭车可以采用的移载方式以及适用性。

8. 说明穿梭车同其他种类的传输设备的匹配方法以及适用性。

9. 案例分析。

穿梭车的应急物流

某企业使用一台直行穿梭车连接4个站台，轨道长度为15m，车速为2m/s，由于设备存在不稳定性，会对物流系统的稳定运行造成影响，因此该厂计划对该直行穿梭车系统进行技术改造，提高系统的可靠性，具有应急功能，如图23－3所示。

图23－3　直行穿梭车设备

问题分析：

请结合实验结论，提出能够满足该厂需求的技术改革方案。

参考文献

［1］魏国辰．物流机械设备的运用与管理［M］．2版．北京：中国物资出版社，2007.

［2］邬跃．物流实验教程［M］．北京：高等教育出版社，2009.

［3］宁宁．物流信息系统综合实验教程［M］．重庆：重庆大学出版社，2007.

［4］鲁晓春．现代物资基础设施与设备［M］．北京：中国物资出版社，2005.

［5］石焱．电子商务应用综合实训指导［M］．北京：中国水利水电出版社，2008.

［6］陈百建．物流实验实训教程［M］．北京：化学工业出版社，2006.

［7］郑文岭．企业物流实训［M］．北京：中国劳动社会保障出版社，2006.

［8］李联卫．物流案例与实训［M］．北京：化学工业出版社，2009.

［9］武晓钊．物流公司岗位综合实训［M］．上海：上海财经大学出版社，2006.

［10］崔太康．我国农产品物流发展现状分析及对策研究［J］．山东农业科学，2011（9）：117－119.

［11］吴晓斌，胡振虎，夏厚俊．发展现代农产品物流产业的若干思考［J］．财经政法资讯，2007（1）：31－35.

［12］刘鹏．云计算［M］．北京：电子工业出版社，2011.

［13］王鹏，黄华峰，曹琹．云计算：中国未来的IT战略［M］．北京：人民邮电出版社，2010.

［14］迈尔－舍恩伯格．大数据时代［M］．杭州：浙江人民出版社，2013.